Das Bankgewerbe in Neuwied am Rhein im 19. und 20. Jahrhundert

Hans Hermann Spoo

Schriften zur rheinisch-westfälischen Wirtschaftsgeschichte

Band 39

D1723192

Herausgegeben vom
Rheinisch-Westfälischen Wirtschaftsarchiv zu Köln e. V.
Köln 1999

ISBN 3-933025-33-8
© Selbstverlag Rheinisch-Westfälisches Wirtschaftsarchiv zu Köln e.V.
Unter Sachsenhausen 10–26, 50667 Köln

Herausgeber: Prof. Dr. Klara van Eyll
Schriftleitung: Ulrich S. Soénius M.A.

Druck: Grafische Werkstatt, Druckerei und Verlag Gebr. Kopp GmbH & Co. KG, Köln
Printed in Germany
Alle Rechte vorbehalten

Titelgraphik: Wolfgang Hollmer, Köln

INHALT

ZUM GELEIT

Seit der Begründung der Neuen Folge der „Schriften zur rheinisch-westfälischen Wirtschafts-geschichte" 1959 waren die Herausgeber stets bemüht, nicht nur Themen aus dem nördlichen Rheinland, dem heutigen Archivsprengel, der interessierten Öffentlichkeit anzubieten, sondern auch wissenschaftliche Fragestellungen aufzugreifen, die die ehemalige südliche Rheinprovinz betreffen. Neben der Geschichte der Eifeler Zollgrenze (Bd. 2) und der Rheinböllerhütte (Bd. 6) wurden 1967 z. B. Studien über die Geschichte der Moselkanalisierung veröffentlicht.

Die Untersuchung des ehemaligen Bankdirektors, Juristen und Historikers Hans Hermann Spoo über die Neuwieder Banken ist zum einen von lokal- und regionalhistorischer Bedeutung. Der Autor reichert die Geschichte der Institute mit vielen Details aus der Wirtschaftsgeschichte der Stadt Neuwied an, die Territorium des Fürsten zu Wied war. Dessen Rentkammer war ebenso bedeutender Bankkunde in der Region wie die heutige Rasselstein AG. Die Neuwieder Banken und Sparkassen übernahmen auch die Versorgung der mittelständischen Wirtschaft sowie der Bürger.

Die hier vorgelegte Studie liefert überdies ein interessantes Exempel. Die allgemeine deutsche Bankengeschichte ist gut untersucht, ebenso die von einzelnen Unternehmen. Ein Desiderat der Forschung stellt hingegen eine ortsspezifische Untersuchung von Bankinstituten und deren Aus-wirkungen für die lokale Wirtschaft dar. Diese Lücke schließt der Autor mit seiner Darstellung, deren Quellenbasis sehr breit ist.

Den Neuwieder Banken sowie der Sparkasse Neuwied und der Industrie- und Handelskammer zu Koblenz danke ich sehr für ihre Unterstützung im Rahmen der Drucklegung dieses Buches. Ein besonderer Dank gilt meinem IHK-Kollegen Gregor Berghausen M. A. für die drucktechni-sche Aufbereitung der umfangreichen Tabellenwerke.

Köln, im März 1999   Klara van Eyll

VORBEMERKUNGEN

In Neuwied am Rhein hat sich schon früh so etwas entwickelt wie neuzeitlicher Gewerbefleiß und moderne Wirtschaftsgesinnung. Früh, das heißt gegen Ende des 18. Jahrhunderts. Damals erschien das Wiedische – ähnlich dem Bergischen Land – als Insel des Fortschritts inmitten einer in ökonomischer Hinsicht noch dahindämmernden Umwelt. Dies war einer Verbindung objektiver und subjektiver Faktoren zu danken: der Nähe zu Rohstoffen und Wasser, den reformierten und freikirchlichen Traditionen der Stadt inmitten der katholischen Rheinlande.[1] Die wirtschaftliche Sonderstellung blieb der Stadt bis in unsere Zeit erhalten; noch in den fünfziger Jahren unseres Jahrhunderts war Neuwied die einzige größere Industriestadt in den Regierungsbezirken Koblenz und Trier.[2]

So erscheint nur natürlich, daß die Neuwieder Wirtschaft das Interesse von Zeitgenossen und Historikern gefunden hat. Am Industrieplatz Neuwied gilt dies vor allem für die Geschichte der Industrie. Sie ist in Quellen und Literatur verhältnismäßig gut dokumentiert.[3] Dagegen stand die Geschichte des Neuwieder Bankwesens ganz im Hintergrund.[4] Erst in den sechziger Jahren – zeitgleich mit dem Aufbruch in die „Dienstleistungsgesellschaft" – äußerte sich erstmals bankhistorischer Informationsbedarf: Claus Peters, der auf hundert Seiten „Elemente der Wirtschaftsgeschichte im Kreis Neuwied" zusammentrug[5], formulierte erste Fragen: nach der Entstehung des Zweigstellennetzes der Sparkassen, nach dem ersten Privatbankier, nach der Gründung der Deutschen Bank. Die Literatur beschränkt sich auf Institutsgeschichte, wie sie zu Jubiläen herausgebracht wird, so die in den letzten Jahrzehnten erschienenen Firmengeschichten der Sparkassen[6] und der Raiffeisenbanken in den Vororten Heddesdorf und Engers.[7] Natürlich war die Stadt als Wiege der Raiffeisenbewegung und ihrer Darlehnskassen Gegenstand historischer Betrachtung.[8] Über diese Bruchstücke hinaus aber ist die Historiographie des Bankwesens in Neuwied bis heute nicht gekommen. Nicht besser ist ihr Zustand übrigens in den meisten Städten des Rheinlandes, ja Deutschlands.[9] Da sich lokale Gründe nicht belegen lassen, dürften es die allgemeinen Probleme des Fachs gewesen sein, die auch die Neuwieder Bankgeschichte belasteten, vor allem: der abstrakte Stoff, die Dürftigkeit der Quellen, die Scheu der Kreditinstitute und ihrer Kunden vor der Publizität. Der großzügigen Hilfe vieler Freunde ist es zu danken, daß sich bei intensiverem Suchen dennoch eine Fülle von Belegen finden ließ. Daraus ergab sich eine Quellenlage von überraschender und – so scheint es – ungewöhnlicher Gunst. Sie gab den Impuls, eine zusammenhängende Darstellung der Geschichte des Neuwieder Bankgewerbes erstmals zu versuchen.

Mit knapp 70.000 Einwohnern ist Neuwied zwar keine Kleinstadt, aus Sicht des Bankgewerbes aber eine kleine Stadt. Die Geschichte seiner Banken kann daher zunächst nur auf heimatkundliches Interesse hoffen. Sie könnte sich freilich so oder ähnlich auch an anderen Plätzen zugetragen haben. Als exemplarisch mag sie daher auch über den Mittelrhein hinaus Leser finden. Sie wird als Bewegung dargestellt: als Fortschritt, Rückschritt, Stagnation. Maßstab für die Richtung ist das Bankgeschäft der Gegenwart. Als Potential wurde es den vergangenen Generationen erst allmählich bewußt. Wie hat es sich in Neuwied entfaltet? Nahmen die realisierten Möglichkeiten an Zahl und Qualität zu? Nahmen sie ab? Die Bedingungen von Gedeih und Verderb der Branche werden dabei von ihrem unteren Ende her sichtbar.

Bankgeschäft ist in hohem Maße abstrakt. Durch die moderne Kommunikationstechnik hat sich der Grad der Abstraktion in jüngster Zeit außerordentlich erhöht. Man fragt sich bereits, wie weit sich Bankgeschäft unabhängig von Standorten organisieren ließe. Es ist verständlich, daß Bankzentralen und Kostenmanager in diese Richtung zielen. Dem steht die alte Erfahrung entgegen, business – und wir fügen hinzu: besonders banking – sei local. In der notwendigen Auseinandersetzung dieser beiden Standpunkte will diese Arbeit für das Leben an Ort und Stelle eintreten: Gefühl dafür bewahrt zu haben mag eines Tages ein ausschlaggebendes Werbeargument sein.

Im Sinne der Objektivität wäre noch nachzutragen, daß der Autor fast fünfundzwanzig Jahre Leiter der Deutschen Bank Neuwied war.

Allen, die ihn unterstützt haben, ist er zu lebhaftem Dank verpflichtet. Unter ihnen verdient Frau Renate Schneider, Neuwied, hervorgehoben zu werden wegen freundschaftlichen Interesses und vielfältiger Hilfe. Besonderer Dank gebührt schließlich Frau Professor Dr. Klara van Eyll und Herrn Ulrich Soénius M.A. für ihre Anregungen und für die Aufnahme unter die vom Rheinisch-Westfälischen Wirtschaftsarchiv zu Köln herausgegebenen Schriften zur rheinisch-westfälischen Wirtschaftsgeschichte.

DIE VORGESCHICHTE:
NEUWIEDER BANKIERS, AUSWÄRTIGE BANKEN

Ältestes Institut der Branche in Neuwied ist die Sparkasse, genauer: die ehemalige Stadtsparkasse; sie wurde als „Sparkasse in Neuwied" 1848 gegründet.[10] Dies also ist das Jahr, mit dem die Geschichte der Stadt als Sitz von Geldinstituten anhebt. Den Zeitgenossen war es als bankhistorische Epoche allerdings nicht bewußt, da ihnen die Sparkasse als „wohlthätige Einrichtung" galt.[11] Schon für die erste Jahrhunderthälfte aber lassen sich an dem wirtschaftlich lebhaften Platz Kredit- und Anlagebedarf vermuten. In der Tat begegnen wir bereits um 1800 einem Neuwieder Bankier: Philipp Jacob Scheurer; seine „aufopfernde Thätigkeit" für die Stadt nach dem Rheinübergang der französischen Armee 1794 war lange in Erinnerung geblieben, nicht minder freilich seine Verwicklung in einen spektakulären Bankrott einige Jahre nach der Jahrhundertwende.[12] Also sei zunächst die Frage nach der Vorgeschichte des Neuwieder Bankgewerbes gestellt. Der Rückblick soll jedoch nicht weiter reichen als bis zum Jahre 1815.

Damals – mit der Niederlage Napoleons bei Waterloo – endete eine Zeit tiefgreifender Veränderungen. Als eines ihrer Ergebnisse hatte sich die Idee durchgesetzt, Bildung seiner Person und Gestaltung der Welt seien die Aufgabe des mündig gewordenen Menschen. Gleichzeitig begann – auf der Grundlage des Wiener Kongresses – eine Zeit dauerhafter politischer Stabilität. Dies waren günstige Voraussetzungen für die wirtschaftliche Betätigung von drei Generationen. Ihre Heimat, die alte Grafschaft Wied, war[13] in Wien dem Königreich Preußen einverleibt worden; die Stadt Neuwied[14] mit dem benachbarten Heddesdorf gut 5.000 Einwohner[15] – blieb Residenz der Fürsten zu Wied und wurde Sitz der Kreisverwaltung.[16] Der Gunst der wirtschaftlichen Entwicklung wurde man sich bald bewußt: „Durch einen in Deutschland ungewöhnlich langen Friedenszustand ist ... der Zinsfuß nach und nach von 5 auf 4 Proc. herunter gekommen ...", bemerkte der Direktor der Fürstlichen Rentkammer im Jahre 1835[17] (Tabelle 1).

Gesetzliches Zahlungsmittel war der Preußische Taler.[18] Er setzte sich gegen den Gulden – der unter der nassauischen Herrschaft eingeführt worden war[19] – erst allmählich durch.[20] Als Bargeld dürften gegen die Mitte der zwanziger Jahre im wesentlichen preußische Münzen im Umlauf gewesen sein.[21] Immerhin blieb die alte Währung als Zahlungsmittel insofern noch lange von Bedeutung, als einige Neuwieder Adressen Konten bei Frankfurter Banken unterhielten, die auf Gulden als die dortige Währung lauteten.[22] H.W. Remy & Cons. zu Rasselstein ermöglichten es dadurch ihrer süd- und mitteldeutschen Kundschaft, in eigener Valuta zu zahlen, was sie geschätzt haben dürfte.[23]

Noch widerstandsfähiger denn als Zahlungsmittel erwies sich der Gulden qua Recheneinheit: Während man nämlich längst im Taler kontrahierte und zahlte, wurde weiter im Gulden à 60 Kreuzer gerechnet, fakturiert und gebucht.[24] Die Funktionen des Geldes als Medium des Zahlens und Zählens fielen im Wiedischen jener Zeit also formal auseinander.[25] Daraus resultierte ein schon damals altmodisches, man ist geneigt zu sagen barockes Rechnungswesen, das dem Lichte bürgerlicher Rationalität erst wich, als die hiesigen Kaufleute und Gewerbetreibenden ihre Bücher auf Taler umstellten. Dies geschah bei H.W. Remy & Cons. und der Herrnhuter Brüdergemeine im Jahre 1827[26], übrigens nicht ohne den Druck einer Königlichen Kabinettsorder.[27] Beck in seiner „Beschreibung der Stadt Neuwied" fand die alte „Rechnungsart" 1828 noch „hier und da üblich".[28] Der Fürst – von der Kabinettsorder nicht betroffen – stellte seine Cameral-Rechnung erst 1842 um.[29] Nach Gründung des Deutschen Reiches wurde der Taler 1873 im Verhältnis eins zu drei auf Mark umgestellt.[30]

Ein großer Teil des Verkehrs von Gütern und Leistungen wurde in der Stadt natürlich schon seit langem durch Geld vermittelt.[31] Zahlungen wurden meist bar, aber schon Anfang der zwanziger Jahre zum Teil auch bargeldlos erbracht.[32] Bares Geld wurde über die Entfernung per Post bewegt[33], so z.B. die bedeutenden Talerbeträge, die der Rasselstein bei seinen rheinischen Banken bezog[34]; gelegentlich wurde es Fuhrleuten und Schiffern gewissermaßen als Rückfracht mitgegeben oder Boten anvertraut.[35] Bargeldlose Zahlung wurde beim Rasselstein mit seinem weiträumigen Geschäft schon Anfang der zwanziger Jahre bevorzugt.[36] In seinen Preislisten für Blech und Ofenrohr bot er bei Zahlung mit Wechseln auf Frankfurt bzw. Köln sowie bei Einzahlung „bar franco" auf Bankkonto Abzug von Skonto an.[37]

Das überragende Instrument des Zahlungsverkehrs jener Zeit, der Wechsel, wurde auch in Neuwied bereits souverän gehandhabt.[38] Unter anderem wurde er, auf Banken gezogen, verwendet wie heute der Scheck.[39] Das jenseits von Neuwied zahlbare Wechselmaterial reichte der Rasselstein bei Banken zu Inkasso und Gutschrift in laufender Rechnung ein[40], ebenso wie die Herrnhuter Brüdergemeine Währungswechsel und -schecks.[41] Ein leistungsfähiger Wechsler – der Wechsel zum Einzug nimmt und bevorschußt – scheint Anfang der zwanziger Jahre in der Stadt noch nicht gewirkt zu haben; denn H.W. Remy & Cons. beklagten, „Coblenzer Papier" – gemeint sind Bankwechsel auf die Nachbarstadt, also an sich gängiges Material – sei „hier nicht zu Geld zu machen".[42] Ein bemerkenswerter Teil bargeldloser Zahlungen lief über Kontokorrent, wo solches unmittelbar zwischen Absender und Empfänger bestand: wie etwa zwischen dem Rasselstein und ihm besonders nahestehenden Geschäftspartnern[43] oder zwischen den Neuwieder Herrnhutern und ihren Schwestergemeinen.[44] Für die Einschaltung des Bankkontokorrents – die das unmittelbare Kontokorrent gegen Ende des Jahrhunderts aus dem Geschäftsverkehr zu verdrängen begann – finden sich frühe Belege in Gestalt von Überweisungen des Rasselstein an den Neuwieder Weinhändler Neizert, die Kontoverbindung zu ein und derselben Bank, Chiron Sarasin & Co. in Frankfurt am Main, unterhielten.[45]

Nach drei Jahrzehnten schwerer Rückschläge nahm die Kapitalbildung in Neuwied nach 1820 einen neuen, diesmal bis ins zwanzigste Jahrhundert tragenden Anfang.[46] Eigene Mittel der Kaufleute und ihrer Familien wurden bei bedeutenden Investitionen weitgehend von ihren Unternehmen beansprucht – wie z.B. die der Familie Remy für die Modernisierung der Eisenhütte zu Rasselstein in den 1820er Jahren[47]; sie wurden aber schon damals auch außerhalb der Firmen angelegt.[48]

Der Kapitalmarkt befand sich, wie überall, in archaischer Verfassung. Angebot und Nachfrage waren mangels Mittlers darauf angewiesen, auf direktem Wege miteinander zu verkehren. Ob und wie sie sich trafen, hing weitgehend von Beziehungen ab: zum Hofe, zu Verwandten, Nachbarn, Partnern im Warengeschäft. Kreditaufnahme und Vermögensanlage wurden daher von Umständen anderer als finanzieller Natur mitbestimmt und oft wohl auch belastet. Anonym war allein das Inserat in der Zeitung, von dem auch die Angebotsseite häufig Gebrauch machte.[49] Dennoch war der Neuwieder Kapitalmarkt keineswegs unbewegt.

Immerhin gab es einige institutionelle Marktteilnehmer. Auf der Nachfrageseite standen z.B. die Stadt selbst, die Herrnhuter Brüdergemeine und die Firma H.W. Remy & Cons. Die Stadt deckte ihren Kreditbedarf[50] über die Ausgabe von Schuldverschreibungen, sog. Kassenscheinen, die freilich, da wenig fungibel, als Kapitalanlage nach einem Urteil aus den 1820er Jahren für das Publikum ungeeignet waren[51]; daneben nahm die Stadt unverbriefte, hypothekarisch gesicherte Darlehen auf.[52] H.W. Remy & Cons. bezogen den Grundstock der fremden Mittel aus einem breiten Kreis von Verwandten, Bekannten und Geschäftsfreunden, die ihr Geld zum überdurchschnittlichen Satz von fünf Prozent ruhig auf dem Rasselstein arbeiten ließen.[53] Die Herrnhuter finanzierten sich über ihre Mitglieder, die eine Anlage bei ihrer Gemeinde als selbstverständlich angesehen zu haben scheinen; jedenfalls haben sie eine unterdurchschnittliche Verzinsung von 3,5 bis vier Prozent akzeptiert.[54] Als Kapitalgeber sehen wir die Religionsgemeinschaften und ihre Armenfonds, in Neuwied vor allem die beiden evangelischen, in der Bürgermeisterei Engers die katholischen Gemeinden.[55] Der Fürst zu Wied ließ seine Rentkammer – fast wie eine Bank – auf beiden Seiten des Marktes operieren: Sie nahm Einlagen entgegen[56], die zu einem nicht geringen Teil von Neuwieder Bürgern stammten[57], die Verbindung zum Hofe hatten – und engagierte sich andererseits am Platze, indem sie zur Finanzierung der Stadt[58], des Rasselstein[59], der Casino-Gesellschaft[60] und privater Adressen[61] beitrug. Rentkammer und Rasselstein brauchten keine Sicherheiten zu stellen, auch die Stadt wenigstens nicht für den verbrieften Teil ihrer Schulden[62], was dem Neuwieder Kapitalmarkt, Vertrauensbildung und unkompliziertes Verfahren angehend, bereits in den zwanziger Jahren fortschrittliche Züge verlieh.

Viel schwieriger war natürlich der Kapitalverkehr abseits der großen Adressen. Hier herrschte das gelegentliche Geschäft vor. Immerhin finden wir auch hier konstante Marktteilnehmer.

Als Anbieter verdient in diesem Zusammenhang die Familie Reusch besonders erwähnt zu werden. Christoph Reusch[63] sowie seine Söhne Ferdinand[64] und Julius[65] hatten ihr Vermögen in der für das Neuwied des 19. Jahrhunderts charakteristischen Zichorien-Herstellung gemacht.[66] Seit den sechziger Jahren lebte die Familie – Besitz-, aber auch Bildungsbürger mit künstlerischen Ambitionen – in Wiesbaden bzw. auf ihren Gütern bei St. Goar und Kruft. Neuwied und Umgebung war und blieb über den erstaunlichen Zeitraum von drei Generationen[67] ein Mittelpunkt ihrer Vermögensanlage.[68] Bei der Wiedischen Rentkammer waren sie mit Darlehen und Obligationen[69] engagiert, bei der Stadt und bei Gemeinden im Umkreis mit Hypotheken[70], bei der Casino-Gesellschaft als Aktionäre.[71] Der wesentliche Teil ihres Geldvermögens indessen bestand aus Hypothekendarlehen an Neuwieder Privatleute[72]; sie sind ab 1824 belegt.[73] Als Mitte der siebziger Jahre das Grundbuch eingerichtet wurde, sind Mitglieder der Familie die bei weitem meistgenannten Hypothekengläubiger[74]; die letzten Darlehen gelangten noch in das Aufwertungsverfahren nach der Währungsreform der 1920er Jahre.[75]

Als sporadische Kapitalgeber begegnen uns viele bekannte Namen des bürgerlichen Neuwied, besonders aus der Wirtschaft der Stadt. Manche sind in den Grundbüchern z.T. mehrfach als Gläubiger eingetragen.[76] Die Kreditaufnahme unter Privaten setzte in der Regel Bestellung einer Hypothek, also Grundeigentum des Kreditnehmers, voraus.[77] Von Privat zu Privat wurden bis zum Ende des Jahrhunderts die meisten gewerblichen und freiberuflichen Existenzen finanziert. Noch um die Jahrhundertwende ließen z.B. die Unternehmer Strasburger, Arn. Georg und Hobraeck Hypotheken für private Gläubiger eintragen, ehe sie ihren Grundbesitz erstmals zu Gunsten einer Bank belasten.[78] Zu den Kreditnehmern der Familie Reusch zählten z.B. der Buchdrucker und Verleger Strüder, die Ärzte Dr. Rittershausen und Dr. Rosenzweig sowie der spätere Justizrat von Mittelstaedt[79]; aber auch Handwerker fanden großbürgerliche Kreditgeber.[80] Relativ leicht erhielt der Käufer eines Grundstücks gegen Eintragung einer Restkaufpreishypothek den Kredit des Verkäufers.[81] Manche Namen finden sich zunächst auf der Nehmer-, später auf der Geberseite, etwa die Familie Strüder sowie der Kaufmann und Rentner Louis Stelting.[82] Die Casino-Gesellschaft deckte gelegentlichen Kreditbedarf teils über Aktien, teils über Darlehen, die bei den Mitgliedern plaziert wurden.[83]

Die Zinssätze blieben über die Jahrhundertwende hinaus sehr stabil (Tabelle 2). Die Zinsen für Einlagen gingen von fünf Prozent zu Beginn des Berichtszeitraums langsam auf 3 1/3 % in der zweiten Hälfte des Jahrhunderts zurück. Der Satz für langfristige Kredite schwankte zwischen vier und fünf Prozent.

Der erste „Kollege", dem wir begegnen, ist der „Kaufmann Krätzer, in der Marktstraße Nr. 153, am Marktplatz". Er ist der einzige Geschäftsmann, den Becks „Beschreibung der Stadt Neuwied" 1828 „mit Geld wechseln beschäftigt" findet, was aus dem Kontext als Umtausch von Münzen interpretiert werden darf und den Eindruck einer Empfehlung macht.[84] Johann Peter

Kraetzer[85] hatte von seinem Schwiegervater die Firma C.F. Siegert jun. übernommen, die Seifen und Kerzen herstellte.[86] Sein Interesse am Geschäft mit dem Gelde selbst belegen neben dem Münzwechsel die ebenfalls bei Beck erwähnte Lotterieeinnahme sowie Geldanlagen bei der Fürstlich Wiedischen Rentkammer.[87] Als Wechsler im umfassenden Sinne – der u. a. Wechsel einzieht und bevorschußt – läßt er sich nicht nachweisen. Gesellschaftlich zählte er zum Bürgertum der Stadt.[88] Mitte des Jahrhunderts war der hiesige Markt offenbar groß genug, vier Wechslern Platz zu bieten, nämlich[89] S. Gideon[90], J.A. Bender Sohn, F. Funke[91] und Johannes Caesar. Caesar und Bender sind die interessantesten Figuren.

Johannes Caesar wurde am 19. Mai 1795 in Neuwied geboren. Seine Eltern – der Vater entstammte einer alten Pfarrersfamilie Süddeutschlands – betrieben das Wirtshaus „Zum wilden Mann".[92] Wenn die zeitgenössische Einordnung als Wechsler zutrifft, hatte er sich weit über den Durchschnitt dieses mühsamen Gewerbes erhoben.[93] Schon Anfang der 1820er Jahre ist er als Kaufmann nachweisbar.[94] Er firmierte mit dem Zusatz „Commission und Spedition", einer Bezeichnung, unter der viele Banken ihren Anfang genommen haben.[95] Sein Geschäft – Rheinstraße 15 – umfaßte Einlagen und Ausleihungen[96] sowie die Vermittlung von Zahlungen[97] und Vermögensanlagen.[98] Unter anderem stand er in Verbindung zum Heddesdorfer Wohlthätigkeits-Verein.[99] Zwischen privatem Geschäft und öffentlichem Dienst versah er die Ämter des „Stadt-Cassirers"[100] und des Depositärs der von ihm mitbegründeten Städtischen Sparkasse.[101] Daneben war er Agent mehrerer Versicherungs- und Schiffahrtsgesellschaften sowie Vorstand der Aktiengesellschaft, die die Gierponte über den Rhein betrieb.[102] Der Evangelisch-Reformierten Gemeinde diente er als Kirchenvorsteher.[103] Johannes Caesar starb am 23. Mai 1867 und wurde auf dem Alten Friedhof in Neuwied begraben.[104] Aus den Zinsen eines Legats legte die Reformierte Gemeinde eine Volksbibliothek an.[105] Sein Sohn Johann Wilhelm, geboren am 23. September 1824[106], zeichnete 1861 per procuram.[107] Zu seiner Zeit bestand unter anderem Geschäftsverbindung zur Herrnhuter Brüdergemeine.[108] Vater und Sohn waren Mitglied der Casino-Gesellschaft.[109] War es den Caesars gelungen, mit ihrer Commission und Spedition den Rubikon zur Bank zu überschreiten? Kein Zweifel: Inhaltlich betrieben sie Bankgeschäft – war ihr Geschäft aber eine Bank? Der Zeit galten „als Privatbanken (Bankiergeschäfte)" jene „Comptoire ..., welche auf den Namen ihrer Eigenthümer und von denselben für ihre Rechnung geführt werden".[110] In diesem Sinne finden wir beide Caesar denn auch als Banquiers bezeichnet.[111] Viel häufiger dagegen finden sich die Bezeichnungen „Herr Caesar" oder „Johs. Caesar".[112] Bemerkenswert erscheint aber vor allem, daß sich das Wort Bank im Zusammenhang mit ihnen an keiner Stelle belegen läßt, vor allem nicht aus ihrem Hause selbst. Lag das an ihrer Vielseitigkeit? Lag es daran, daß sie ihre Kunden individuell ansprachen, aber wohl kaum das Publicum im allgemeinen?[113] Wie ihre Kunden, sahen offenbar auch sie selbst sich eher als Personen, denn als Institution. Trotz der Belege für die Bankiers Caesar erscheint es daher gewagt, ihre Firma als Bank zu bezeichnen. Johann Wilhelm Caesar starb am 20. August 1880 im Alter von 56 Jahren.[114] Mit ihm erlosch offenbar auch sein Geschäft, das – hätte er länger gelebt – Chancen gehabt hätte, sich zur ersten Neuwieder Privatbank zu entwickeln.

Johann Andreas Bender wurde am 12. Januar 1807 in Neuwied geboren.[115] Sein Vater war Leineweberrmeister und betrieb viele Jahrzehnte eine kleine Textilfabrik.[116] In den vierziger Jahren machte er sich unter der Firma J.A. Bender Sohn selbständig, zuerst mit einem Textileinzelhandel[117], um 1850 daneben mit Geldgeschäften. Im Vordergrund stand anfänglich das typische Wechslergeschäft: An- und Verkauf von Münzen und Geld sowie Besorgung des Zahlungsverkehrs durch Wechselausstellung und -inkasso.[118] Mitte 1850 zeigt er an, neben führenden deutschen und europäischen Plätzen durch „Geschäftsverbindungen mit den ersten Banquier-Häusern von New York, Baltimore und Philadelphia" jetzt auch Amerika erreichen zu können.[119] Zielgruppe seiner Werbung waren zunächst vor allem Auswanderer.[120] Im Laufe der Zeit trat die Wertpapier-Kommission in den Vordergrund, wie drei eindrucksvolle Finanzanzeigen in der Neuwieder Zeitung vom 2., 7. und 28. März 1855 zeigen:[121]

Einem geehrten hiesigen Publikum erlaube ich mir hierdurch meine Dienste zum An= und Ver= kaufe von **Staats= Schuldscheinen, Obligationen, Eisenbahn= und sonstigen Actien,** als wie:

$3^1/_2$ % Preuss. Staats-Schuld-Scheine.	Cölnsche Dampfschifffahrts-Actien.
4 % „ Anleihe.	Düsseldorfer „ „
$4^1/_2$ % „ „	„ Transport-Versicher.-Actien.
$4^1/_2$ % „ vom Jahre 1850/1852.	Rh. Dampfschleppschifffahrts-Actien ex D.
$4^1/_2$ % „ vom Jahre 1854.	Agrippina Transport-Versicherungs-Actien.
4 % Cöln-Mindener Prior.-Obl. III. Em.	Schaafhausen'sche Actien Lit. B. ex D.
$4^1/_2$ % „ „ „ „	Rückversicherungs-Actien.
5 % „ „ „ „	Concordia Lebens-Versicherungs-Actien.
$4^1/_2$ % Bonn-Cölner Prior.-Obligationen.	Cölnische Hagel-Versicherungs-Actien.
5 % Stadt Cölnische Obligationen.	Neueste Preuss. $3^1/_2$ % Lotterie-Anleihe.
Cöln-Mindener Eisenbahn-Actien ex D.	Preussische Seehandlungs-Scheine.
Rheinische „ „ d°.	Badische „ Fl. 50.
Bonn-Cölner „ „	„ „ „ 35.
Aachen-Düsseldorfer „	Darmstädtische „ „ 50.
Aachen-Mastrichter „ „ ex D.	„ „ „ 25.
Ruhrort-Crefelder „ „	Nassauer „ „ 25.
Colonia Feuer-Versicherungs-Actien.	Kurhessische „ „ 40.
Vaterländische „ „	Schaumburg-Lippe'sche „ „ 25.
Aachen-Münchener „ „	

ergebenst in Erinnerung zu bringen, wobei ich zugleich im Voraus die Versicherung gebe, daß die mir ertheilten Aufträge möglichst prompt und zu den billigsten Tages=Coursen ausgeführt werden.

Auswanderer oder Geschäftsleute und Familien, welche Zahlungen in Amerika zu leisten haben, benachrichtige ich, daß **Wechsel** von beliebigen Beträgen und auf die ersten Bankhäuser von

New - York,   Cincinnati,
St. Louis,   Cleveland,
Chicago,   Milwaukee

gezogen, bei mir zu haben sind. Auch kann ich zu jeder Zeit mit Wechsel auf Wechselplätze des In= und Auslandes, wie **Cöln, Barmen, Düsseldorf, Berlin, Leipzig, Frankfurt a. M., Bremen, London, Paris, Amsterdam** und **Rotterdam** 2c. aufwarten.

Neuwied, den 26. Februar 1855.

J. A. Bender Sohn.

1866 bis 1868 stand er dem 1. Heddersdorfer Darlehenskassen-Verein mit Laufender Rechnung und kurzfristigem Barkredit zur Verfügung; nach dem Tode des älteren Caesar konnte er dort für kurze Zeit die Hausbankfunktion übernehmen; in diesem Zusammenhang wird auch er als „Banquier" bezeichnet.[122] Sein Geschäft muß lukrativ gewesen sein: ab etwa 1860 erwarb er umfangreiche Ländereien vor der Stadt und baute in prachtvoller Lage über dem Rhein ein Haus im italienischen Stil, „Louisenhöhe", das landläufig „Benders Schlößchen" genannt wurde.[123] Anfang 1870 – im Alter von 63 Jahren – verkaufte er seine Manufactur- & Modewaaren-Handlung.[124] Auch sein Geldgeschäft scheint er damals aufgegeben zu haben.[125] Er starb „nach langem, oft schwerem Leiden" am 8. Juli 1884.[126]

Im Vergleich dieser Neuwieder „Banquiers" verkörperte Bender, obwohl an Jahren jünger als Johannes Caesar, jenen älteren Typus, der konkreten Lebensbezügen verbunden bleibt: dem Warenhandel[127], dem ländlichen Grundbesitz. Die beiden Caesar dagegen – vielseitiger, mit besseren Konnexionen und höherem öffentlichem Rang – scheinen uns im Hinblick auf die Abstraktheit ihres Geschäfts und ihre urbane Lebensweise als die moderneren Figuren des Geldgeschäfts. Als letzte Nachfolger dieser frühen Repräsentanten der Branche seien im Vorübergehen

Aron und Karl Lichtenstein genannt, die noch um die Jahrhundertwende „Geldwechsel-Geschäft" in klassischer Kombination mit Hypothekenbankvertretung, Versicherungsagentur und Lotterieeinnahme betrieben.[128]

Für den Verkehr mit Banken war Neuwied für lange Zeit auf auswärtige Institute angewiesen (Tabelle 4).

Zunächst nahm der Bankplatz Frankfurt am Main im Neuwieder Geschäft die dominierende Position ein. Neben seiner überragenden Bedeutung als Finanzzentrum lassen sich spezifische Gründe nur vermuten: die süddeutsche Ausrichtung Neuwieds unter den Nassauern[129], die traditionelle Verbindung der dortigen Banken, insbesondere von Rothschild und Metzler, zu den deutschen Standeshäusern[130], familiäre Beziehungen der Familie Remy zum Frankfurter Patriziat.[131] Im Laufe des Jahrhunderts aber orientierte sich die Stadt allmählich nach Norden um. Der Mittelrhein wuchs in den preußischen Staatsverband hinein; seine Wirtschaft geriet in das Kräftefeld der neuen Industrie bei den Nachbarn an Niederrhein und Ruhr.[132] In Köln begegnet man Banken, die auf dem modernen Gebiet der Industriefinanzierung Frankfurt überflügelten.[133] Die rheinische Metropole wurde zentraler Bankplatz auch für Neuwied – und blieb es etwa hundert Jahre bis 1945.[134]

Die interessantesten Bankkunden in Neuwied waren der Fürst zu Wied, die Firma H.W. Remy & Cons. zu Rasselstein und die Herrnhuter Brüdergemeine.

Das Haus Wied stand schon vor 1815 in Geschäftsbeziehung zum Frankfurter Platz.[135] Seit 1818 unterhielt die Wiedische Rentkammer ein laufendes Konto bei B. Metzler seel. Sohn & Co., die 1825 von dritter Seite als „Bankier des Fürsten" bezeichnet wurden[136]; das Konto wurde meist kreditorisch, manchmal debitorisch geführt[137] und für gelegentlichen bargeldlosen Zahlungsverkehr genutzt.[138] Bedeutende Geschäfte verbanden den Fürsten mit M.A. von Rothschild & Söhne. Der Kontakt kam Ende 1828 zustande und führte zu einer ersten Transaktion: dem Verkauf eines Pakets Herzoglich Nassauischer 4 ½ % Staatsrenten über den bedeutenden Betrag von insgesamt fl. (24,5 fl.-Fuß) 437.573.18 Kr. an die Nassauische Landesregierung, den die Frankfurter Bankiers in den Jahren 1829 und 1830 vermittelten.[139] Fünf Jahre später legten die Rothschilds eine 3 ½ % Fürstlich Wiedische Anleihe über den für damalige Verhältnisse außerordentlichen Betrag von 700.000 Talern und eine Laufzeit von nicht weniger als sechzig Jahren auf.[140] Der Erlös dieser Transaktionen diente zur Abtragung älterer Verpflichtungen, womit zum Teil auch die Zinslast reduziert wurde; den abzulösenden Gläubigern, darunter vielen Neuwieder Einlegern, bot die Rentkammer an, sich durch kostenfreien Bezug der „Partial-Obligationen" an der Anleihe zu beteiligen, wovon trotz des niedrigeren Zinses zum Teil Gebrauch gemacht wurde.[141] Einige Jahrzehnte später – in den Jahren um 1870 – stellten die Bankiers dem Fürsten nochmals größere Darlehen zur Verfügung.[142] Von 1829 bis zur Liquidation des Hauses Rothschild in Frankfurt unterhielt die Wiedische Rentkammer dort ein Kontokorrentkonto.[143] Auf ihm wurde 1836 ein laufender Kredit über 50.000 Taler schriftlich eingeräumt.[144] Selten genutzt, wurde er dreimal Anlaß zu zeitweiser Störung der Geschäftsverbindung: 1848 und 1859 drängten die Bankiers auf zurückhaltendere Inanspruchnahme, obwohl die Rentkammer innerhalb des Rahmens disponierte. Immerhin ließen sie 1848 die „ungünstigen Geldverhältnisse", 1859 die „Zeitverhältnisse" nicht unerwähnt. Sehen wir hier einen der selten belegbaren Fälle, wo Probleme des Kreditgebers der wahre Grund für den Druck auf den Kunden sind? Die Sorgen der Rothschilds im Jahre der Revolution und vor dem italienischen Krieg sind bekannt.[145] Als die Rentkammer sich 1869 nochmals auf den Kredit berief, erklärten sie ihn endgültig für erledigt.[146] Übrigens begleiteten die weltbekannten Bankiers das Haus Wied auch ins Ausland.[147] Als das Frankfurter Bankhaus 1901 schloß, ging die Rentkammer auf das Angebot der Disconto-Gesellschaft, die Geschäftsverbindung zu übernehmen, nicht ein, ließ sie vielmehr durch Metzler ablösen.[148]

14

Commerzbank Neuwied

15

Der mit Abstand „modernste" Bankkunde waren H.W. Remy & Cons. zu Rasselstein. Sie standen bereits in den zwanziger Jahren – also in frühindustrieller Zeit – in Geschäftsverbindung zu vier Geldinstituten.[149] Die in Anspruch genommenen Dienstleistungen umfaßten laufende Rechnung, Lieferung von Hartgeld, bargeldlosen Zahlungsverkehr, Devisengeschäft, Kontokorrent- und Diskontkredit sowie Auskunftei. J.H. Kehrmann, Koblenz, und Jonas Cahn, Bonn, vermittelten auch Warenein- und -verkauf.[150] Die Nutzung der Bankfazilitäten stand bereits auf einem modern anmutenden professionellen Niveau: So gab es eine systematische Gesamtdisposition über die vier Konten in der Weise, daß die in Neuwied bar benötigten Taler bei den drei rheinpreußischen Banken bezogen wurden, wo die Konten ausgeglichen wurden entweder – bei I.D. Herstatt in Köln – durch die Eingänge aus dem niederrheinischen Geschäft oder – bei Kehrmann und Cahn – durch Einreichung von Guldenwechseln auf die Frankfurter Hausbank Chiron Sarasin & Co., wohin die Erlöse aus dem oberländischen und internationalen Geschäft gesteuert wurden.[151] Blechlieferungen nach dem fernen Stettin z.B. wurden finanziell in der Weise abgewickelt, daß der Abnehmer den Kaufpreis unter Ausnutzung des Zahlungszieles an ein den Remys befreundetes Rotterdamer Handelshaus zu zahlen hatte – dort war die Ware vom Rhein- auf das Seeschiff umgeladen worden –, H.W. Remy & Cons. aber über den Erlös sofort verfügen konnten, da ihrem Konto bei Chiron Sarasin & Co. der Gegenwert von Wechseln gutgeschrieben wurde, welche die Bankiers auf die Rotterdamer Firma zogen und bevorschußten.[152] Ganz außerordentlicher Kapitalbedarf entstand Anfang der 1820er Jahre durch die Modernisierung des Rasselstein und die Einführung des Puddelverfahrens, hier zuallererst in Deutschland übrigens.[153] Die Finanzierung umfaßte Mittel der Familie – die u. a. auf Kapital ihres Londoner Zweigs zurückgriff –, Darlehen des Fürsten zu Wied[154] und Rotterdamer Geschäftsfreunde sowie Prämien und Subventionen aus Mitteln der Gewerbeförderung des Preußischen Staates. Obwohl die Brüder Christian und Friedrich Remy die Investitionen wie auf der technischen, so auch auf der finanziellen Seite unternehmerisch im modernen Sinne des Wortes in Angriff genommen hatten, geriet die Finanzierung unter den vom Zufall noch weithin regierten Verhältnissen zu einem wahren Abenteuer.[155] Besonders bemerkenswert sind die „Gegendienste", die der Rasselstein seinen Banken, vor allem den Nachbarn Kehrmann und Cahn, erwies: Er erteilte Auskünfte über lokale Geschäftsleute, besorgte das Inkasso von Wechseln und stellte sich ihnen als Trassat ihrer Anweisungen zur Verfügung, die in Neuwied und Umgebung zahlbar waren.[156] Mit Hilfe dieses Kunden schlossen die Banken also die Lücke, die im Netz ihrer Korrespondenzinstitute am Platz Neuwied damals klaffte. Der Intimität dieser Zusammenarbeit, aber auch der bürgerlichen Kultur des Biedermeier entspricht die bank- wie kundenseitige Pflege der geschäftlichen Umgangsformen.[157] Etwa zu jener Zeit, als Chiron Sarasin & Co. sich aus dem Geschäft verabschiedeten, nahmen H.W. Remy & Cons. Verbindung zu zwei weiteren Kölner Instituten auf: zum A. Schaaffhausen'schen Bankverein[158] und zu dem Bankhaus J.H. Stein; die Konten bestehen unter den Rechtsnachfolgern, der Rasselstein AG einerseits, der Deutschen Bank und andererseits noch heute bzw. bis vor kurzem Marcard, Stein & Co.

Die Herrnhuter Brüdergemeine hatte mit ihren Gewerbebetrieben und Schulen ausgedehnte wirtschaftliche Interessen.[159] Über Banken zog sie Währungswechsel und -schecks sowie Rentencoupons ein. Daneben kam – wahrscheinlich als Spitzenausgleich – Barverkehr vor. Die Zahl der Bewegungen nahm im Laufe des Jahrhunderts deutlich zu. An den Bankverbindungen der Brüdergemeine läßt sich der allmähliche Richtungswechsel des Neuwieder Bankgeschäfts nach Norden besonders deutlich beobachten. In der ersten Jahrhunderthälfte waren D. & J. de Neufville, Frankfurt a. M., die einzige Hausbank; sie blieben im Geschäft bis 1892.[160] 1860 kam mit J.A. von Recklinghausen der Platz Köln ins Spiel[161], der durch den A. Schaaffhausen'schen Bankverein im letzten Viertel des Jahrhunderts eine starke Stellung gewinnen konnte.[162] Seit 1866 zeigte sich zunächst im Hintergrund[163], ab 1875 mit der Disconto-Gesellschaft deutlicher Berlin.[164] Am heimischen Platz bediente man sich der Dienste Johann Wilhelm Caesars, später

– seit ihrer Gründung – der Reichsbanknebenstelle.[165] Diese beschreibt ihren Geschäftsverkehr mit der Brüdergemeine um 1907: „Den größten Teil ... stellen Schecks auf England dar, welche die Erziehungsanstalten als Pensionspreis für ihre englischen Zöglinge und die Kellerei für ausgeführte Weine erhalten. Der Rest sind Geschäftswechsel der Brauerei- und Kellereibetriebe".[166]

Die Kölner Bankhäuser J.H. Stein und Sal. Oppenheim jr. & Cie. verdienen besondere Erwähnung im Zusammenhang mit zwei frühen, Neuwied berührenden Kartellen der deutschen Industriegeschichte. Oppenheim war Bankier des 1851 gegründeten „Vereins zum Verkaufe nassau'schen Roheisens", Oberlahnstein, zu dessen führenden Mitgliedern die Concordia-Hütte in der Nachbarstadt Bendorf gehörte.[167] Das Bankhaus Stein unterhielt umfangreiche Beziehungen zur westdeutschen Blechindustrie, die von der Rezession des Jahres 1857 hart getroffen wurde. Die Krise gebar ein Kartell, als dessen Organ das „Weißblech-Verkaufs-Comptoir bei Herrn J.H. Stein in Köln" fungierte. Mitglieder waren unter anderem zwei Neuwieder Firmen, die Eisenwerks-Gesellschaft Rasselstein und J.W. Buderus Soehne zu Walzwerk Germania bei Neuwied.[168] Stein war noch in den Jahren vor dem Ersten Weltkrieg führende Geschäftsbank des Rasselstein sowie in den zwanziger und dreißiger Jahren des 20. Jahrhunderts in dessen Aufsichtsrat vertreten.[169]

Bankgeschäft mit Neuwieder Privatkundschaft läßt sich für jene Zeit nur an einer Stelle belegen: Der Regierungsrat Bachem, Privatier in Neuwied, sandte dem Bankhaus Jonas Cahn, Bonn, Ende 1823 K.K. landständische Obligationen, wobei der Rasselstein auf Bitten der Bank den Kontakt vermittelte und die Post besorgte.[170] Nicht von ungefähr bezieht sich dieser Beleg auf Renten, die damals herrschende ruhige und sichere Kapitalanlage. Es dauerte indessen nicht lange, da riß der frische Unternehmungsgeist der industriellen Revolution auch den Neuwieder Anleger mit: 1836 schreibt die Fürstliche Rentkammer an Rothschild: „.... haben hiesige Capitalisten ihre Gelder für Actien zu Eißenbahnen, Runkelrüben Zuckerfabriken und für die zu Düsseldorf zu erbauenden Dampfschiffe verwendet. Für letztere sind in einem Nachmittag 20.000 Tlr hier unterzeichnet worden".[171]

Im Rückblick auf das Neuwieder Finanzwesen jener aus Sicht der örtlichen Kreditinstitute prähistorischen Zeit vereinigen sich archaische mit doch schon modernen Zügen zu einem nicht gerade harmonischen, aber farbigen Bild. In seinen wesentlichen Elementen behielt es Gültigkeit bis in die letzten Jahrzehnte des Jahrhunderts. Um 1850 aber, ausgelöst durch die Gold- und Silberfunde in Übersee, entwickelte sich die erste Hochkonjunktur modernen Stils, die auch in Neuwied und Umgebung[172] zu bedeutenden Investitionen in Industrie[173] und Infrastruktur[174] anregte. Die Finanzierung der neuen Unternehmen ist wenig bekannt; die der städtischen Entwicklung leitet über zur Gründung der Stadtsparkasse, des ersten Geldinstitutes am Platz Neuwied selbst.

DIE NEUWIEDER SPARKASSEN: GRÜNDUNG UND ENTWICKLUNG BIS ZUR JAHRHUNDERTWENDE

Die erste nachweisbare Initiative für eine Sparkasse in Neuwied[175] ergriff ein Jude, Lazarus Emanuel. Aus England mit Vermögen in seine Geburtsstadt zurückgekehrt[176], ersuchte er „für sich und im Namen mehrerer Mitgenossen um gnädige Erlaubniß zur Errichtung eines privilegierten Pfandhauses allda nebst Sparkasse".[177] Die Verbindung des Pfandhauses mit einer Sparkasse führte der Fürstliche Regierungs- und Polizey-Rath Heuberger auf seine Anregung zurück.[178] Als Vorbild diente die in Koblenz bestehende kombinierte Anstalt.[179] Auch in Neuwied sah Heuberger keine Möglichkeit, die Verzinsung kleiner Sparguthaben anders zu erwirtschaften als durch deren Ausleihung gegen Faustpfand.[180] Als Träger habe er freilich nicht „Privatspekulanten" im Auge gehabt[181], sondern die Stadt; der „beschränkte Zustand" der Stadtkasse und der heimliche Pfandkredit jüdischer und christlicher Wucherer[182] spreche am Ende aber doch dafür, das Angebot des „Privatunternehmers" anzunehmen.[183] Der Magistrat der Stadt aber – der die Pfandleihe wenig verbreitet fand – lehnte das Projekt einer kombinierten Anstalt mit Beschluß vom 24. Februar 1824 ab.[184] Die Einrichtung eines Pfandhauses stellte er der Bezirksregierung anheim, die auf dem platten Lande kein Bedürfnis dafür sah (das hat man in der Residenzstadt Neuwied kaum gern gelesen).[185] „In Betreff der Sparkasse wolle man für die Folge bedacht nehmen, daß, wenn sich der Fall ereignete, daß man die Gelder irgendwo mit Vortheil sogleich verzinslich unterbringen könne, auch sogleich dieses Institut ... in Wirksamkeit treten lassen wolle".[186] Heuberger bedauerte das Ergebnis, da der Magistrat ohne das Pfandhaus „die Sparkasse schwerlich jemals zu Stande bringen wird".[187]

Die Prognose war falsch, aber es dauerte immerhin mehr als zwanzig Jahre – Preußen hatte die „Einrichtung des Sparkassenwesens" durch das Reglement von 1838 geordnet, in der Nachbarschaft gab es bereits mehrere Sparkassen[188] –, da entwickelte sich in Neuwied die schließlich erfolgreiche Initiative: Der „Armen Pflege-Verein der evangelischen älteren Gemeinde"[189] erkannte die „Sparkasse als eine wesentlich nützliche Anstalt für die ärmere Klasse der Einwohner".[190] Unter Berufung auf jenes Reglement richtete er am 5. April 1845 die Bitte an „Einen Wohllöblichen Stadt Magistrat", die Initiative zur Entwicklung einer Sparkasse durch die Stadtgemeinde zu ergreifen. Der Preußische Minister des Inneren sprach sich in einem Brief an die Fürstliche Regierung im Sinne „des Wohles der arbeitenden Klasse" zugunsten der Gründung aus.[191] Die Überlegungen der Stadt faßte Bürgermeister Mahrun in dem Ergebnis zusammen: „Es sind so viele Personen in unserer Stadt, die ihre kleinen Ersparnisse nicht recht zu verwenden wissen, hier wird ihnen Gelegenheit geboten, solche sicher unterzubringen und zu vergrößern." Er versprach sich „sehr wohlthätige Folgen in sittlicher und ökonomischer Hinsicht ... es wird ein Sinn der Sparsamkeit erwachen, der späterhin seine schönen Früchte zeigen wird".[192] Nach zweijährigen Verhandlungen verabschiedete der Gemeinderat am 20. April 1847 die „Statuten für die Sparkasse zu Neuwied".[193] Geschäftsbestimmung war es gemäß § 1, „kleine Ersparnisse ... gleich sicher und rentbar unterzubringen"; § 2 legte die Gewährträgerschaft fest: „Die Garantie der Sparkasse übernimmt die Stadtgemeinde Neuwied". Nach Genehmigung durch den Oberpräsidenten der Rheinprovinz[194] und die Fürstlich Wiedische Regierung wurde das Geschäft am 6. März 1848 – im März der Bürgerlichen Revolution![195] – eröffnet.[196] Geschäftslokal war der Sitzungssaal des Stadthauses[197] (1877 zog die Sparkasse mit der Stadtverwaltung in das heutige Rathaus um). Einzahlungen wurden am ersten und dritten Montag eines jeden Monats von 3.00 Uhr bis 4.00 Uhr nachmittags entgegengenommen.[198] Rendant wurde Carl Friedenreich[199], der das Amt bis zu seinem Tode 1889 bekleidete.[200]

Wer waren die Männer, denen die Gründung der Sparkasse zu verdanken war? Unter der Petition der „Commission des Armen Pflege-Vereins" finden wir die Unterschriften Julius Ingenohl, Marmé, Clem. Jac. Reichard, van der Beeck und Johs. Caesar.[201] Dem ersten Verwaltungsrat gehörten an drei Stadtverordnete sowie der Hof-Apotheker Thrän und der Ökonom Jacob Forst, stellvertretend zwei weitere Stadtverordnete und der Kaufmann Wilh. Gaddum.[202] Namen, Beruf, Sitz im Magistrat und Amt in der Kirchengemeinde belegen die Zugehörigkeit der Initiatoren zur inzwischen aufgeblühten bürgerlichen Gesellschaftsschicht der Stadt.

Wie entwickelten sich die Geschäfte der Sparkasse?

Die Einleger sind aus einer Aufstellung der ersten fünfziger Jahre namentlich bekannt.[203] Der Gesamtbetrag von 19.078 Talern verteilte sich auf 581 Einzelbeträge. Der Durchschnitt der Einlagen lag bei 33 Talern, der kleinste Betrag war ein Taler, der größte (bei dreimaligem Vorkommen) 200 Taler (satzungsgemäße Höchsteinlage). Die Einleger waren ganz überwiegend Privatleute. Unter ihnen finden sich viele Namen aus dem bürgerlichen Milieu mit dem überwiegenden Anteil an dem Betrage.[204] Unter den Sparern waren aber auch die „ärmeren Klassen", in deren Interesse die Sparkasse vor allem lanciert wurde. Es erscheint übrigens bemerkenswert, wie das soziale Motiv in den Statuten an keiner Stelle zum Ausdruck gebracht wird; wir sind versucht, dies als Indiz für Rationalität und insofern als charakteristisch für Neuwied anzusehen.[205] Die Sparer aus den „ärmeren Klassen" wurden aufgelistet[206], weil sie einen Zinszuschuß aus Mitteln der Rheinischen Provinzial-Hülfskasse erhielten. Auf 67 Personen entfielen Guthaben von rd. 1.415 Taler = 21 Tlr 3 Sg im Schnitt. Sie gehörten folgenden Berufen an:

Magd	36	Geselle	2
Knecht	5	sonstige	7
Tagelöhnerin	12	ohne Gewerbe	2
Ackerer	3	insges.	67

Unter den „Sonstigen" befanden sich ein Arbeiter und ein „Student, Sohn einer Wärterin". Die Zinszuschüsse zwangen die Sparkasse übrigens dazu, ihre Statuten um ein Reglement der Verbindung zu der Provinzial-Hülfskasse zu erweitern. An dieser Stelle beginnt die Zusammenarbeit mit einem Öffentlichen Kreditinstitut höherer Ordnung, Keim der heutigen Verbindung der Sparkasse zu einem der Rechtsnachfolger der Provinzial-Hülfskasse, der Landesbank Rheinland-Pfalz in Mainz.[207]

An institutionellen Einlegern enthält die erwähnte Aufstellung folgende Adressen[208]:

Private Institutionen	Öffentliche Körperschaften
Höhere Bürgerschule	Zivilgemeinden: Altwied,
Krankenhaus	Gönnersdorf
Musikverein	Religionsgemeinden:
Veteranenverein	Ev. Gemeinde Andernach
Damenkrankenverein	Mennonitengemeinde
Armenstrickschule	
Hilfsverein der Gefängnisgesellschaft	
eine Stiftung	

Die Ausleihungen beliefen sich nach der frühesten Aufstellung „ausstehender Kapitalien" per Ende 1853[209] auf insgesamt rd. 11.923 Taler. Es handelt sich um 65 wahrscheinlich hypothekarisch besicherte Darlehen an Private. Die 1857 beginnende Statistik[210] verzeichnet darüber hinaus Kredite an „öffentliche Institute und Korporationen". Darunter finden wir die „Stadt Neuwied und ihre Institute" mit der Finanzierung von Gasanstalt, Kreisgericht und der Anlage der Hermannstraße.[211]

Der Ausgleich von Einlagen und Ausleihungen war schwierig. Die Einzahlungen eines Geschäftstages waren gering; bis sie sich zu Summen addierten, die für eine Daueranlage – etwa eine Hypothek – groß genug waren, verging bei der geringen Frequenz der Geschäftstermine viel Zeit. Diese durch eine interimistische Anlage sicher und zinsbringend zu überbrücken, bot der noch unentwickelte Geldmarkt wenig Möglichkeiten.[212] In Neuwied wurde dieses Problem in offenbar durchaus eigenständiger Weise[213] gelöst, indem – außerhalb der Satzung, durch Vertrag – das Institut des Depositärs eingerichtet wurde.[214] Dieser war verpflichtet, die eingezahlten Gelder abzunehmen, zu verwahren und zu verzinsen (vier Prozent) und sie – wenn eine definitive Anlage gefunden war – an die Sparkasse zurückzuzahlen. Natürlich mußte er das Geld in der Zwischenzeit, um die Zinsen zu erwirtschaften, seinerseits zinsbar anlegen; kam er in Liquiditätsnöte, weil Rückzahlung verlangt, die Gegenanlage aber erst später fällig wurde, war er berechtigt, der Sparkasse zunächst einen Zwischenkredit aus eigenen Mitteln zur Verfügung zu stellen, für den er Sollzinsen in Rechnung stellen durfte (fünf Prozent). Wir sehen, wie der Depositär in die wesentlichen Funktionen eines Bankiers der Sparkasse eingesetzt wurde.[215]

Erster Depositär wurde der bereits bekannte Johannes Caesar, ihm folgte sein Sohn Johann Wilhelm Caesar.[216] Die Sparkasse unterhielt bei ihnen ein laufendes Konto.[217] Der ältere Caesar empfahl sich aus naheliegenden Gründen: Als einer der Initiatoren der Sparkasse kannte er die Sache und die interessierten Menschen.[218] Er stand – für die Einsetzung in ein Öffentliches Institut von Bedeutung – zur Stadt bereits an anderer Stelle in einem amtsähnlichen Verhältnis, nämlich als „Stadt-Cassirer"; seine Vertrauenswürdigkeit war also bewährt. Seine Bereitschaft „die Stelle ... gratis ... zu Übernehmen", hatte er erklärt. Als sein Motiv wird Wohltätigkeit an zwei Stellen des Vertrages hervorgehoben, was keineswegs ausschließt, daß er auch ein Eigeninteresse, z.B. die Zinsmarge, im Auge gehabt hätte. Johannes Caesar, unter den selbständigen Finanzleuten in Neuwied damals an vorderster Stelle, war für die Position am Rande der Sparkasse also prädestiniert. Nach des jüngeren Caesar Tod – 1880 – scheint das Amt erloschen; Liquidität und Märkte erlaubten dem Rendanten jetzt, frei zu disponieren.

Geographisch hat die Städtische Sparkasse von Anfang an den gesamten Kreis Neuwied als ihren Markt betrachtet. Die erwähnte Liste der Einleger enthält keine Aussage über deren Wohnort; die Namen deuten überwiegend auf die Stadt. Schon bei der ersten Änderung der Statuten wurde das Einlagengeschäft ausdrücklich auf „die übrigen Einwohner des Kreises" ausgedehnt.[219] Die tatsächlichen Verhältnisse um den Jahreswechsel 1887/88 schildert der vom Landrat unterzeichnete Revisionsbericht vom 6.2.1888: „Interessant ist es zu beobachten, wie ... eine große Menge auswärtiger Personen ...Einlagen machen", auch von außerhalb des Kreises, z.B. von Andernach. „Eine ganze Anzahl Bauern aus Heddesdorf selbst und der Bürgermeisterei Heddesdorf legten Geld ein. Es geschieht dies bei der Sparkasse in Neuwied und nicht bei der Kreissparkasse ..., was doch näher läge, weil die Leute fürchten, man könnte von den Einlegern im steuerlichen Interesse Notiz nehmen" (ähnliche Überlegungen bringen auch heute noch Geld in die Stadt). Die Aufstellung der ausstehenden Kapitalien[220] andererseits enthält Angaben über deren örtlichen Verbleib. Dabei erscheint bemerkenswert, daß 65 Darlehen bis auf eines außerhalb der Stadt plaziert waren.[221] Hier tritt ein Kapitalstrom aus dem wohlhabenden Rheintal auf den Westerwald zutage, für den wir später eine Parallele finden werden.[222]

Deutsche Bank Neuwied

Ganz anderen Ursprungs ist die Kreissparkasse.[223] Es war der preußische Minister des Inneren, der über die Bezirksregierung in Koblenz[224] unter anderem[225] auch dem Landrat von Neuwied Mitte 1854 „zur ernstesten Pflicht macht", einen Entwurf von Statuten einer Kreissparkasse zur Genehmigung vorzulegen. „Die Verhältnisse der arbeitenden Klassen und der kleineren Gewerbetreibenden haben wiederholt die Aufmerksamkeit der Staatsregierung rege gemacht".[226] Nicht durch staatliche Unterstützung seien sie zu bessern, sondern durch die „Selbstthätigkeit" jedes einzelnen. Da dies auch im Staatsinteresse liege, sei es Aufgabe der Regierung, die Mittel und Wege zu diesem Ziel zu erforschen, nachzuweisen und so zugänglich als möglich zu machen. „Das bewährteste Mittel in dieser Beziehung ist das Sparen der Arbeitsüberschüße ...".

Es schlossen sich nicht weniger als vierzehn Jahre zähflüssiger Verhandlungen mit dem Landrat an.[227] Justus Freiherr von Runkel[228] versuchte zunächst, die Bezirksregierung von einem alternativen Sparkassenkonzept zu überzeugen[229] : Die Sparkasse solle mit einer Kreditkasse verbunden und beide mit dem Rückhalt der Provinzial-Hülfskasse ausgestattet werden. Als Kreditkasse empfahl er den „sehr gut bewährten Unterstützungsverein in der Bürgermeisterei Heddesdorf". Wir begegnen hier erstmals Friedrich Wilhelm Raiffeisen, dem Gründer dieses Vereins und damaligen Bürgermeister von Heddesdorf. Er hat jenes Konzept später als sein Projekt dargestellt – wahrscheinlich zu Recht – und Landrat und Kreistag in der Rolle kräftiger Förderer gesehen.[230] Gemeinsames Interesse war es, die Spargelder als Refinanzierung eines Kreditgeschäfts verfügbar zu machen, das über die engen Grenzen der Sparkassen-Statuten hinausging (wir werden dem Gedanken später nochmals begegnen). Die Bezirksregierung lehnte diese Verbindung 1861 definitiv ab[231] , wobei die Abweichung von dem inzwischen weitgehend durchgesetzten Sparkassenmodell das bürokratische, die Sorge um die Sicherheit der Spareinlagen das materielle Motiv abgaben.

Daneben brachte der Landrat lokale Interessen und Bedenken aus der Praxis zur Geltung. Nach dem Willen der Regierung sollten nämlich die Stadtsparkassen in den kreisangehörigen Städten Neuwied und Linz in das neue Institut eingegliedert werden[232] , wegen der breiteren Gewährträgerschaft natürlich. Beide Städte verteidigten ihre Sparkassen und erhielten ihnen die Selbständigkeit.[233] Widerstand kam auch von den zahlreichen Hilfskassen auf Gegenseitigkeit, die inzwischen gegründet waren und Konkurrenz witterten. Die Bürgermeistereien Heddesdorf – mit Hilfe des wegen seiner Hartnäckigkeit bekannten, inzwischen pensionierten Raiffeisen – und Engers unterstützten ihre Darlehenskassen, mußten das Institut des Kreises aber schließlich mittragen.[234]

Nachdem die Regierung den Druck verschärft hatte, wurden 1866 endlich Statuten einer „Kreis-Spar- und Hülfskasse" für den Kreis Neuwied vorgelegt und durch den König genehmigt.[235] Als Gründungsdatum gilt der 1. Januar 1868. Das Geschäftslokal befand sich im Bureau des Königlichen Landratsamtes im heute eingemeindeten Heddesdorf[236] , seit 1908, nach einigem Hin und Her, in dem neuen Kreisständehaus, dem Sitz der heutigen Kreisverwaltung. Geschäftszeit war dienstags für Anleger von 8.00 Uhr bis 12.00 Uhr, für Kreditnehmer von 9.00 Uhr bis 11.00 Uhr. Die Kreissparkasse wurde übrigens bis 1903 in Verbindung mit der Gemeindekasse Heddesdorf geführt.[237] Von Anfang an war sie in zehn Bürgermeistereien des Kreises mit Rendanturen vertreten.[238]

Besonders interessant erscheint der Unterschied in der Herkunft der beiden so eng benachbarten Sparkassen: Das Institut der Stadt wurde geboren „aus dem Schoß der Gesellschaft", nämlich dem bürgerlichen Neuwied[239] – der Staat beschränkte sich auf die Genehmigung –, während die Kreissparkasse – nicht ohne Widerstand von Seiten gesellschaftlicher Kräfte – administrativ „errichtet" wurde.[240] Jene erscheint uns als legitimer Sproß des bürgerlich-liberalen Vormärz[241] , diese dagegen als frühes Beispiel der im weiteren Verlauf des Jahrhunderts so expansiven staatlichen Fürsorge.[242] Gemeinsam ist beiden freilich der wirtschaftsliberale Ansatzpunkt: die Eigeninitiative des Einzelnen.

Von den Funktionen einer Bank nahmen die Sparkassen bis in unser Jahrhundert hinein nur den nach den Satzungen zulässigen Ausschnitt wahr: das Spar- und das Darlehensgeschäft. Ihre Kunden waren auf der Passivseite die Sparer, auf der Aktivseite der Privatmann für den Hypotheken- sowie die Gemeinden und der Kreis für den Kommunalkredit. Bei einer Betrachtung ihrer Zahlen aus der Zeit bis um die Jahrhundertwende fällt vor allem die unterdurchschnittliche Dynamik des heimischen Hypotheken- und Kommunalkredits ins Auge, sowohl seine im Verhältnis zur allgemeinen Entwicklung fast fünfzehn Jahre längere Stagnation[243] als auch der zeitweise ausgeprägtere Rückgang des Anteils dieser Geschäftssparten an der Einlagenverwendung.[244] Erst um die Jahrhundertwende beschleunigte sich das Wachstum des Kreditgeschäfts nun auch in Stadt und Kreis Neuwied, bei der Städtischen Sparkasse im ersten Jahrfünft nun allerdings mit einer Rate, wie sie die Branche in Preußen im Durchschnitt nicht erreicht hat.[245] Wir neigen dazu, die längere Stockung des hiesigen Aktivgeschäfts im wesentlichen auf die Nachfrage zurückzuführen und damit auf die heimische Wirtschaft selbst[246], die – einst ihrer Zeit voraus – mit dem Tempo der Expansion in Preußen schon jetzt nicht mehr Schritt halten konnte. Bei der Städtischen Sparkasse mag hinzugekommen sein, daß ihr früher bedeutender Anteil am Hypothekengeschäft des Hinterlandes mit dem Aufkommen der Kreissparkasse und der ländlichen Darlehnskassen schrumpfte.[247]

Gut zehn Jahre früher als die Kredite setzten Mitte der achtziger Jahre die Einlagen zum Aufschwung an.[248] Die Entwicklung der durchschnittlichen Spareinlagen pro Konto sowie Sparbuchausgabe und -rücknahme lassen – gewissermaßen Kurven des Anlageverhaltens des kleinen Mannes in der Provinz – erkennen, daß der Sparer auf die Konjunkturbewegungen durchaus sensibel reagierte, und zwar in der Stadt mehr, auf dem Lande weniger.[249] Saldiert nahm der „Zuhause" nicht unterzubringende Teil der Einlagen ab 1893 gewaltig zu. Bei der Anlage dieser Überschüsse wichen die Sparkassen auf Wertpapiere aus, bei denen es sich fast ausschließlich um Inhaberschuldverschreibungen des Königreichs Preußen handelte (Neuwied war insofern Kapitalexporteur).[250]

RAIFFEISEN:
NEUWIED ALS WIEGE
DER LÄNDLICHEN GENOSSENSCHAFTEN

Zur Mitte des Jahrhunderts zurückkehrend, begegnen wir in unmittelbarer Nachbarschaft von Neuwied jenem Manne, der als einer der Gründer des Genossenschaftswesens und der genossenschaftlichen Kreditinstitute in die Geschichte eingegangen ist: Friedrich Wilhelm Raiffeisen.[251] Damit gewinnt die Bankgeschichte der Stadt für eine Weile nationalen, ja internationalen Rang. Die umfangreiche Literatur zu seiner Person und seinem Werk[252] erlaubt es, sich ganz auf die Geschichte jener Urzellen zu konzentrieren, die er in der Umgebung von Neuwied gegründet hat. Soweit sie heute noch existieren, haben sie seinen Namen in ihrer Firma bewahrt.

Als Bürgermeister auf dem Westerwald hatte Raiffeisen erkannt, daß eine Besserung der allgemeinen Verhältnisse auf dem Lande ohne Organisation des ländlichen Geldwesens nicht zu erwarten war. „... auch der Bauer, der Handwerker und der Tagelöhner ... müssen", um wie die Kaufleute erfolgreich wirtschaften zu können, „ihren Bankier haben".[253] Zum Bürgermeister von Heddesdorf ernannt – damals einer ländlichen, aber von der benachbarten Eisenhütte zu Rasselstein mitgeprägten Bürgermeisterei vor den Toren der Stadt[254] – gründete er 1854 den „Heddesdorfer Wohlthätigkeitsverein". Zu dessen Programm gehörte neben caritativen und volkserzieherischen Zwecken daher von Anfang an „die Errichtung einer Kreditkasse für die geringere Klasse".[255] In ihrer Tradition sieht sich die heutige Raiffeisenbank Neuwied.[256] Zu den Vereinsmitgliedern zählten gebildete und wohlhabende Einwohner der Bürgermeisterei: die Pfarrer, Fabrikanten und „die allerwohlhabendsten Landwirte", Beamte und Volksschullehrer; zu den Förderern zählte der Landrat.[257] Die Mitglieder hafteten gesamtschuldnerisch und unbeschränkt, Voraussetzung dafür, daß man Geldgeber fand. Nach relativ kurzer Zeit zeigte sich, daß der Verein erfolgreich weniger mit seinen ideellen Zwecken denn als Darlehensgeber war: Zehn Jahre nach seiner Gründung belief sich die Summe der insgesamt gewährten Kredite auf ca. 54.500 Tlr, die in 1.467 Einzelposten ausgeliehen worden waren.[258] Damit erhöhte sich aber natürlich auch das Risiko, dessen Last den aus philanthropischen Motiven handelnden Vereinsmitgliedern allmählich zu schwer wurde.[259] Der Verein mußte daher 1864 aufgelöst werden. Die finanzwirtschaftlichen Aktiva und Passiva wurden auf den in demselben Jahr gegründeten „Heddesdorfer Darlehnskassen-Verein" übertragen.[260]

Dieses Institut unterschied sich vor allem in zwei Richtungen von seinem Vorläufer: Der Betrieb einer Darlehnskasse wurde zum alleinigen Vereinszweck; und zweitens wurde die Darlehensgewährung vom Erwerb der Vereinsmitgliedschaft abhängig gemacht, so daß die Kreditnehmer selbst nunmehr den Verein bildeten (an der unbeschränkten und gesamtschuldnerischen Haftung änderte sich nichts). Damit trat die Wohltätigkeit zurück hinter die „Selbsthilfe"; „das persönliche Interesse – scl. das jeweils eigene der Kreditnehmer – ist der Kitt"[261], der die Kasse zusammenhielt. Damit hatte Raiffeisen – belehrt durch das Scheitern des Wohltätigkeitsvereins, in Gedankenaustausch mit Neuwieder Freunden, unter welchen Albert Remy, Rasselstein, besonders genannt wird[262] – ein zwar reduziertes, aber überaus praktisches Konzept entwickelt. Es bewährte sich bereits bei Darlehnskassen-Vereinen in der Nachbarschaft, in der Bürgermeisterei Engers und im Kirchspiel Anhausen[263], die kurz vorher unter seiner Mitwirkung gegründet worden waren (das Institut in Engers ist Rechtsvorgänger der späteren Raiffeisenbank Engers).[264] Durch sein 1866 bei der Strüder'schen, später bei der Heuser'schen Buchhandlung in Neuwied erschienenes Buch wurde es einer breiten Öffentlichkeit bekannt und Modell für Tausende Raiffeisen'scher „Vereine Neuwieder Organisation" der nächsten Jahrzehnte.[265]

Noch in den sechziger Jahren wurden die Bürgermeistereien Heddesdorf und Engers als zu groß für Kassenbezirke empfunden: der Heddesdorfer Verein zählte rund 500 Mitglieder, so daß den ehrenamtlichen „Verwaltungsorganen die Übersicht kaum mehr möglich war".[266] Als Geschäftsbereich passender erschien die kleinere, teils kirchliche, teils kommunale Einheit des Kirchspiels. Seine Intimität ließ sich geschäftlich nutzen – vor allem die Kenntnis von Personen und Sachen – und fördern.[267] Daher teilte sich 1866 der Engerser Darlehns-Cassen-Verein (I) in den „Engerser Darlehns-Cassen-Verein e.G." (II) und den Darlehns-Cassen-Verein für das Kirchspiel Heimbach e.G.[268], 1869 der Heddesdorfer Darlehnskassen-Verein (I) in die vier Darlehnskassen der Kirchspiele Heddesdorf (II), Bieber, Feldkirchen und Altwied, wobei jeweils Geschäft, Mitglieder und anteiliges Kapital übertragen wurden.[269] Raiffeisen blieb Vorsteher in Heddesdorf; da „häufig Herren aus ferner Gegend hierherkämen", um sich über die Darlehnskassen und die Geschäftsführung des Vereins zu unterrichten, rief er ihn auf, es „als eine Ehrensache" zu „betrachten, allen anderen Vereinen ... ein Vorbild zu werden".[270] 1869 endlich wurde auch ein Darlehnskassen-Verein für das Kirchspiel Irlich gegründet.[271] Übrigens wurden diese Vereine aufgrund des Genossenschaftsgesetzes für Preußen – 1867 – und den Norddeutschen Bund – 1868 – in das beim Kreisgericht zu Neuwied neu eingerichtete Genossenschaftsregister eingetragen.[272] Nunmehr hatten die Darlehnskassen in den Dörfern um Neuwied jene lebensnahe, mitunter aber wohl auch etwas kleinkarierte Struktur gefunden, die fast ein Jahrhundert erhalten blieb.[273]

Das Geschäft dieser Kassen bestand vor allem darin, „den geldbedürftigen Einwohnern ... das zum Wirtschafts- resp. Gewerbebetrieb erforderliche Geld unter möglichst günstigen Bedingungen zu beschaffen", also Kredit zu gewähren.[274] Damit unterscheiden sie sich im Ursprung von den Sparkassen, bei deren Gründung die Anlage von Ersparnissen im Vordergrund stand. Fast 60 Darlehen über ca. 17.500,– M im Jahresdurchschnitt, zum Teil in kleinsten Beträgen, hat z.B. der Heddesdorfer Darlehnskassen-Verein (II) zwischen 1869 und 1883 bewilligt.[275] Darlehensnehmer waren die Einwohner der Bürgermeistereien und später der Kirchspiele. Berufe verzeichnen die Protokolle nur ausnahmsweise: kleine Beamte, Lehrer, selbständige Handwerker, Arbeiter; Landwirtschaft betrieb in Heddesdorf schon Anfang der neunziger Jahre nur noch „die geringste Anzahl der Mitglieder".[276] Kreditzwecke werden selten erkennbar: in den fünfziger Jahren wurde wiederholt der Kauf einer Kuh notiert, später Hausbau oder -kauf; gegen Ende des Jahrhunderts wagte man sich an einen Kredit „für Zwecke" einer Dampfdreschmaschinen-Gesellschaft oder an die Finanzierung des Erwerbs einer Schwemmsteinfabrik; einmal ist eine Ablösung „des Juden" verzeichnet.[277] Die Laufzeiten reichten von der kurzen Frist – drei Monate, bei Bedarf Prolongation – bis zu fünf oder zehn Jahren. Neben Darlehen wurde auch Kontokorrentkredit gewährt; Wechselkredit war tabu.[278] Als Sicherheit verlangte jene Zeit in der Regel die Hypothek. Auf andere Besicherung ließen sich z.B. auch die Sparkassen in Neuwied nur in engen Grenzen, gegen Ende des Jahrhunderts gar kaum noch ein.[279] Da aber Raiffeisens Zielgruppe „in der Regel keine Immobilien zu verpfänden" hatte[280], konnte er auf der Hypothek als Regelsicherheit nicht bestehen. Sie kam daher selten vor, beim Heddesdorfer Darlehnskassen-Verein der siebziger und frühen achtziger Jahre z.B. bei nur sechs Prozent der Darlehen, zum Teil im Nachrang und neben der Bürgschaft, freilich bei den im Durchschnitt größeren Beträgen und längeren Laufzeiten.[281] Stattdessen begnügten sich die Kassenvereine in der Regel mit der Bürgschaft.[282] Obwohl die Kreditaufnahme damit erleichtert wurde – leichtgemacht wurde sie dennoch nicht. Wer Geld brauchte, mußte zunächst einmal einen Bürgen finden.[283] Als Bürgen akzeptiert wurden nur Grundeigentümer; der freie Verkehrswert ihrer Immobilien mußte mindestens dem Doppelten des verbürgten Darlehensbetrages entsprechen. Es handelte sich also um vermögende Leute. Unter den mehrfach genannten Bürgen finden sich die Gründer der Vereine, Mitglieder ihrer Organe, die Rendanten, Ortsvorsteher. Dieselben Honoratioren dürften die Heddesdorfer Kreuz-Armen-Kasse bestimmt haben, gegenüber dem Wohltätigkeitsverein für 18 Darlehen geradezustehen. Als Motiv der Bürgschaftsübernahme tritt vor allem die Verwandtschaft hervor. Waren es Arbeitnehmer des Rasselstein, für die Krumfuß-Remy in ca. 30 Fällen die Haftung übernahm? Was veranlaßte den Landwirt Philipp Jonas, sich fast zwanzigmal zu verbürgen? Waren Bürgschaften unter Lehrern Ausdruck von Kollegialität? Insgesamt erscheinen die Bürgen, ein wirtschaftlich solider und im Kern fester Kreis, als der wesentliche und zuverlässige Träger des Kreditrisikos der jungen Genossenschaften.[284]

Die Refinanzierung beschafften sich die Vereine zunächst nach Bedarf, sei es im direkten Geschäft mit meist nahestehenden Anlegern[285], sei es durch öffentliche Offerten, die mit Hilfe von Zeitungen oder Aushängen oder durch die Ortsschelle bekannt gemacht wurden.[286] Unter den institutionellen Anlegern waren meist kirchliche oder sonstige gemeinnützige Fonds.[287] 1868 stellte die Firma Remy & Cons. zu Rasselstein den außergewöhnlichen Betrag von 4.000 Tlr kurzfristig zur Verfügung.[288] Systematisches Einlagengeschäft nahm der Heddesdorfer Verein (I) 1865 auf, indem er Spareinlagen entgegennahm; insofern firmierte er – wie er auch im Volksmund genannt wurde – als „Heddesdorfer Sparkasse" (was der ebenfalls in Heddesdorf ansässigen Kreissparkasse kaum gleichgültig gewesen sein dürfte); der Darlehnskassen-Verein Engers folgte erst 1869.[289] Natürlich fanden die kleinen Institute für den langfristigen Teil des Darlehensgeschäfts keine langfristigen Einlagen, so daß sie insoweit auf kongruente Refinanzierung verzichten mußten, eine Abweichung von der „Goldenen Bankregel", die im sogenannten Systemstreit als Argument gegen Raiffeisen mehr Bedeutung hatte als in praxi.[290]

Neben dem Geldgeschäft nahmen die jungen Genossenschaften schon bald – Heddesdorf 1870 – das ländliche Warengeschäft auf. Es verstärkte ihren dörflichen Charakter, der die Heddesdorfer Kasse noch prägte, als die Gemeinde längst in die Stadt Neuwied eingemeindet war.[291]

Was die Arbeit in Vorstand und Verwaltungsrat angeht, vermitteln die Protokolle den Eindruck einfacher, aber gesunder Geschäftsmäßigkeit. Sämtliche Funktionen wurden ehrenamtlich ausgeübt, in Heddesdorf z.B. bis 1924; in den Gremien saßen Pfarrer, Lehrer und andere bekannte Persönlichkeiten der Kassenbezirke.[292] Die Kassenleiter, „Rechner" oder „Rendanten", versahen ihr Amt nebenberuflich gegen Vergütung.[293]

Beim Rückblick auf 25 Jahre des Heddesdorfer Darlehnskassen-Vereins (II) vor der Generalversammlung vom 3. Juni 1894 stellte Lehrer Lauf die für das Gewerbe ungewöhnlich selbstkritische Frage: „Was haben die Vereine genützt?" und gab darauf die Antwort: Sie hätten zur Besserung der materiellen Verhältnisse vieler Mitglieder beigetragen, anderen nur momentan geholfen und für „wieder andere wäre es besser gewesen, wenn keine Darlehnskassen-Vereine bestanden hätten, indem sie das geliehene Geld leicht verwirtschaftet haben ...". Institutsgeschichte – hier einmal wird sie nicht als bloße Erfolgsstory verkauft. Über den Erfolg in sozialer Hinsicht schrieb der Direktor des Kreisgerichts zu Neuwied, Arndts, bereits 1870 an Raiffeisen, es sei „die wohltätige Einwirkung der ländlichen Darlehnskassen-Vereine im hiesigen Gerichtsbezirk in allen gerichtlichen Angelegenheiten schon jetzt unverkennbar"; Einlagen könnten als mündelsicher angesehen werden.[294]

Neben den Kassen in der ländlichen Umgebung gab es auch in der Stadt selbst eine Kreditgenossenschaft: den Neuwieder Credit-Verein e.G. Er wurde 1865 gegründet[295]; mit seiner Eintragung beginnt das Genossenschaftsregister beim Amtsgericht Neuwied. Sein Zweck war die „gegenseitige Beschaffung der zum Gewerbs- und Handwerksbetrieb und sonstigen Bedürfnissen erforderlichen baaren Geldmittel"[296]; Geschäftslokal war das heutige Haus Hermannstraße Nr. 40. Mit 502 Mitgliedern ging der Verein in die achtziger Jahre.[297] Zu seinen Gunsten bestellte, meist nachrangige Hypotheken sind die frühesten Eintragungen für ein Neuwieder Kreditinstitut, soweit die Neuwieder Grundbücher durchgesehen wurden.[298] Hier begegnen wir erstmals dem Namen Zakrzewski, der über ein halbes Jahrhundert und zwei Generationen eine Rolle im Bankwesen der Stadt spielte: Lukas Zakrzewski wurde 1870 zum „Cassirer", 1875 zum Vorstand ernannt.[299] Der Verein dürfte sich an eine der Organisationen der gewerblichen Genossenschaften angelehnt haben.[300]

Kehren wir zurück zum „System Raiffeisen".

Durch die Konzentration auf das Kirchspiel herrschte in den Kassenbezirken ein hohes Maß an Homogenität der wirtschaftlichen Verhältnisse. Neben Vorteilen folgte daraus der Nachteil, daß Kredit- und Anlagebedarf meist jeweils einseitig an die Kassenvereine herantraten, Kreditbedarf zum Beispiel strukturell in den ärmeren Dörfern, saisonal vor der Ernte. Die Liquiditätsdisposition erwies sich daher auf der Ebene der Kassenvereine als schwierig. Wohlthätigkeitsverein und Heddesdorfer Darlehnskassen-Verein (I) halfen sich, indem sie Engpässe mit Hilfe der Neuwieder Bankiers Johannes Caesar und J.A. Bender Sohn überbrückten – obwohl Raiffeisen derartigen Geschäftsverbindungen aus Sicherheitsgründen prinzipiell widerriet.[301]

Den Liquiditätsausgleich – d.h. vor allem den Kredit im Falle defizitärer Einlagen – suchte Raiffeisen zunächst über die Sparkassen zu finden (die ihrerseits auf einen überörtlichen Liquiditätsrückhalt in Gestalt der Rheinischen Provinzial-Hülfskasse zurückgreifen konnten).[302] Dieses Projekt stand auf der Tagesordnung der Vorstände und Rendanten der Darlehnskassen-Vereine der Rheinprovinz, die sich unter dem Vorsitz des Direktors der volkswirtschaftlichen Section des landwirtschaftlichen Vereins für Rheinpreußen, Capaun-Carlowa, am 24. Mai 1869 im Cremer'schen Saal in Neuwied versammelt hatten.[303] Neben dem Fürsten zu Wied nahmen Gäste aus den Genossenschaften des Systems Schulze-Delitzsch teil sowie Vertreter der Öffentlichen Hand, unter anderem der Oberpräsident der Rheinprovinz, von Pommer-Esche.[304] Als einer der Referenten setzte sich der Professor der Nationalökonomie an der Universität Bonn, Erwin Nasse[305], für ein Zusammenwirken von Genossenschaften und Sparkassen ein. Dem hielt der Landrat von Solingen, Carl Friedrich Melbeck, entgegen, „daß da, wo Kreis-Sparkassen vorhanden, die Darlehnskassen-Vereine nicht nothwendig seien, indem erstere das Credit-Bedürfniß ohne Zwischenstation befriedigen könnten". An dieser konkurrierenden Interessenlage scheiterte die Kooperation – eine bedeutende bankpolitische Weichenstellung. Raiffeisen zog die Konsequenz, „daß man sich also nächst Gott auf sich selbst verlassen und unabhängig von anderen vorangehen müsse".[306]

Immerhin gelang es ihm einige Jahre später, von der Idee einer Zusammenarbeit mit den öffentlichen Kreditinstituten etwas sehr Reales zu retten, indem er dem Zentralinstitut seiner Kassenvereine ein Darlehen der Rheinischen Provinzial-Hülfskasse über den bedeutenden Betrag von 150.000,– Mark zu günstigen Konditionen besorgte.[307]

Als pragmatische Lösung des Liquiditätsproblems führt er den Beschluß der Generalversammlung des Heddesdorfer Darlehnskassenvereins vom 12. Dezember 1869 herbei, „mit den übrigen Darlehnskassen-Vereinen zur Ausgleichung des Geldüberschusses und Geldbedarfs in Verbindung zu treten ...".[308] In diesem Sinne deckte das Heddesdorfer Institut z.B. Finanzierungslücken der Kassen in Waldbreitbach und Honnefeld (Kreis Neuwied) sowie Almersbach (bei Altenkirchen).[309] Dem früher beobachteten Kapitalstrom vom Rhein auf den Westerwald trat hier ein gleichgerichteter Geldstrom zur Seite.[310]

Ein methodischer Liquiditätsausgleich indessen bedurfte einer übergeordneten Organisation, die Raiffeisen zweistufig 1872 als Rheinische landwirthschaftliche Genossenschaftsbank für die Rheinprovinz und das Fürstentum Birkenfeld, 1874 als Deutsche landwirthschaftliche Generalbank, beide mit Sitz in Neuwied, ins Leben rief.[311] Für die Genossenschaftsbank zeichnete er – wohl als erster in Neuwied – unter dem Titel Bankdirektor.[312] Beide Institute waren als Genossenschaften verfaßt, das erstere mit den Kassenvereinen als Mitgliedern. Diese Konstruktion war einer der Gegenstände des berühmten „Systemstreits" mit den gewerblichen Genossenschaften[313], den Schulze-Delitzsch in seiner Interpellation vom 19. Januar 1876 bis vor den Reichstag trug.[314] Dabei ging es unter anderem darum, daß Risiken dieser sogenannten Sekundärgenossenschaften wegen der auf jeder Ebene unbeschränkten Solidarhaft über die Kassenvereine als „Primärgenossenschaften" letztenendes auf jeden Genossen durchschlagen mußten.[315] Diese Bedenken gegen die – wie Schulze ironisch sagte – „Neuwieder Schöpfungen"[316] setzten sich schließlich durch, nicht nur bei den Behörden[317], sondern auch bei den ländlichen Genossenschaften selbst.[318] 1876 wurde die Generalbank, ohne Geschäfte gemacht zu haben, aufgelöst und – im zweiten Anlauf – die Rheinische landwirthschaftliche Genossenschaftsbank in die Landwirthschaftliche Central-Darlehnskasse umgewandelt.[319]

Das Zentralinstitut kleidete Raiffeisen in die Rechtsform der Aktiengesellschaft mit den Kassenvereinen als Mitgliedern. Damit machte er den Genossenschaften die Vorteile der Aktiengesellschaft verfügbar, u. a. die Beschränkung der Haftung, womit dieser Punkt des Systemstreits erledigt war. Gleichzeitig bewahrte er der Central-Kasse den für die Genossenschaften wesentlichen Charakter einer geschlossenen Gesellschaft, indem er die Aktien als vinkulierte Namenspapiere ausstattete.[320] Im Laufe der Zeit entwickelte sich das Institut zur Bank vieler ländlicher Darlehnskassen, einer nach heutigen Begriffen echten Zentralbank. Ihr vornehmster Zweck blieb der Liquiditätsausgleich unter den Darlehnskassen, denen sie bei Bedarf Blankokredit gewährte zu Sätzen, die im Verhältnis zum Markt günstig und stabil waren. Für die Refinanzierung gewann sie endlich – vor allem über die Preußenkasse, Berlin – auch öffentliche Mittel.[321] Nach kleinen Anfängen erstreckte sie ihre Verbindungen über das gesamte Reich.[322] Der Kontoumsatz im Geldverkehr mit der Raiffeisen-Organisation belief sich 1901 auf 453 Mio. Mark. Sie erlangte die Anerkennung der Kaiser Wilhelm I. und Wilhelm II.[323] und fand auch Beachtung in der internationalen Genossenschaftsbewegung.[324] Sitz der Zentralkasse war Neuwied, ihr Domizil das von Raiffeisen selbst erbaute „Raiffeisenhaus" an der Heddesdorfer Straße, das mit Recht als Pflanzstätte des ländlichen Genossenschaftswesens bezeichnet worden ist.[325]

Der Name der Stadt stand innerhalb der Raiffeisenorganisation ganz einfach für ihre Zentrale. Allgemeine Bedeutung aber gewann er als Programm für das rheinische und deutsche, vor allem ländliche Genossenschaftswesen.[326] Neuwied in diesem Sinne meinte eine auf der Ethik des Christentums gegründete Ordnung der Wirtschaft, was die Distanz zu Liberalismus[327] und Sozialismus[328] einschloß. Unter dem Namen der Stadt, so verstanden, haben sich viele Menschen solidarisiert, so daß man in der frühen Genossenschaftsbewegung von der „Neuwieder Richtung" sprach.[329] Diesem Programm galt die öffentliche Anerkennung von Kaiser Wilhelm I., die der Fürst zu Wied erwirkt hatte.[330] Die Neuwied entgegengesetzte Seite[331], – sowohl Schulze-Delitzsch als auch die sog. Offenbacher Richtung – empfand, liberal gesinnt, den religiösmoralischen Anspruch Raiffeisens als Ärgernis, besonders in seiner Vermischung mit dem Geschäft[332], ebenso wie den aus seinem integralistischen Konzept resultierenden Zentralismus. „Man hat hier und ebenso in Westfalen infolge unserer damaligen Gründungen einen wahren Schrecken vor dem Wort 'Neuwied' bekommen", schrieb ihm ein früherer Mitarbeiter 1879.[333] Hundert Jahre nach dem Tode des „Gründervaters", bei der Gedenkfeier der evangelischen Gemeinde Heddesdorf[334], prallten die alten weltanschaulichen Positionen so heftig aufeinander wie je: Jene Neuwieder Bank, die unter seinem Namen auftritt und sich auf seinen Geist beruft, mußte sich gefallen lassen – wie denn auch nicht? –, an seinen Prinzipien gemessen zu werden. Natürlich wird sie ihnen nicht mehr gerecht, denn sie ist längst eine „Bank im gewöhnlichen Sinne des Wortes".[335] Hierüber Genugtuung äußerten übrigens Kirchenleute und Bankkollegen, diese, weil sie mit Gesinnungen – und gar mit guten – ungern konkurrieren, jene, weil sich wieder einmal gezeigt habe, wie das Heil mit den Mitteln dieser Welt nicht zu wirken sei.

Dresdner Bank Neuwied

Mit zunehmender Bedeutung mußte das Zentralinstitut an die Grenzen der Kleinstadt stoßen. Schon der Gründer hatte das vorausgesehen: Bereits im Entwurf der Satzung der Generalbank vom 27. Mai 1873 heißt es unter Artikel I, 4: „Der Sitz ist vorläufig in Neuwied"; damit nehme man – so Raiffeisen in einer Denkschrift – „Rücksicht darauf, daß in der Rheinprovinz und in den benachbarten Provinzen der Boden für die Durchführung am meisten vorbereitet ist, und in der ersten Zeit Kosten möglichst vermieden werden müssen". „Es erscheint selbstredend als zweckmäßig, den Sitz in die Reichshauptstadt oder deren Nähe zu verlegen". In einem Brief vom 16. November 1876 bestätigte er diese Absicht für die Zentralkasse, deren neuen Sitz er an einem Börsenplatz, etwa Frankfurt a. M., sah.[336] Im gleichen Jahre empfahl Nasse als Sitz „nicht ... Neuwied, sondern ... Köln".[337] Wegen Umzugsgerüchten gab es 1898 Unruhe in der Stadt.[338] Daß die Zentrale der Bank – die mit immerhin zwölf Filialen an bedeutenden Plätzen des Reichs vertreten war – überhaupt so lange hier blieb, hing vermutlich mit der Schwierigkeit zusammen, Teile der in der Stadt konzentrierten Gesamtorganisation auszugliedern. Wie lange würde die Zentralkasse an ihrem Sitz in der Provinz noch festhalten können?[339]

Raiffeisen starb am 11. März 1888. Ein eindrucksvolles Bild aus dem Neuwied jener Tage hielt Fürst Wilhelm zu Wied fest: „Es war mir jedesmal eine Herausforderung, wenn ich diesen Mann, mit seinem Stöckchen vorsichtig den Weg suchend, in meinen Schloßhof einbiegen sah; denn dann kam er zu mir, um seine Gedanken, die ihm während der Nacht über die Organisation gekommen waren, zu klären, und so entstand ein Gedankenaustausch, der zu den schönsten Erinnerungen meines Lebens gehört."[340]

Dies ist die Stelle für eine Zäsur: Bis hierhin hatten wir es mit Gründungen zu tun, deren Motiv ganz überwiegend sozialer Natur war. Geld war – wie Raiffeisen betonte – nicht Zweck, sondern Mittel zum Zweck[341], nämlich der Besserung der sozialen Verhältnisse der unteren Schichten. Das Geschäft mit dem Geld lag jenseits des öffentlichen Auftrags der Sparkassen und jenseits des Selbsthilfegedankens der Genossenschaften. Infolge dieser Selbstbeschränkung kamen Gedanken an Bankgeschäft im umfassenderen Sinne in diesen Bereichen des Gewerbes erst allmählich auf. Insofern änderte die Gründung dieser Institute zunächst wenig an der finanzwirtschaftlichen Infrastruktur der Stadt. Dies bestätigen die Grundbücher, die ab 1875 angelegt wurden:[342] Wie im Rheinland allgemein[343], so wurden sie auch in Neuwied bis zur Jahrhundertwende beherrscht von der privaten Hypothek. Die beiden Sparkassen traten selten[344], Kreditgenossenschaften nennenswert nur in Heddesdorf in Erscheinung.[345]

DIE GRUNDLAGEN DES BANKPLATZES NEUWIED

Den Fortschritt zu einem modernen Bankwesen in der Stadt brachten zwei Ereignisse der Jahre 1885/86.

1886 – zehn Jahre nach ihrer Gründung – eröffnete die Reichsbank eine Nebenstelle.[346] Die Initiative ging aus von „der Kaufmannschaft und anderen Interessenten von Neuwied und Umgebung". Die Petition – vom 31. Juli 1885 – war an die „Direction der Reichsbank zu Coblenz" gerichtet[347] und wurde befürwortend an das Reichsbank-Directorium in Berlin weitergeleitet.[348] Dabei wurde Neuwied als zwar „recht wohlhabende Stadt mit einem äußerst regen Geschäftsverkehr", aber geringen geschäftlichen Beziehungen zur Reichsbank vorgestellt; „rechtsrheinische Lage, ... ungünstige Bahnanschlüsse, ... häufiges Hochwasser, Eisgang" mache den Verkehr mit der Koblenzer Anstalt unpersönlich und teuer. Petenten waren die führenden Adressen der heimischen Wirtschaft, an ihrer Spitze der Fabrikant Carl Reichard.[349] Die Reichsbank-Direction erachtete ein besonders dringendes Bedürfnis zwar nicht für gegeben, stimmte aber am 2. Dezember 1885 zu, jedoch unter der Bedingung[350], daß die Stadt den erwarteten Verlust bis zur Höhe von 4.000,– Mark p. a. garantiere sowie die Kosten für die Geschäftsräume und die Wohnung des Kassenboten für drei Jahre übernehme. Die Stadtverordnetenversammlung vom 26. November 1885 ging auf die Bedingung ein[351], nachdem sie Rückendeckung erhalten hatte: Diese bestand in 45 Verpflichtungserklärungen aus der heimischen Wirtschaft über insgesamt 3.910,– Mark sowie aus den Zusagen des Fürsten und des Kreises, von einem nicht gedeckten Rest neben der Stadt je ein Drittel zu tragen.

Die Reichsbanknebenstelle Neuwied nahm die Geschäfte am 1. Februar 1886 im Hause Bahnhofstraße 6 auf.[352] Vorgeordnet war die Reichsbankstelle Koblenz, in deren Geschäftsbezirk die Neugründung nach den Unterstellen in Limburg, Kreuznach und Wetzlar die vierte war.[353] Die Leitung wurde Bankvorstand zur Megede übertragen.

Die Reichsbank war in jener Zeit unmittelbarer Geschäftspartner der Wirtschaft[354]: Sie bot vor allem das damals einzige reichsweite Gironetz[355] und den Direktdiskont von Wechseln[356] an. Dank der neuen Nebenstelle war es jetzt möglich, von Neuwied aus unmittelbar an dem zunehmenden bargeldlosen Zahlungsverkehr teilzunehmen und die Umsatzausweitung der nächsten Jahre am Platz selbst zu finanzieren. Darüber hinaus wurde Neuwied durch die Reichsbanknebenstelle auch in formalem Sinne „Bankplatz": Die hier zahlbar gestellten Wechsel waren „bankfähig", konnten also zu einem niedrigeren Diskontsatz abgerechnet werden[357], was den Lieferantenkredit der Neuwieder Unternehmen verbilligte. Damit war eine bankmäßige, vom Nimbus des Reichs umgebene Infrastruktur vorhanden. An den Fürsten hatte die Stadtverordnetenversammlung bereits eine Dankadresse gerichtet.[358] Die Zahl der Reichsbank-Girokonten war allerdings zunächst gering und nahm nur langsam zu.[359] Wenige Monate nach Eröffnung – im Juni 1886 – besuchte der Präsident des Reichsbank-Direktoriums, die berühmte Exzellenz von Dechend, die neue Stelle in der ihm nicht unbekannten Stadt; er kümmerte sich um kleine Dinge: die Anschaffung eines Revolvers, und um größere: Er veranlaßte den Kauf des zunächst nur gemieteten Hauses Bahnhofstraße 6.[360]

Die ersten drei Geschäftsjahre schlossen infolge besserer Erträge mit geringeren Verlusten als erwartet; der schließlich umgelegte Gesamtbetrag beschränkte sich auf 5.777,76 Mark.[361]

Das zweite Ereignis der Jahreswende 1885/86 entwickelte sich aus einer Schieflage, in die der Neuwieder Credit-Verein geraten war.[362] „Bedeutende Geldmittel" waren in Immobilien illiquide geworden, was die klassische Vertrauenskrise mit dem Austritt von Mitgliedern und dem Abzug von Einlagen auslöste. Der Versuch, die Genossenschaft in Form einer Aktiengesellschaft als Rechtsnachfolgerin aufzufangen, scheiterte. Die Generalversammlung[363] beschloß daher Ende 1885 die Auflösung durch Liquidation. Die Vorstandsmitglieder – darunter Lukas Zakrzewski – wurden zu Liquidatoren bestellt. Der Neuwieder Credit-Verein verschwand von der Bühne – und sogleich trat eine Interessentengruppe auf, der die Gelegenheit reizvoll genug erschien. Sie gründete

1. ein Consortium, das den Liquidatoren das Angebot machte, die Grundstücke zu kaufen (die Preise lagen zwar weit unter den Buchwerten, aber über anderen Offerten)[364], und

2. eine Aktiengesellschaft, die unter der Firma Neuwieder Bankverein das Bankgeschäft zu betreiben bestimmt war.[365]

Der Gruppe gehörten an:

>   Robert Erbes, Kaufmann[366]
>
>   Carl Reichard, Kaufmann[367]
>
>   Philipp Strüder, Buchhändler[368]
>
>   Louis Reinhard, Holzhändler[369]

– ein für die Stadt großbürgerlicher Hintergrund –

>   Lukas Zakrzewski
>
>   Leo Zakrzewski, Kaufmann, Köln[370].

Das Aktienkapital des Bankvereins – zu 50 % bei Erbes – betrug 200.000,– Mark. Er erwarb das Gebäude Hermannstraße 40 und eröffnete dort Anfang 1886 sein Geschäft.[371] Die Aktiva und Passiva des Credit-Vereins hat er nicht übernommen: Haben dessen Kunden und Genossen Geld verloren? Es scheint so, wenn wir „Erinnerungen aus früherer Zeit" trauen dürfen, in denen es heißt:

>   „On dä Creditverein, dä es verschwunde,
>   Dä Schlag trof och noch Manchen en der Zeit".[372]

Ohne Rechtsnachfolger zu sein, muß der Bankverein wie eine Fortsetzung des Credit-Vereins gewirkt haben: durch die Abfolge der in seiner Gründung gipfelnden Ereignisse, die Identität des Geschäftslokals, vor allem aber durch die Person Lukas Zakrzewskis, der im Vereinsvorstand Mitglied war und alleiniger Vorstand der AG wurde. Der Bankverein bekannte sich zu der faktischen Kontinuität, indem er in seinem ersten Geschäftsbericht als den Zweck seiner Gründung definierte, „den Geldverkehr am hiesigen Platze an Stelle des Credit-Vereins ... zu vermitteln."[373] Gründe für die erstaunliche Identifikation mit einem abgewirtschafteten Vorläufer lassen sich nicht belegen. Mit dem Know-how allein erscheint sie ebensowenig erklärbar wie ohne eine unbeschädigte Integrität des älteren Zakrzewski.

Mit der Nebenstelle der Reichsbank und der Firma des Bankvereins trat die Bezeichnung „Bank" erstmals ins Licht der Neuwieder Geschichte.[374] Beide waren – da die Reichsbank damals auch kommerzielles Geschäft betrieb – Konkurrenten.[375] Der Zweck des Bankvereins war nicht öffentlicher oder sozialer, sondern rein geschäftlicher Natur. Die Gesellschafter hafteten zwar nicht persönlich, waren aber als potent und seriös angesehene Neuwieder „Kapitalisten".[376] Hier endlich war der Partner, mit dem man Geldgeschäfte – und darin lag der Fortschritt – objektiv, nämlich allein im Ausgleich der wirtschaftlichen Interessen, machen konnte. „Der Bankverein wird sein Hauptaugenmerk auf das Conto-Corrent-, Devisen-, Inkasso- und Depositengeschäft richten, sowie sich auch dem commissionsweisen An- und Verkauf von Effekten widmen" – so wurde der Neuwieder Öffentlichkeit erstmals das komplette Dienstleistungsangebot einer Bank angezeigt.[377] Zakrzewski sen. und jun. dürften die ersten Neuwieder gewesen sein, die als Bankdirektoren bezeichnet wurden.[378]

Vom Höhepunkt der Jahre 1885/86 werfen wir einen Blick zurück auf die Neuwieder Bankengeschichte des 19. Jahrhunderts: Sie bezeugt Initiative, Gemeinsinn und soziale Verantwortung des Bürgertums wie übrigens auch des Fürstenhauses in einem Maß und einer Mischung, daß auch ein kritischer Beobachter seinen Respekt schwerlich versagen wird. In den folgenden Jahren beruhigte sich der Puls des Neuwieder Bankgewerbes und schlug bis zur Jahrhundertwende in gleichmäßigem Rhythmus. Um diese Zeit meldete sich erstmals die Kundschaft zu Wort: 1901 war „de Schorsch" – Neuwieder Urtyp – auf Besuch in seiner Vaterstadt. Mit einem Freund auf dem Weg durch das neue Bahnhofsviertel kam er an der Reichsbank vorbei. „Hier stiegen allerlei Gedanken und Wünsche im Gehirn" dieses sonst gemütlichen Zeitgenossen auf.[379] Als der Urlaub ablief, „.... mußte Geld flüssig gemacht werden (scl. für die Rückfahrkarte). Aber wo? Ich machte meinem Freunde bemerklich, daß wir heute drei Bankinstitute hätten: die Reichsbank, den Bankverein und die Volksbank. Schorsch wählte den Bankverein zu seinen Zwecken" (Die Sparkassen standen interessanterweise noch nicht zur Diskussion).[380]

Mit dem neuen Jahrhundert ging diese Beschaulichkeit ihrem Ende entgegen. Der allgemeine Aufschwung erfaßte die Wirtschaft am Mittelrhein und setzte nun auch in Neuwied Wachstumskräfte frei[381], die für mehr als eine Dekade wirksam blieben. Davon profitierte natürlich auch das Geschäft der Banken und Sparkassen. Damals nahmen die Industrieunternehmen der Stadt und ihrer Umgebung erstmals in großer Zahl Verbindung zu ihnen auf.[382] Je kräftiger und dauerhafter die Expansion, desto höher freilich im allgemeinen auch die Anforderungen, die ihre Finanzierung an die Finanzkraft der Unternehmen und ihrer Inhaber stellte, aber auch an die Leistungsfähigkeit ihrer Kreditinstitute. Von daher geriet auch das Neuwieder Bankgewerbe zeitweise unter Druck. Er verstärkte sich in den generell schwierigen, mit Stockungen der Konjunktur verbundenen Bankjahren 1901 und 1907.[383] Das Wachstum, aber auch Spuren der Probleme lassen sich in den Zahlen der Reichsbank, des Bankvereins und der beiden Sparkassen wiederfinden.[384]

„Infolge des großartigen Aufschwungs der Industrie" – so wird das Protokoll der Generalversammlung des Heddesdorfer Darlehnskassen-Vereins vom 14. März 1900 zitiert – „sind an die hiesige Zentralkasse sowohl als auch an unseren Verein ganz enorme Anforderungen gestellt worden. Seit einem Jahr können wir von genannter Kasse zur Neubewilligung von Darlehen nichts mehr geliehen bekommen und es war ihr kaum möglich, uns die Summen, welche wir auf Sparkasseneinlagen zurückbezahlen mußten, vorzuschießen.[385] Die Solvenz des Heddesdorfer Vereins wurde durch ein Darlehen der Kreissparkasse gewährleistet. In der Not hatten sich die Genossen also dazu überwinden müssen, die unmittelbarste Konkurrenz um Hilfe zu bitten.[386] Die im Hintergrund erkennbare Liquiditätskrise der Zentralbank der Raiffeisenkassen lag allerdings keineswegs an den „enormen Anforderungen" des Wirtschaftswachstums allein. Hinzu kamen vielmehr strukturelle Probleme und geschäftliche Fehlschläge im Hause selbst[387]: Der forcierte Ausbau des Warengeschäfts brachte Verluste; auch konnte sich das Zentralinstitut der Sanierung von Mitgliedsgenossenschaften nicht entziehen. Dadurch wurden im Bankgeschäft benötigte Mittel anderweitig immobilisiert oder gar aufgezehrt. Eine Verdoppelung des Kapitals auf zehn Mio. Mark im Jahre 1900 half nur vorübergehend. Schließlich konnten die von der „Geldabteilung" nach wie vor erwirtschafteten Gewinne die Gesamtrechnung nicht mehr ausgleichen. 1904 mußte die Dividende gestrichen werden. Überwunden wurde die Krise 1905 mit Hilfe der seit Jahren befreundeten Preußenkasse: Diese stellte – neben dem bestehenden Diskontrahmen – frische Liquidität in Gestalt eines Kredits in laufender Rechnung zur Verfügung. Die Zusage war Bestandteil eines Vertrages, der beide Seiten zu einer „Interessengemeinschaft" verband. Darin räumte Neuwied dem Berliner Institut eine Beteiligung ein und übertrug ihm den „Geld- und Kreditverkehr" mit den anderen genossenschaftlichen Zentralbanken in Preußen. Die Krise war kaum bewältigt, da wurde die Interessengemeinschaft am Rhein bereits als lästig empfunden, was zu Auseinandersetzungen für den Rest des ersten Jahrzehnts und 1911 zu ihrer Aufhebung führte. Inzwischen waren die Nachteile eines Sitzes in der Provinz – vom „Gründervater" bereits erkannt, aber zunächst in Kauf genommen – deutlich genug, der Einfluß der Reichshauptstadt unwiderstehlich geworden: Am 1. Dezember 1909 wurde der Sitz der Landwirtschaftlichen Zentral-Darlehenskasse für Deutschland nach Berlin verlegt – und damit das Kapitel Zentralbank in Neuwied geschlossen.[388]

Die Neuwieder Volksbank e.G.m.b.H. – nach dem Credit-Verein das zweite Kreditinstitut auf genossenschaftlicher Grundlage in der Stadt selbst – ließ sich zu riskanter Kreditpolitik hinreißen. Eine „Zahlungsstockung" im April 1900 konnte mit Hilfe des Zentralinstituts des gewerblichen Genossenschaftswesens, der Deutschen Genossenschaftsbank von Soergel, Parisius & Co, Berlin, noch einmal überwunden werden.[389] Zwei Jahre später, im Frühjahr 1902, als die wegen der Krise von 1901 ohnehin nervösen Sparer[390] das Vertrauen verloren, brach das Institut zusammen.[391] Die Einleger – meist kleine Geschäfts- und Landleute – erlitten Ausfälle; die Genossen wurden mit den Haftsummen zur Kasse gebeten, was um so empfindlicher wirkte, als die Beträge gerade ein Jahr zuvor – 1901 – auf 2.000,– Mark verdoppelt worden waren.

Der Neuwieder Bankverein kürzte nach rückläufigem Betriebsergebnis die Dividende für 1901 um einen Punkt auf sechs Prozent, fand aber bis 1903 zu einer positiven Geschäftsentwicklung zurück. Haftende Mittel von 38 % der Bilanzsumme und ein Betriebsergebnis in Höhe des 2,3–fachen Verwaltungsaufwandes, ausgewiesen durch den Jahresabschluß für 1904, waren für sich genommen gute Werte. „Er schwimmt ... nach wie vor im Gelde" – so die Reichsbanknebenstelle Anfang 1905.[392] Allerdings waren seit dem Geschäftsjahr 1897, in dem sich Aktiv- und Passivgeschäft mit der Kundschaft die Waage gehalten hatten, die Kredite wesentlich stärker gestiegen als die Einlagen. Die Tatsache an sich war zwar keineswegs ungewöhnlich; ähnlich differenziert hatten sich beide Seiten auch bei den Neuwieder Sparkassen entwickelt. Bemerkenswert aber war die Finanzierung des Kreditüberhangs: Während nämlich die Sparkassen die erforderlichen Mittel durch teilweisen Verkauf angesammelter Wertpapierbestände flüssig machen konnten, mußte der Bankverein, der über disponible Aktiva vergleichbaren Umfangs nicht verfügte, neues Geld aufnehmen. Dies geschah durch dreimalige Erhöhung des Kapitals um insgesamt 700.000,– Mark auf schließlich eine Million Mark.[393] Damit aber wurden die Aktionäre in einer Größenordnung zur Kasse gebeten, die unter kleinstädtischen Verhältnissen sehr weitgehend war. Zudem stellte die Ausschüttung einer angemessenen Dividende auf ein derartiges Kapital hohe Ansprüche an die künftige Ertragskraft; selbst in dem günstigen Geschäftsjahr 1904 hätten bei voll eingezahltem Kapital sechs Prozent nur knapp gezahlt werden können, von einer Wiederaufstockung auf frühere sieben Prozent ganz zu schweigen.[394]

Diesen Verhältnissen begegnete auf dem Höhepunkt ihres Expansionsdranges eine bedeutende Provinzbank, die Rheinisch-Westfälische Disconto-Gesellschaft. Als Aktienbank mit Sitz in Aachen, der Interessengemeinschaft der Disconto-Gesellschaft Berlin angehörend, war sie am Mittelrhein bereits durch eine Filiale in Koblenz vertreten. Sie machte den Aktionären des Bankvereins ein im einzelnen nicht bekanntes Übernahmeangebot, das angenommen wurde. Die Generalversammlung vom 20. Juli 1905 beschloß die Auflösung durch Veräußerung des Vermögens im Ganzen.[395] Damit war die erste Konzentrationswelle im rheinischen Bankgewerbe auch über Neuwied hinweggerollt[396]: Das Kapitel „Privatbank auf örtlicher Basis" war geschlossen; der Neuwieder Bankverein wurde Rheinisch-Westfälische Disconto-Gesellschaft Neuwied und erste Filiale eines überörtlichen, regionalen Kreditinstituts. Das Geschäftslokal blieb im Hause Hermannstraße 40. Von den drei ihm empfohlenen Banken hätte „de Schorsch" nur vier Jahre später also allein die Reichsbank unverändert gefunden.

Die zweite Filiale einer Regionalbank sollte nicht lange auf sich warten lassen.[397] Ein junger, eben in Neuwied niedergelassener Rechtsanwalt, Dr. Walter Schaufuß[398], lenkte 1910 die Aufmerksamkeit der Filiale Bonn des A. Schaaffhausen'schen Bankvereins auf Neuwied. Bei diesem Institut handelte es sich um eines der ältesten Bankhäuser in Köln.[399] Seit den fünfziger Jahren hatte es sich dank seiner Verbindungen zur rheinisch-westfälischen Industrie zur ersten Bankadresse des Rheinlandes entwickelt. Seine Blütezeit hatte es inzwischen allerdings schon hinter sich (Köln hatte seinen Rang als Bankplatz im Wettbewerb mit der Reichshauptstadt nicht halten können). Die Filialen des Hauses konzentrierten sich traditionell auf den Niederrhein; im Regierungsbezirk Koblenz war es durch eine Kommandite, die Mittelrheinische Bank, Koblenz, vertreten. Die Stadt Neuwied – inzwischen bei ca. 20.000 Einwohnern – war durch die Industrialisierung der nördlichen Rheinprovinz wirtschaftlich zwar längst überholt worden, hatte aber ihre Spitzenstellung als Industriestandort am Mittelrhein behauptet. Mit der rheinischen Wirtschaft insgesamt stand auch ihre Industrie in Blüte.[400] Da sah Schaaffhausen noch Raum für eine zweite Geschäftsbank am Platze.[401] Der Bankverein erwarb das Haus Ecke Hermann-/ Pfarrstraße und eröffnete dort am 4. April 1911 die Geschäfte.[402] In einer Werbeanzeige zu Ostern wird das umfassende Dienstleistungsangebot einer Universalbank herausgestellt.[403] Das Personal zählte etwa zehn Mitarbeiter.[404]

Wie zügig sich die Konzentration der Branche in jenen Jahren fortsetzte! Beide Neuwieder Regionalbank-Filialen mußten schon nach kurzer Zeit erleben, wie ihre Institute die Selbständigkeit aufgaben, um bei Banken von nationaler Bedeutung Anlehnung zu finden.[405] Schaaffhausen wurde 1914 von der Disconto-Gesellschaft, Berlin, übernommen, die freilich den traditionellen Firmennamen noch bis 1929 bestehen ließ.[406] Die Rheinisch-Westfälische Disconto-Gesellschaft schloß 1917 einen Verschmelzungsvertrag mit der Dresdner Bank, die damit als erste der heutigen Großbanken in Neuwied Fuß faßte, Hermannstraße 40, in dem Geschäftslokal aus den Zeiten des Credit- und Bank-Vereins.[407]

Die Reichsbank Neuwied – von außen gesehen der Fixstern der Branche – durchlief im ersten Jahrzehnt eine Phase schwierigen Geschäfts: Das Wachstum flachte ab, die Erträge fielen hinter die der neunziger Jahre zurück.[408] Der Vorsprung, den sie dank ihres Gironetzes im Zahlungsverkehr und mit dem Direktankauf von Wechseln im Industriegeschäft gewonnen hatte[409], schmolz dahin. Zunehmende Konkurrenz ist denn auch das Leitmotiv ihrer Berichterstattung an die vorgeordnete Stelle. Das Diskontgeschäft mit der Zentralbank des Raiffeisensystems – für eine Nebenstelle eine außerordentliche Geschäftsmöglichkeit – ging weitgehend an die Preußenkasse verloren. Durch Einlagenverzinsung zog die Landesbank einen Teil des Geschäfts mit der Kreissparkasse an sich.[410] Daneben werden die neuen Schwesteranstalten in Andernach und Höhr[411] sowie die Post[412] erwähnt, vor allem aber die Rheinisch-Westfälische Disconto-Gesellschaft[413]: Diese bot der Industrie erstmals ein alternatives Überweisungsnetz, oft günstigere Sätze beim Wechselankauf (den sog. Privatdiskont) und die debitorische Verfügung in laufender Rechnung. Hier haben wir die Keime für das spätere Ausscheiden der Reichsbank aus dem Direktgeschäft. Übrigens verdient festgehalten zu werden, daß mit Reichsbank, Preußenkasse, Landesbank, Post und Sparkassen die Öffentliche Hand bereits damals massiv am Neuwieder Markt beteiligt war.

Die Sparkassen endlich konnten ihr Hypotheken- und Kommunalgeschäft nach der Jahrhundertwende kräftig ausweiten.[414] Die Refinanzierung ließ sich aus dem anhaltenden Einlagenzuwachs allein nun nicht mehr darstellen, so daß – vor allem bei der Stadtsparkasse – Wertpapierbestände liquidisiert wurden mit dem vermutlich willkommenen Ergebnis, daß um 1910 ca. 80 % der Spareinlagen beider Institute als Kredite in der heimischen Wirtschaft und Infrastruktur arbeiteten.[415] Dabei rückte die Kreissparkasse näher und näher an die Stadtsparkasse heran. 1911/12 endlich verwies sie die ältere Schwester auf den zweiten Platz.[416] Der Rangwechsel war weniger ein Erfolg der Kreissparkasse – sie lag im Trend der preußischen Sparkassen allgemein[417] – vielmehr Folge einer Störung in der Geschäftsentwicklung des städtischen Instituts.[418] Ein halbes Jahrhundert nach der Gründung hatte der historische Rang geschäftliche Relevanz verloren; vielleicht wirkte er in einer hohen Marktausschöpfung sogar hemmend nach.[419] Andererseits machten sich die Größe des Marktgebietes und der zivilisatorische Fortschritt des Hinterlandes zugunsten der Kreissparkasse geltend. Entscheidend aber scheint die erlahmende Geschäftsführung der Stadtsparkasse unter ihrem zweiten Rendanten, Friedrich Beck, gewesen zu sein.[420] So überließ er es dem Institut des Kreises, den entscheidenden ersten Schritt in Richtung Universalbank zu tun: War es die fällige Konsequenz aus dem 1908 in Kraft getretenen Scheckgesetz[421], war es der Eindruck, den die Zunahme des bargeldlosen Verkehrs[422], den die Geschäfte der beiden Bankfilialen machten[423] – jedenfalls nahm die Kreissparkasse am 1. Januar 1912, d.h. verhältnismäßig früh, den Kontokorrent- und Scheckverkehr sowie den Handel mit Wechseln und Wertpapieren auf.[424] Die Stadtsparkasse dagegen näherte sich dem Scheck halbherzig: Sie sah die Abwicklung nicht über die laufende Rechnung, sondern zu Lasten der Sparkonten vor[425] und stellte die Einführung während des Krieges zurück.[426] Die Kreissparkasse begann nun auch als Partner für Industrie und Handel interessant zu werden. Die Stadtsparkasse – insofern im Nachteil[427] – holte die Einführung des Scheckverkehrs zu Lasten Kontokorrent sowie die Eröffnung von Wechsel- und Wertpapiergeschäft erst am 1. August 1918 nach.[428] Unter den Sparkassen des Regierungsbezirks Koblenz standen beide Neuwieder Institute in vorderer Linie.[429] Andererseits handelte es sich immer noch um winzige Gebilde.[430] Bis 1903 wurde die Kreissparkasse in Verbindung mit der Gemeindekasse von Heddesdorf geführt.[431] Noch um 1908 zählte sie nicht mehr als drei Angestellte und einen Lehrling[432]; Zweigstellen hatte sie nicht; an einigen Orten im Kreis wurden die Geschäfte meist durch die Gemeindentmeister besorgt.[433] Der Neuwieder Sparer reagierte übrigens nach wie vor sehr sensibel auf konjunkturelle und finanzielle Probleme der „Nationalökonomie".[434]

Damals erwuchs den Sparkassen und Darlehnskassen Konkurrenz in Gestalt auswärtiger Realkreditinstitute. Angesichts von Besonderheiten des rheinischen Privatrechts hatten sie sich der Rheinprovinz lange Zeit ferngehalten.[435] Um die Jahrhundertwende – nach Erlaß des Hypothekenbankgesetzes[436] – begannen die Landesbank der Rheinprovinz, Düsseldorf, sowie Hypothekenbanken aus Köln und Berlin[437], mit Kommunalkredit und erster Hypothek sich in die Finanzierung von Neuwieder Infrastruktur und Wohnungsbau einzuschalten. Sie waren am Platze durch Agenturen präsent, die damit Grundstücksmakelei, Versicherungsvertretung, auch die Herausgabe von Offertenblättern verbanden. Genannt sei – weil bis in die dreißiger Jahre tätig – die Firma S. H. Loeb & Sohn, Heddesdorf.[438]

Um diese Zeit endeten jene hundert Jahre, die der damals jungen Generation von „Bankbeamten" als „gute alte Zeit" lebenslang vor Augen standen. Eine letzte Verkörperung fand sie in dem neuen Gebäude der Reichsbank, das von 1915 bis 1917 errichtet wurde und – inzwischen anderen Zwecken dienend – durch seine noble Architektur noch heute überzeugt.[439] Mit den Schüssen von Sarajewo begannen Jahre materieller und moralischer Zerstörung, die auch das Neuwieder Bankgewerbe in der Substanz traf.

„DIE POLITIK IST DAS SCHICKSAL": 1914 BIS 1948

Zwei Tage vor Kriegsausbruch berichtete die Reichsbank Neuwied an die vorgesetzte Stelle, „daß bei den hiesigen Depositenbanken – scl. Rhein.-Westf. Disconto, Schaaffhausen – größere Kündigungen oder Abhebungen nicht stattgefunden haben, wohl aber bei den beiden hiesigen Sparkassen. Hier kann man von einem Ansturm sprechen, wenn die ausgezahlten Beträge auch noch nicht erheblich sind, da beide Sparkassen sich an die satzungsgemäße Bestimmung halten und nur bis zu M 200,– von jedem Konto auszahlen ...". Vier Monate später werden regelmäßige Goldeinlieferungen der beiden Banken hervorgehoben[440], weitergeleitete Opfer ihrer Kundschaft.

Das eigentliche Bankgeschäft geriet mehr und mehr unter die Zwänge der Kriegswirtschaft. Auch in Neuwied ging der Kreditbedarf zurück, da die Industrie sich aus der Beschäftigung für das Militär verflüssigte und der Baumarkt daniederlag.[441] Die freiwerdende Liquidität diente der Finanzierung des Krieges, die zum Teil über insgesamt neun von der Reichsbank aufgelegte Kriegsanleihen des Reiches dargestellt wurde.[442] Sie wurden teils von Kunden oder Nichtkunden durch Vermittlung der Kreditinstitute, teils von diesen selbst für eigene Rechnung gezeichnet. Die Ergebnisse im Kreis Neuwied zeigen die Tabellen 29 bis 35. Die Quellen können als statistisch ausgereift nur für die VI. bis VIII. Anleihe gelten. Die Zahlen erlauben allenfalls vorsichtige Schlüsse.

Die Beträge der Institute mit Sitz im Kreise selbst enthalten die Zeichnungen für fremde wie für eigene Rechnung; bei beiden Neuwieder Sparkassen standen sie im Verhältnis von 43 zu 57 %.[443] Dagegen dürften die Beträge der beiden Bankfilialen ausschließlich für Rechnung ihrer Kunden gezeichnet worden sein, da eigene Zeichnung Sache ihrer Zentralen war.[444] Bei Sparkassen und Darlehnskassenvereinen fallen die hohen Stückzahlen ins Auge; sie stammen zu einem beachtlichen Anteil von Nichtkunden, die u. a. durch Haus- und Schulsammlungen systematisch angegangen wurden.[445] Die niedrigen Stückzahlen der Zeichnungen bei der Reichsbank und den beiden Privatbanken erklären sich mit dem kleinen Kundenkreis dieser Institute, deren Exklusivität die Zeichnung durch Nichtkunden übrigens nicht gerade begünstigt haben dürfte.

Von besonderem Interesse wäre natürlich die Zeichnungsquote. Schon damals versuchte sich der Landrat in dieser Richtung, indem er in Presseverlautbarungen und in Berichten an die Aufsichtsbehörde die Zahl der Zeichner in Prozent der Einwohner des Kreises angab; seine Zahlen: für die Anleihen V und VIII 17 %, für die Anleihe VI 20 %[446], werden von Tabelle 31 im wesentlichen bestätigt. Die Zahl der Zeichner in Prozent der Kunden – Tabelle 32 – war bei Schaaffhausen hoch, was bei der wohlhabenden Bankkundschaft nicht überrascht. Die beiden Sparkassen unterschieden sich in der Zahl der Zeichnungen in ihren Märkten kaum. Die Kreissparkasse mit ihrem viel geringeren allgemeinen Marktanteil – ca. 20 % gegen ca. 50 % bei der Stadtsparkasse – scheint mit mehr Erfolg ihre eigene Kundschaft mobilisiert und um fremde Zeichner geworben zu haben. Ihrem Rendanten Josef Wiedenbusch wurde denn auch 1917 das Verdienstkreuz für Kriegshilfe verliehen, „in Anerkennung seiner besonderen Verdienste um die Werbetätigkeit für Kriegsanleihen".[447] Die Sparkasse der Stadt scheint auch in dieser Beziehung das damals weniger aktive Institut gewesen zu sein: Eine Zeichnung auf fünf Kunden erscheint nicht sehr eindrucksvoll, zumal als Mindestzeichnungsbetrag eine Mark entgegengenommen wurde. Der Betrag der Zeichnungen aus dem Reichsbankbezirk Neuwied lag ab Anleihe V beim Anteil seiner Einwohnerschaft an der des Reiches, die Zahl der Zeichner deutlich darüber.

Trotz aller Werbung reflektieren die Neuwieder Zeichnungen wenigstens in der Spitze die Kriegslage. In einem Bericht der Kreissparkasse vom 15. November 1916 zur V. Anleihe heißt es zu der damals – Verdun, Somme, Brussilov-Offensive – „sich überall bemerkbar machenden ungünstigen Stimmung": „Die Arbeiter der Rasselsteiner Eisenwerksgesellschaft z.B., welche sich bei früheren Anleihen hervorragend beteiligt hatten, hielten diesmal auffallend zurück, trotzdem das Werk Vorzugsbedingungen eingeräumt hatte".[448] Nach den rückläufigen Zahlen der VII. Anleihe berichtete der Landrat an den Regierungspräsidenten unter dem 14. November 1917[449] von einer „Mißstimmung" in der Bevölkerung – Kriegseintritt der USA, Rücktritt der Reichsregierung –, während im Zeichen des Friedens mit Rußland die VIII. Anleihe im Frühjahr 1918 wieder erfolgreicher war.

Alle Kreditinstitute warben in den Neuwieder Zeitungen, „um der Geldschlacht zu einem vollen Siege zu verhelfen".[450] Die Kreissparkasse schrieb unter dem 19. September 1917 an ihre Kunden: „Wir können Ihnen mithin aus voller ehrlicher Überzeugung nur den Rat geben, wahren Sie Ihren eigenen Vorteil und legen Sie das verfügbare Geld in Kriegsanleihen an. Sie werden es nie bereuen".[451]

Die Kriegsanleihen wurden 1925 im Verhältnis 1000: 25 in Reichsmark umgetauscht.[452] Glück im Unglück hatten in Not geratene Kleinzeichner, die sie 1918 noch zu pari zurückgeben konnten[453], wenige waren so clever wie die Geschäftsleitung des Rasselstein, die 1918/19 zwei Millionen zum Kurs von 83 ½ % abstieß.[454]

Die Zeichnungen für Rechnung der Neuwieder Sparkassen selbst überstiegen die von ihrer Kundschaft gezeichneten Beträge um mehr als ein Drittel; sie wurden meist so zugeschnitten, daß sich eine runde Gesamtzeichnungssumme ergab (Tabelle 33). Dabei schien sich patriotische[455] mit geschäftlicher Pflicht zwanglos zu verbinden: In den Berichten des Bürgermeisters an die Aufsichtsbehörde wurden die eigenen Zeichnungen als Erfüllung des Preußischen Gesetzes betreffend die Anlegung von Sparkassenbeständen in Inhaberpapieren von 1912 dargestellt und der dadurch zunehmende Anteil von Vermögensanlagen mündelsicherer Qualität positiv vermerkt.[456] Die Bezahlung erfolgte bei auch in Neuwied stagnierendem Kreditgeschäft[457] aus neuen Fremdmitteln (Tabellen 26 sowie 34 bis 36):

1. dem Zuwachs der Spareinlagen, der sich – wie überall – ab 1916 beschleunigte (die Inflation warf ihre Schatten voraus);

2. aus Darlehen, die bei der Landesbank der Rheinprovinz in Köln gegen Verpfändung der bereits im Bestand befindlichen Kriegsanleihen in Anspruch genommen werden konnten; beide Sparkassen schöpften den mit dem Zuwachs der Bestände zunehmenden Lombardkredit für neue Zeichnungen voll aus.[458]

Dabei scheinen die Neuwieder Sparkassen sich etwas lebhafter engagiert zu haben als die Sparkassen Preußens insgesamt (Tabelle 35). Am Ende hatte die Stadtsparkasse ca. zehn Millionen Mark Kriegsanleihen im Eigenbestand (Tabelle 36). Da das Reich sie als Folge der Niederlage nicht einlösen konnte, wurden 44 % ihrer Aktiva wertlos. Wie die Nation, so hatten auch die Kreditinstitute auf Sieg gesetzt – und verloren. Objektiv war das Spekulation mit fremdem Geld, vor allem mit dem der Sparer.[459]

„Der trostlose Ausgang des Krieges", so die Reichsbank Neuwied, „brachte infolge der sinnlosen Geldhamsterei eine derartige Knappheit an Zahlungsmitteln, daß die großen Werke ..., nachdem längere Zeit die Arbeiter von Tag zu Tag vertröstet waren, schließlich mit handschriftlich angefertigten Gutscheinen zahlen mußten. Erst als der hiesige Kreisausschuß ... Notgeld ausgab, trat eine gewisse Beruhigung ... des Verkehrs ein".[460] Zu einer fundamentalen Vertrauenskrise kam es nicht. Schon bald deckte die Inflation die Schäden zu: Sie brachte altes Geld zurück, weil die Kreditnehmer gutes mit schlechtem zurückzahlten; sie brachte neues Geld herein, weil der Einlagenzufluß anschwoll (Tabellen 25 bis 28). Bereits im weiteren Verlauf des Jahres

Raiffeisenbank Neuwied

1919 war die Stadtsparkasse liquide genug, den Lombardkredit an die Landesbank zurückzuzahlen.[461] Unter dem Druck jener Tage kam übrigens erstmals der Gedanke an eine Fusion der beiden Sparkassen auf.[462]

Die Konsolidierung der Kriegsschuld und eine Abkehr von der freien Geldschöpfung war nach der Niederlage praktisch unmöglich.[463] Die Zahlen der Neuwieder Kreditinstitute – und jetzt auch die Kreditanspruchnahme der Wirtschaft – brachen nach oben aus und sprengten im Laufe des Jahres 1922 alle Dimensionen.[464]

Mit zunehmender Inflation schwoll die Arbeit am Papier so gewaltig an, daß die Geldinstitute die Zahl ihrer Beschäftigten vervielfachen mußten. Bei Schaaffhausen waren es vor dem Krieg zehn, auf dem Höhepunkt des Chaos im zweiten Halbjahr 1923 über hundert – in dieser Zeit mußte das benachbarte Hotel Mayer gemietet werden –, nach der Währungsumstellung ging die Zahl auf zwanzig wieder zurück; bei der Kreissparkasse waren zeitweise 22 Bedienstete allein mit Geldzählen beschäftigt.[465] Andererseits wurden die Zahlungsmittel ab Mitte 1922 immer knapper: Reichsbahn, Rasselstein, das Gericht konnten nicht hinreichend beliefert werden, der Arbeitgeberverband zeigte sich besorgt. Der „starken Beunruhigung der Bevölkerung" trat man „durch Aufklärung" entgegen, „auch in Öffentlicher Versammlung, an der auf Ersuchen der betreffenden Kreise der ... Direktor der Reichsbanknebenstelle ... teilnahm".[466] Stadt, Kreis und Firmen mußten Notgeld ausgeben[467], das in den Druckereien Strüder, Raiffeisen, Rhein- und Wied-Zeitung und Louis Heuser hergestellt wurde.[468] Die Beträge erreichten beim Kreis fünf Billionen, bei der Stadt 50 Millionen und lagen bei den Firmen zwischen zehn Millionen (Rasselstein) und einer Million. Soweit das Geld nicht – wie von der Öffentlichen Hand und vom Rasselstein – institutsneutral in Umlauf gebracht wurde, war es wie ein Scheck auf eine Bank gezogen, von der Neuwieder Industrie ausschließlich auf die Dresdner Bank.

Unterdessen blühte die Spekulation mit harten Devisen, nicht nur auf Seiten der Kundschaft, sondern auch unter den Angestellten der Banken selbst.[469]

Während des Ruhrkampfes – am 31. Juli 1923 – besetzten französische Truppen die Stadt und auch die Gebäude der Reichsbank und der Schaaffhausen'schen Filiale. Der Tresor der Reichsbank wurde gesprengt; der Reichsbankobergeldzähler Behrens („wir mußten der besetzenden Truppe sofort weichen ...") erlitt einen Verlust von zwei Millionen Mark. Der Leiter der Reichsbank, Büttner, wurde verhaftet, der des A. Schaaffhausen'schen Bankvereins, Foerster, ausgewiesen. Die Firma P. H. Schrauth schrieb unter dem 6. August 1923 an die Reichsbank Koblenz: „Infolge der Besetzung der hiesigen Reichsbank durch die Franzosen ist die Diskontierung nachstehender Wechsel ... unterblieben ... Ferner ist es mir nicht möglich, mich über den Stand meines Kontos zu orientieren ... Ich schätze mein Guthaben ... auf ca. 300 Millionen Mark und bitte um Ihren gefl. Bescheid, wie ich in den Besitz dieses Betrages kommen kann ...".[470]

Die auf die Währungsreform folgende Stabilisierungskrise ließ den wirtschaftlichen Ruin vieler Kunden, Privater wie Firmen, sichtbar werden. Für die Stadt bedeutende Industriebetriebe mußten schon bald schließen. Krupp legte 1925 die Hermannshütte still, mit dem Zusammenbruch des Spaeter-Konzerns geriet die Concordia-Hütte, Bendorf, vorübergehend in Schwierigkeiten.[471] Die Gockelwerke[472] – die mit ca. 700 Beschäftigten u. a. Eisenbahnwaggons herstellten – konnten einen für französische Rechnung übernommenen Reparationsauftrag nicht erfüllen; der Auftraggeber nahm die hiesige Dresdner Bank aus einer Garantie in Anspruch, die sie für die Firma übernommen hatte. Der Verlust – angabegemäß ein Millionenbetrag in neuer Mark – gab dem Institut den Anstoß zur Schließung seiner Neuwieder Filiale.[473] Das Ereignis setzte den Schlußstrich unter mehr als sechzig Jahre Bankgeschäft im Hause Hermannstraße 40[474] und verdunkelte das Ende der beruflichen Laufbahn von Leo Zakrzewski.[475] Auch bei Schaaffhausen zeigten sich Risse: Eine Revision aus Köln förderte Unregelmäßigkeiten zutage, die mit der sofortigen Entlassung der Direktion und – mit einer Ausnahme – der anderen Zeichnungsberechtigten quittiert wurden.[476]

Nachdem mit der Reichsmark wieder geldwirtschaftliche Ordnung eingekehrt war, begann ein Jahrfünft eines wenigstens äußerlichen Wirtschaftsaufschwungs auch in Neuwied.[477] Er gab auch dem Bankgewerbe der Stadt neue Impulse.

Die Kreissparkasse war mit eigenem „Verwaltungsgebäude", 21 Geschäftsstellen und breitem Geschäft inzwischen ein ansehnliches Institut.[478] Seit 1924 stand sie unter der Leitung von Josef Muth, einer kraftvollen Persönlichkeit.[479] Er trieb den bankmäßigen Ausbau der Sparkasse voran. Sie nutzte die Chance, einen namhaften Teil der Kundschaft der Dresdner Bank zu gewinnen[480], und etablierte sich damit fest im Firmenkundengeschäft: „… wohl der größte Teil aller Betriebe des Kreises" stand „mit der Kreissparkasse in Geschäftsverbindung", hieß es Ende 1927.[481] „Als erste Sparkasse im Reich" stellte sie die gesamte Buchhaltung auf Maschinen um.[482] Auf einer „Kreispressefahrt" vor Weihnachten jenen Jahres stellte sich das Institut betont selbstbewußt und optimistisch der Öffentlichkeit dar.[483] Parallel, wenn auch bereits mit deutlichem Abstand, begann sich auch die Stadtsparkasse zu erholen. Schon 1925 wies der Bürgermeister die nochmals zur Diskussion gestellte Fusion mit dem Institut des Kreises als überholt zurück.[484] 1928 entschloß auch sie sich zu investieren: Zwei Jahre später zog sie aus dem Rathaus in das eigene Geschäftsgebäude Hermannstraße 14.[485] Der A. Schaaffhausen'sche Bankverein Neuwied hatte zwar aus der Warte der Kreissparkasse „in der Hauptsache nur rein örtliche Bedeutung"[486], stand jetzt aber nicht mehr im Schatten der Dresdner Bank. 1927 fielen Personalentscheidungen, die sich als Wendepunkt in seiner Geschichte erweisen sollten: Köln versetzte Bernhard Mannfeld in die Geschäftsleitung, Paul Altmann trat als junger Bankkaufmann in seine Dienste.[487] Sie waren – nach dem Zeugnis des letzteren herausgefordert durch die extremen Verhältnisse der Inflationszeit – die ersten Kollegen am Platz, die den herrschenden Typ des Bankbeamten überwunden hatten und das Geschäft als Bankkaufleute betrieben. Mit ihnen kam die Filiale für insgesamt vierzig Jahre in gute Hände; von damals datiert ihr Aufstieg zur führenden Geschäftsbank der Stadt. Seinen Anspruch als Bank erhob inzwischen übrigens auch das benachbarte Genossenschaftsinstitut, indem es als Raiffeisenbank firmierte[488]; auch sie bezog 1930 ein neues Geschäftsgebäude, ohne ihren traditionellen Standort Heddesdorf aufzugeben.[489]

Als kurioses Beispiel für die damaligen Eskapaden deutscher Schuldner ins Ausland sei eine Transaktion erwähnt, die der Finanzierung regionaler Interessen der katholischen Kirche diente.[490] 1925 legte die Johannes-Kongregation, ein Orden im benachbarten Leutesdorf[491], über die Metabank, Nijmegen, eine Anleihe über 225.000,– holländische Gulden[492] auf. Der Erlös war zu je einem Drittel für den Orden selbst, die Rhein- und Wied-Druckerei (Verleger der katholischen, dem Zentrum verpflichteten Rhein- und Wied-Zeitung) und für die befreundete Firma „Glückauf" bestimmt.[493] Der Orden bestellte die Grundschulden für sich und die Druckerei. Der Bischof von Trier hatte der Transaktion sein Placet gegeben. Gezeichnet wurden hfl. 152.000,–, die Anleihe war also nur ein Teilerfolg.

Als die Scheinblüte schon fast vorüber war, traten zwei neue Wettbewerber auf den Plan[494]: Anfang 1929 wurde die Bank für Handel und Gewerbe gegründet, nach dem Neuwieder Credit-Verein des 19. Jahrhunderts und der 1902 zusammengebrochenen Neuwieder Volksbank die dritte gewerbliche Genossenschaftsbank in der Stadt. Vorstand und Aufsichtsrat vereinten Honoratioren und Handwerksmeister.[495] Sie etablierte sich an der oberen Marktstraße.[496] In demselben Jahr trieb es die Darmstädter und Nationalbank, Berlin, nach Neuwied; sie eröffnete 1930 eine Filiale an der unteren Heddesdorfer Straße.[497] Beide Gründungen gingen einer unsicheren Zukunft entgegen.

Das Geschäftsjahr 1929 scheint von der Kreissparkasse anfangs noch „durchaus zuversichtlich" beurteilt worden zu sein.[498] Ende Oktober aber markierte der Krach der New Yorker Börse den Beginn der Weltwirtschaftskrise, in die auch die deutschen Kreditinstitute hineingerissen wurden. Kurze Zeit vorher – die Absicht wurde während der Börsensitzung des 26. September bekannt – beschlossen die Direktion der Disconto-Gesellschaft, Konzernspitze des A. Schaaffhausen'schen Bankvereins, und die Deutsche Bank, beide Berlin, die Fusion (eine „Vorbeugung gegen das heraufziehende Unwetter").[499] Für die Filiale in der Provinz – deren Kunden und Mitarbeiter wahrscheinlich nicht minder überrascht waren als die Öffentlichkeit[500] – änderte sich vor allem die Firma: Mit dem Namen Schaaffhausen verschwand das spezifisch rheinische Element[501], als „Deutsche Bank und Disconto-Gesellschaft Neuwied"[502] stand die Filiale jetzt in einem weiteren und – wie sich im Verlauf der Krise zeigte[503] – tragfähigeren Rahmen (seit 1937 „Deutsche Bank" ohne Zusatz[504]).

Mitte 1931 trieben die wirtschaftlichen Verhältnisse einer dramatischen Zuspitzung entgegen, der deutschen Bankenkrise.[505] Im Juni wurde das inländische Publikum auch in der Breite von Nervosität erfaßt. Die Sparkassen konnten dem Run auf ihre Schalter kaum standhalten; die Landesbank der Rheinprovinz, ihr regionales Spitzeninstitut, kam nur mit Hilfe der Reichsbank über den Monatsultimo und war am 11. Juli illiquide.[506] Darunter litt auch die Stadtsparkasse Neuwied, die ihre flüssigen Mittel dort angelegt hatte.[507] Montag, den 13. Juli, stellte die seit kurzem auch in Neuwied vertretene Darmstädter und Nationalbank die Zahlungen ein.[508] Die Reichsregierung sah sich schließlich gezwungen, die Kreditinstitute für den 14. und 15. Juli zu schließen.[509] Als der Zahlungsverkehr schrittweise wiederhergestellt wurde, erwies sich die Liquidität als prekär[510], aber ausreichend. Zur Rekonstruktion des Bankwesens durch die Reichsregierung gehörte die Verschmelzung der „Danatbank" mit der Dresdner.[511] Damit fiel diesem Institut, das sich sechs Jahre zuvor aus der Stadt zurückgezogen hatte, wieder eine Neuwieder Filiale zu – sein heutiges Domizil Heddesdorfer Straße 3.[512]

Schrecklich war das Schicksal der kaum zwei Jahre alten Bank für Handel und Gewerbe. Zu den Schwierigkeiten der Zeit gesellten sich – als Zeiterscheinung nicht ungewöhnlich – Leichtsinn bei der Kreditgewährung sowie schwere Unregelmäßigkeiten und Versäumnisse bei Vorstand und Aufsichtsrat.[513] Der hauptamtliche Vorstand, Ewald Glaser, der fünf Jahre vorher beim Schaaffhausen'schen Bankverein Neuwied über das Revisionsergebnis gestolpert war[514], mußte 1931 den Hut nehmen, da er sich ohne die erforderliche Zustimmung des Aufsichtsrats mit Kredit bedient hatte.[515] Nachdem der Versuch einer Fortführung als Filiale der Andernacher Gewerbebank gescheitert war[516], wurde am 4. März 1932 das Vergleichs-, am 28. April 1932 das Konkursverfahren eröffnet. Kunden und Anteilseigner – mit beschränkter Haftpflicht – verloren Geld. Glaser und der Vorsitzende des Aufsichtsrats, Rechtsanwalt und Notar Dr. Bergheim, wurden im Strafprozeß verurteilt.[517] Der Jurist verlor seine Zulassung als Rechtsanwalt. Ein Mitglied des Aufsichtsrats ließ sich im Regreßprozeß verurteilen[518], während die anderen freiwillig zahlten. Das nebenberufliche Vorstandsmitglied erlitt auf dem Heimweg vom Gericht einen Schlaganfall. Wahrlich: die Bank für Handel und – wie man sagte – Verderben. Einem ähnlichen Geschick entging mit knapper Not die Raiffeisenbank Engers. Auch dort kamen 1931 riskante Kredite ans Licht, der Konkurs konnte jedoch durch Vergleich abgewendet werden. Er legte Kunden und Mitgliedern – durchweg kleinen Leuten – empfindliche Opfer auf: Die Kunden mußten auf zehn Prozent ihrer Einlagen verzichten, die 311 noch unbeschränkt haftenden Genossen hatten je 850,– RM in einen Sanierungsfonds einzuschießen, was einige nur mit jahrelanger, durch Zwangshypothek gesicherter Ratenzahlung schafften. Der Rendant Caspar Zündorf, Küster und Organist der Katholischen Kirchengemeinde, der Kassierer Paul Zündorf, sein Sohn, und der Vorsteher J. Schmitz, Rentmeister des Amtes Engers, wurden vom Landgericht Neuwied im März 1933 zu Gefängnisstrafen verurteilt.[519]

Natürlich war die Bankenkrise nur ein Aspekt der allgemeinen Wirtschaftsmisere. Viele Privat- und Firmenkunden gerieten in Zahlungsschwierigkeiten. Das Neubaugebiet „Sonnenland" wurde zum „Sorgenland", als viele Beamte, die dort im zweiten Jahrfünft der zwanziger Jahre gebaut hatten, unter dem Druck der Brüning'schen Notverordnungen ihre Baukredite nicht mehr bedienen konnten.[520] Als Industriestadt wurde Neuwied besonders hart getroffen. In der für das Neuwieder Becken charakteristischen Schwemmstein-Industrie z.B. ging der Absatz von 1928 bis 1931 um mehr als die Hälfte zurück, was zeitweise Zahlungseinstellungen und Konkurse zur Folge hatte.[521]

Die Katastrophe der Firmenkundschaft traf die Kreditinstitute als „Pleitewelle" in der klassischen Kombination mit dem Verfall der Sicherheitenwerte[522] und einem Rückgang der Geschäftsvolumina. Im Abschluß der Deutschen Bank und Disconto-Gesellschaft Neuwied für 1932 „zeigen sich zum ersten Male die Auswirkungen der Wirtschaftskrise nicht nur in der Höhe der Abschreibungen, sondern auch in dem außerordentlichen Rückgang der Erträgnisse in allen Geschäftszweigen".[523] Aus einem um etwa 20 Prozent auf 92 TRM geschrumpften Betriebsergebnis wurden nach 41 TRM Wertberichtigungen notleidender Kredite nur noch 47 TRM Nettogewinn ausgewiesen. Die Abwicklungsengagements erreichten in der Spitze – am 31. Dezember 1933 – nicht weniger als 30 % des Debitorenbestandes (Tabelle 38); dieses Geschäftsjahr brachte eine nochmalige Halbierung des ausgewiesenen Gewinns. Die Probleme der Kreissparkasse im Kreditgeschäft – sie hatte sich von der Scheinblüte der zweiten Hälfte der zwanziger Jahre offenbar in besonderem Maße hinreißen lassen[524] – wurden wenig später, 1934, mit der realistischen Formel quittiert: bankmäßige Geschäfte, bankmäßige Verluste.[525]

Das überragende Ereignis der hiesigen Wirtschaft jener bedrängten Zeit war die Bewältigung der Krise der Rasselsteiner Eisenwerks-Gesellschaft AG. Der Umsatz auch dieses Unternehmens war zusammengeschmolzen, von 1928 bis 1931 um ca. 40 % auf rd. 17 Mio. RM. Im Export waren Währungsverluste entstanden. Die von seinem Bankenkonsortium unter Führung der Deutschen Bank und Disconto-Gesellschaft[526] gewährten Kredite stiegen auf acht Mio. RM an, eine Höhe, die – man bedenke das Verhältnis zum Umsatz! – als gefährlich empfunden wurde.[527] Die Situation wurde gerettet durch das Zusammenwirken der Banken und Aktionäre im ersten Halbjahr 1931.[528] Danach zahlte der bisherige Minderheitsgesellschafter Otto Wolff, Köln[529], dem Rasselstein vier Mio. RM zur hälftigen Abdeckung der Kredite, während die Gesellschafter der Familie Remy ihrem Mitaktionär vier Neuntel ihrer Aktien als Sicherheit überließen. Bei der sehr komplexen Transaktion war auf Seiten der „DeDiBank" natürlich nicht ihre Neuwieder Filiale federführend, sondern die Filiale Düsseldorf, deren Leiter, Dr. Carl Wuppermann, als Vertrauensmann von Wolff im Aufsichtsrat des Rasselstein saß.[530]

Mitten in der Krise, 1932, wurde das Neuwieder Bankgeschäft erstmals Gegenstand politischer Auseinandersetzung.[531] In den Wahlkämpfen jener Jahre machte die Presse der NSDAP der Geschäftsleitung der Kreissparkasse den Vorwurf[532], über Gelder des Instituts zum Nachteil der Allgemeinheit verfügt zu haben.[533] Der Angriff richtete sich nicht zuletzt gegen die katholische Zentrumspartei, die durch den Reichs- und Landtagsabgeordneten Eduard Verhülsdonk im Vorstand vertreten war. Er traf insofern eine empfindliche Stelle, als das Zentrum zwar im Kreis insgesamt die stärkste Partei war, in dessen wiedischem Teil mit der Kreisstadt, protestantischen Hochburgen, aber deutlich in der Minderheit (hier war die NSDAP bereits vor 1933 stärkste Partei). Nach der Machtübernahme wurde das bis dahin kaum beachtete Thema unverzüglich hochgespielt. Bot sich hier eine Gelegenheit, Vertreter des Weimarer „Systems" an den Pranger zu stellen?[534]

Die Kreissparkasse wurde in spektakulärer Weise gleichgeschaltet. Am 24. März 1933 erstattete die Kreisleitung der NSDAP „unter Beifügung eines nicht unterschriebenen Schriftsatzes" Anzeige[535] gegen Sparkassendirektor Josef Muth sowie den Vorsitzenden des Vorstandes, Landrat

Robert Großmann, und dessen Stellvertreter Eduard Verhülsdonk.[536] Noch im März wurden bei Muth, Verhülsdonk und zwei Beamten der Kreissparkasse Hausdurchsuchungen vorgenommen und Material beschlagnahmt. Nach Einholung eines Gutachtens des Beratenden Volkswirts und Treuhänders Dr. Carl Siegfried Fuchs, Neuwied, wurden sie Anfang April ihrer Ämter enthoben, Verhülsdonk und Muth in Haft genommen.[537]

Aus den wüsten Anwürfen – „Elemente, die mit seinem (scl. des Sparers) Gelde Schindluder getrieben haben"[538] nämlich zugunsten katholischer Unternehmer – wurden zwei Sachverhalte herausgeschält:

1. Großkredite seien satzungswidrig gewährt worden,[539]

2. Muth habe unberechtigt RM 1.251,02 Spesen entnommen.

Auf Wunsch des Preußischen Justizministers wurde Oberstaatsanwalt Max Hattingen mit der Sache befaßt. Er hatte den Beweis seiner Brauchbarkeit soeben erbracht, indem er die erste Gelegenheit nach der Machtübernahme, sein Plädoyer in der Strafsache gegen Zündorf und andere, dazu benutzte, die Vorkommnisse bei der Raiffeisenkasse Engers als „typische Korruptionserscheinungen eines inzwischen abgehalfterten Systems" zu brandmarken.[540] Er beschuldigte Großmann, Verhülsdonk und Muth, „in den Jahren 1924 bis 1933 zu Neuwied als Bevollmächtigte der Kreissparkasse Neuwied über Forderungen und andere Vermögensgegenstände ihrer Auftraggeberin absichtlich zum Nachteil derselben und um sich oder einem anderen einen Vermögensvorteil zu verschaffen, verfügt zu haben", und erhob Anklage wegen Untreue (§ 266 StGB).[541] Der Prozeß[542] fand vom 16. Januar bis 3. Februar vor der Auswärtigen Strafkammer des Landgerichts Koblenz in Neuwied statt. Die Bevölkerung am Mittelrhein nahm mit Erregung an dem Verfahren teil[543], zumal ein Teil der Presse noch objektiv berichten konnte.[544] Der „alte Kämpe" Verhülsdonk, die überragende Figur[545], verwandelte die Szene zum Tribunal. Die Staatsanwaltschaft beantragte Gefängnisstrafe[546], die Verteidigung Freispruch. Das Gericht sprach die Angeklagten frei, und zwar von Rechts wegen.[547] Vorsitzender war Landgerichtsrat Lokotsch, Beisitzer waren Landgerichtsrat Dr. Ernst Kanter und Gerichtsassessor Dr. Clemens Schlitt: Es gab noch Richter in Neuwied.

Das Gericht bejahte satzungswidrige Kreditgeschäfte[548] und grobe Fahrlässigkeit bei der Bewertung von Sicherheiten – verneinte aber die Absicht, zum Nachteil der Kreissparkasse und zum Vorteil der eigenen Person oder Dritter gehandelt zu haben, fand also die Voraussetzungen der Untreue in subjektiver Hinsicht nicht erfüllt. Bei der Würdigung des hier vor allem interessierenden wirtschaftlichen und geschäftspolitischen Hintergrundes überwogen die entlastenden Elemente. Die Sparkasse habe „sich an die Satzung halten, aber auch in der Praxis die wirtschaftlichen Belange des Kreises berücksichtigen" müssen. In diesem Sinne habe sie in der Nachkriegszeit das traditionell sparkassenfremde, nämlich bankmäßige Geschäft vor allem mit Firmen aufgenommen[549], übrigens mit Wissen der Aufsichtsbehörde und des Ministeriums. Bei bankmäßigem Geschäft ließen sich Kreditrisiken aber „nicht immer vermeiden". Die Wirtschaftskatastrophe schließlich habe niemand voraussehen können.[550]

Unter einem anderen Aspekt wurde derselbe Komplex nochmals Gegenstand eines Gerichtsverfahrens.[551] Die Kreissparkasse hatte ihr schon vorher nicht leichtes Engagement bei der Rhein-Wied-Druckerei GmbH[552] im Jahre 1930 um 150.000,– RM aufgestockt. Sieben Mitglieder des Aufsichtsrates, prominente Katholiken, hatten eine entsprechende Ausfallbürgschaft übernommen.[553] Als die Kreditnehmerin im Juni 1933 in Konkurs ging – die von ihr verlegte Zeitung hatte den Nationalsozialismus auch nach der Machtübernahme klar abgelehnt[554] – nahm die Kreissparkasse die verbliebenen sechs Bürgen in Anspruch. Drei zahlten jeweils 25.000,– RM = ein Sechstel der Kreditsumme, drei dagegen mangels Zahlungsfähigkeit nichts.[555] Darauf verklagte das Institut die drei solventen Bürgen auf Zahlung des Restes, u. a. den Fabrikanten Michael Krings, der bis Herbst 1932 Vorsitzender des Aufsichtsrates der Kreditnehmerin war.

Im Prozeß ging es um die Frage, ob die Mitbürgen als Gesamtschuldner hafteten, d.h. jeder fürs Ganze (so die Kreissparkasse), oder jeder lediglich für seinen Anteil.[556] In der unteren Instanz gewann die Klägerin[557], beim Oberlandesgericht zu Köln und beim Reichsgericht – man bedenke: 1934 und 1935 – obsiegten Krings und seine Mitbürgen.[558]

Nun begann ein Lustrum trügerischer Ruhe. „Die rein finanztechnische Arbeit ... in jenen Jahren ... stellt die Kundschaft durchaus zufrieden" – das Urteil über das Tagesgeschäft der Kreissparkasse[559] gilt wohl auch für die anderen Neuwieder Kreditinstitute. Die Volumina nahmen zu[560], besonders im Geschäft mit der besser ausgelasteten Industrie.[561] Wie bei dem Gesamtinstitut[562] kommt auch in den Zahlen der Deutschen Bank Neuwied zum Ausdruck, wie Staatsaufträge, öffentlicher Kredit, Verflüssigung der Wirtschaft am Ende die Einlagen anschwellen, ihre normale Verwendung aber, die Ausleihung an die Kundschaft, schwinden lassen: 1938 gingen die Kredite erstmals zurück, während die Einlagen weiter stiegen (die Zentrale mußte eine Teilabdeckung ihrer in Neuwied arbeitenden Gelder hinnehmen).[563] Aus der Bankenkrise hatte bereits die Republik den Schluß gezogen, das Gewerbe unter strengere Aufsicht stellen zu müssen, das NS-Regime unterwarf es vollends der staatlichen Wirtschaftspolitik. Mit der Devisenbewirtschaftung wurde das Auslandsgeschäft lahmgelegt; die Autarkiepolitik reduzierte die Mark zu einer reinen Binnenwährung.[564] „Das Bankgeschäft war" – vom professionellen Standpunkt aus – „sehr langweilig geworden".[565] Neu war der offene Anspruch der Staatspartei auf weltanschauliche und soziale Ausrichtung der Institute.[566] Die Vernichtung der traditionsreichen jüdischen Bürgerschaft der Stadt, besonders auch ihrer Geschäfte, traf viele alte Kunden – ob sie wenigstens hier und da in dem verwandten Gewerbe Zeichen der Menschlichkeit erkennen konnten?[567] Der Landrat Dr. Reppert wies „der Sparkassenarbeit (sic!) neue Aufgaben und neue Ziele"; auf einem „Kameradschaftsabend" der Kreissparkasse bezeichnete er das Gemeinschaftsgefühl der Frontsoldaten des Weltkrieges als Vorbild einer gedeihlichen Zusammenarbeit im Betrieb.[568] An seinem 50. Todestag wurde Raiffeisen als Mann der Tat gerühmt.[569] Die Mitarbeiter wurden als „Gefolgschaft" formiert. Für einen Angestellten der Deutschen Bank soll die Parteidisziplin höher gestanden haben als die Kollegialität. Im ganzen scheint es der Geschäftsleitung dieses Instituts sowie der Stadtsparkasse jedoch gelungen zu sein, Gesinnung und Geschäft auseinanderzuhalten.[570]

Bereits in seiner Kreditzusage vom Juni 1939 – unverändert „blanco" – dehnte das Rasselstein-Konsortium den Besicherungsvorbehalt auf den Fall aus, daß sich die „allgemeinen Verhältnisse" wesentlich änderten, was so zu verstehen sei, daß auch bei einer „wesentlichen Änderung der gegenwärtigen außenpolitischen Verhältnisse" Sicherheiten zu stellen seien.[571]

Die Finanzpolitik im zweiten Weltkrieg war ausschließlich durch den Kriegsbedarf des Staates bestimmt. In dem System direkter und „lautloser"[572] Kriegsfinanzierung erfüllten die Kreditinstitute – anders als im Ersten Weltkrieg – nur noch die im wesentlichen passive Funktion, ihren Apparat für die Umwandlung der immer höheren und wertloseren Einlagen[573] in immer höhere und wertlosere Forderungen gegen den Staat zur Verfügung zu stellen. Wiederum wurde ein Teil der männlichen Mitarbeiter zum Wehrdienst eingezogen, aus dem mancher Kollege erst nach langer Gefangenschaft, mancher überhaupt nicht zurückkehrte. Wieder mußten weibliche Kräfte in die Bresche springen. Durch Luftangriffe wurde die Deutsche Bank Neuwied total zerstört[574], die anderen Institute wurden mehr oder minder schwer beschädigt.[575] Am 22. März 1945 wurde Neuwied durch amerikanische Truppen besetzt.

In den letzten Kriegsmonaten hatte die Bevölkerung Reichsmark gehamstert.[576] Unmittelbar nach dem Zusammenbruch herrschte daher auch in Neuwied Mangel an barem Geld. Bei der „Sicherung der Bargeldversorgung" waren die Kreditinstitute nicht zu umgehen. Daher genehmigte die örtliche Militärregierung schon in den ersten Tagen die Wiederaufnahme des Geschäftsbetriebes.[577] Die Reichsbankstelle Koblenz verpflichtete die Institute des Regierungsbezirks, jeden „für die Zahlungsbereitschaft nicht unbedingt erforderliche(n) Betrag ... einzuzahlen“. Ein „Bankenausschuß“ der „Koblenzer Geldanstalten“ rief die Bevölkerung in Stadt und Land auf, alle zurückgehaltenen Gelder zu den Instituten zu bringen.[578] Die Industrie beschaffte sich Geld, indem sie gegen Barzahlung vom Lager verkaufte.[579] Anfang Juli wurde die amerikanische durch die französische Besatzungsmacht abgelöst. In der Bevölkerung verbreitete sich Unruhe.[580] Die Franzosen fürchteten „anormale Bewegungen der flüssigen Mittel in den Banken“ und blockierten sämtliche Guthaben, hoben die Sperre aber schon nach wenigen Tagen wieder auf, da „alles normal erscheint“.[581] Im Laufe des Jahres gingen die Einzahlungen über die Verfügungen hinaus, so daß die Geldknappheit im Herbst überwunden war.[582] Der Geldverkehr blieb erhalten, z.B. für die Zahlung von Gehältern und Löhnen. Indessen zeigte sich bald, daß die Reichsmark jede Kaufkraft verloren hatte. An die Stelle der Geldwirtschaft trat neben das vorhandene Zuteilungssystem der Realtausch. Bezugsscheine und Zigarettenwährung aber liefen an den Kreditinstituten vorbei, deren Geschäftsgegenstand, das Geld, nebensächlich geworden war. Damit war das Gewerbe auf dem Tiefpunkt angelangt, auf den es drei lange Jahre fixiert blieb.

Weit über diese Zeit hinaus reicht die Wirkung der Traumata aus der NS-Zeit. Institutsgeschichte verrät es. Die Chronik der Kreissparkasse, die zu ihrem hundertjährigen Bestehen 1968 erschienen ist, erwähnt den Kreissparkassenprozeß mit keinem Wort[583], Josef Muth nur in nebensächlichem Zusammenhang[584]; sie nennt sich „Dokumentation“.[585] Zehn Jahre später – in der Festschrift zu ihrem 125. Jubiläum, 1987 – erschien es der Raiffeisenbank Neuwied geraten, bei der Ablösung eines Kredites durch den Heddesdorfer Wohlthätigkeitsverein hinter einem „x“ zu verbergen, daß der abgelöste Kreditgeber ein Jude war.[586]

Die Besatzungsmächte erhoben keinerlei Einwände gegen Dr. Gasper als Leiter der Stadtsparkasse und Paul Altmann als Leiter der Deutschen Bank.[587] Josef Muth, den die Nazis 1933 abgesetzt hatten, kehrte an die Spitze der Kreissparkasse zurück.[588] Damit war die Kontinuität in der Leitung der Neuwieder Geschäfte in erstaunlichem Maße gewahrt. Lediglich die Dresdner Bank blieb zunächst geschlossen und eröffnete erst wieder 1947, eine zweite Absenz, welche die Zukunft der Filiale lange belastete.[589]

Die Deutsche Bank, wieder einmal einzige Privatbank am Platze, war nach der fast vollständigen Zerstörung in der Nachbarschaft wieder eröffnet worden; die Buchhaltung hatte bei der Friedrich Boesner GmbH, Augustenthal, die Kontokarten bei der Zellstoffwattefabrik Hedwigsthal, Raubach/Westerwald, Asyl gefunden. Unmittelbar nach der Besetzung begann die Konzentration des Betriebes in dem Ausweichquartier an der Hermannstraße. Bereits am 26. März wurde für die Kassiererin „die Genehmigung“ beantragt, „täglich oder wenigstens 3 mal in der Woche von Engers nach Neuwied und zurück zu gehen“.[590] Altmann erhielt Anfang April „permission to travel within Kreis Neuwied by motor-cycle or automobile to perform his duties as Director of the Deutsche Bank.“ Die zehn Mitarbeiter, die das doppelte Glück des Überlebens und weiterer Beschäftigung hatten, räumten nach Dienstschluß monatelang das Trümmergrundstück Hermannstraße 26, gratis selbstverständlich. 1945/46 wurde dort zunächst das Parterre provisorisch, 1948 das gesamte Gebäude vollständig wieder aufgebaut, zum größten Teil noch in der Reichsmarkzeit, was ohne die Beziehungen zur Bimsindustrie, zu Dyckerhoff und Hobraeck (Holz) nicht möglich gewesen wäre.

Natürlich unterlagen die Kreditinstitute den Anordnungen der Besatzungsmächte.[591] Als erstes forderte das Military Government unter dem 23. Mai 1945 einen Bericht über die Wehrmacht-Kassenbestände an. Es folgten, beginnend am 9. Juni und übermittelt durch die Reichsbank Neuwied, bis Jahresende 18 Listen mit Namen von Personen, deren Vermögen zu sperren war. Im Juni wurden auf demselben Wege Aufstellungen über Wertpapiere verlangt, die auf fremde Valuta lauteten oder von Ausländern emittiert waren, sowie über Auslandsforderungen und

Sparkasse Neuwied

47

-verbindlichkeiten; die Werte mußten bei der Reichsbank eingeliefert werden.[592] Für alle Ange-stellten, die seit dem 1. Januar 1938 „eine höhere Stelle als Büroschreiber innehatten", mußten dem Military Office Fragebogen abgegeben werden, auch soweit sie aufgrund der „Regelung der finanziellen Einrichtungen Nr. 3 und der Regierungs-Finanz Agentur" entlassen oder vor-läufig vom Dienst entbunden waren.[593]

Am 31. Oktober 1945 erstattete die Deutsche Bank Neuwied dem örtlichen Gouvernement Mi-litaire ein Gutachten zur „Lage am Geldmarkt und in der Wirtschaft". In der Bevölkerung herr-sche immer noch ein vielfältig begründetes Mißtrauen, unter anderem auch in die Zahlungsfä-higkeit der Kreditinstitute, deren Engagement beim zusammengebrochenen Reich wie nach dem Ersten Weltkrieg so auch jetzt wieder als zu hoch angesehen werde. Zwar sei die Bargeldknapp-heit überwunden, doch würden immer noch zu hohe Bestände zurückgehalten. Besatzungsgeld laufe unmittelbar um oder werde gehortet. Bedrückend sei die Lage der Industrie; die ihr ge-währten Kredite seien eingefroren; die Produktion könne erst wieder anlaufen, wenn das Koh-le- und Transportproblem gelöst sei. „Wenn es darüber hinaus gelingen sollte, auch für die Zi-vilbevölkerung einen Teil Kohle abzuzweigen, so könnte der für diesen Winter zu erwartende Notstand um ein Erhebliches gemildert werden." Die starre Abgrenzung der Besatzungszonen müsse beseitigt, die Staatshoheit in Deutschland wieder aufgerichtet werden.[594]

Die Eingriffe der Besatzungsmächte in das traditionelle Bankwesen ließ die Identität der örtli-chen Kreditinstitute: der Sparkassen und Genossenschaftsbanken, im wesentlichen unberührt; lediglich die Beziehungen der Sparkassen zur Rheinischen Girozentrale und Provinzialbank, Düsseldorf, und zum Rheinisch-Westfälischen Sparkassenverband wurden zunächst abgeschnit-ten.[595] Dagegen wurden die Deutsche und – nach ihrer Wiedereröffnung – auch die Dresdner Bank Neuwied von der Zerschlagung der Bankkonzerne betroffen. „Jede Niederlassung mußte lernen, zunächst ohne Beistand – scl. der Kopfstelle und Zentrale – auszukommen."[596] Auf-grund des Gesetzes der französischen Militärregierung vom 1. Oktober 1947[597] fanden sich die beiden Neuwieder Institute als Filialen der Rheinischen Kreditbank, Ludwigshafen, und der Industrie- und Handelsbank, Mainz, wieder.[598]

Während die kleinen Zellen mühsam zum Leben zurückfanden, wurde ihr organisatorischer Rahmen durch die Besatzungsmächte zunächst aufgelöst, dann aber durch vereinte alliierte und deutsche Anstrengungen in neuer Form wiederhergestellt. Die preußische Rheinprovinz wurde zerschnitten: Mit den Regierungsbezirken Koblenz und Trier fiel Neuwied in die französische Besatzungszone, deren Nordgrenze vom Rhein bei Unkel nach Osten zunächst der Grenze des Kreises folgte. Nach drei Jahren einer bewußten Isolierung seiner Zone[599] stimmte Frankreich im April 1948 der Bildung des Vereinigten Wirtschaftsgebietes der drei westlichen Besatzungs-zonen zu, womit jene unnatürliche Grenze als wirtschaftliches Hindernis verschwand. Freilich, die Teilung des Rheinlandes auf der Ebene von Politik und Verwaltung nahm schärfere Kontu-ren an, indem der nördliche Teil der französischen Besatzungszone am 18. Mai 1947 als Bun-desland Rheinland-Pfalz konstituiert wurde.[600]

DIE ENTWICKLUNG DES MODERNEN BANKWESENS IN NEUWIED UND UMGEBUNG BIS GEGEN ENDE DES 20. JAHRHUNDERTS

Die Währungsreform vom 20. Juni 1948 stellte den Wert des Geldes und damit die Grundlage des Gewerbes wieder her.[601] Wie der Sieg der Alliierten vom Banne der NS-Gefolgschaft, so befreite die Deutsche Mark aus dem frustrierenden Umgang mit dem Nichts. Die Gründung der Bundesrepublik Deutschland vollendete ein Jahr später die vom Neuwieder Bankgewerbe schon früh als notwendig bezeichnete[602] öffentliche Ordnung. Mit dem Staat des Grundgesetzes und den neuen gesellschaftlichen Verhältnissen vermochten sich die Bank- und Sparkassenbeamten um so eher zu befreunden, als ihr berufliches Umfeld durch Soziale Marktwirtschaft und Bundesbankgesetz sowie die Politik jener Jahre offenbar erfolgreich geordnet wurde. Nicht zuletzt wurde durch die baldige Öffnung zum Ausland die universalistische Saite des Bankgeschäfts positiv berührt. Daher sah die Branche auch in Neuwied der Zukunft schon Anfang der fünfziger Jahre voller Zuversicht entgegen.[603] Die fundamentale Bedeutung jener Ereignisse wurde Neuwieder Bankkaufleuten des Jahres 1990 erneut bewußt, als sich die erste Kollegin aus der zusammenbrechenden DDR bei der Filiale der Deutschen Bank mit der Frage einführte: „Bin ich der erste Kader in diesem Kollektiv?" Zuletzt lebten auch die alten brancheninternen Organisationsstrukturen wieder auf: In zwei Schritten, 1952 und 1957, wurden die Nachfolgeinstitute der Großbanken wieder zurückverflochten:[604] Die Rheinische Kreditbank Neuwied gelangte über die Süddeutsche Bank[605] zur Deutschen Bank zurück[606], die Industrie- und Handelsbank Neuwied über die Rhein-Main-Bank zur Dresdner Bank[607], sämtlich mit Sitz nunmehr in Frankfurt a.M.

Welche Spuren hat die Neuordnung der öffentlichen Verhältnisse, haben Demontage und Rekonstruktion des Bankwesens in Stadt und Kreis hinterlassen? Gerade die Wirtschaft zeigt, daß sich an der Einheit des Rheinlandes in realer Beziehung wenig geändert hat[608]: Auch heute noch – rd. fünfzig Jahre später – ist der Wirtschaftsraum Neuwied wie der gesamte Mittelrhein ganz überwiegend nach Norden orientiert.[609] Was dagegen zunächst als eine vorübergehende Verlagerung des öffentlichen Überbaus nach Süden erschien, hat sich – vor allem mit der Festigung des Landes Rheinland-Pfalz – als dauerhaft erwiesen. Für die Orientierung des Neuwieder Bankgewerbes war interessanterweise nicht die wenig veränderte Welt der wirtschaftlichen Realitäten bestimmend, sondern die Verlagerung des öffentlichen Bewußtseins. Sie blieben von ihrem traditionellen Köln-Düsseldorfer Hintergrund[610] abgeschnitten und richteten sich auf den Rhein-Main-Raum aus. Mit dem Bankbezirk der Reichsbank Koblenz wurde 1947 auch die Reichsbanknebenstelle Neuwied „reibungslos und ohne Beeinträchtigung des Wirtschaftslebens" auf die neue Landeszentralbank von Rheinland-Pfalz übergeleitet.[611] Die Sparkassen wurden 1958 mit der Landesbank und Girozentrale Rheinland-Pfalz und dem Rheinland-Pfälzischen Sparkassenverband, Mainz, verbunden.[612] Die Neuwieder Geschäftsbanken wurden Mitglieder des Bankenverbandes Rheinland-Pfalz, Mainz[613]; die Deutsche Bank wurde 1952 der Kopfstelle Mainz, die Dresdner Bank der Niederlassung Koblenz und mit ihr 1972 Wiesbaden nachgeordnet. Die genossenschaftlichen Institute zogen in unterschiedliche Richtungen: die gewerblichen nach Frankfurt, die Raiffeisenbanken – bodenständiger – am Ende nach Norden.[614] Die Trennung von Köln wurde auf allen Seiten bedauert; der neue, hessisch getönte Kontext – zunächst als fremd empfunden – wird inzwischen akzeptiert, nicht zuletzt dank der Anziehungskraft des Bankplatzes Frankfurt a.M.[615]

Mit der Währungsreform und der Gründung der Bundesrepublik beginnt die Gegenwart, die – täuschen wir uns? – als Goldenes Zeitalter in die Geschichte besonders auch des Rheinlandes eingehen wird. Eine „empfindliche Geldknappheit" war nach einigen Wochen überwunden.[616]

Der erste Warenhunger wurde durch Barkauf befriedigt, in dessen Zeichen vor allem auch das Weihnachtsgeschäft 1948 stand; entsprechende Abhebungen von Sparguthaben bereiteten der Kreissparkasse – und vermutlich nicht nur ihr – Liquiditätssorgen, die jedoch mit dem Zufluß neuer Einlagen Anfang 1949 ausgestanden waren. Die Neuwieder Industrie erholte sich relativ schnell.[617] Der Wiederaufbau bescherte vor allem der Branche der Steine und Erden eine unmittelbare und lange Blüte.[618] Infrastruktur, Branchenvielfalt, technischer Standard und finanzielle Substanz entwickelten sich zu einem durchaus positiven Bild. Im Hinterland des Kreises entstanden moderne Unternehmen, die der Industrie der Stadt selbst bis zum Jahre 1990 gleichkamen.[619] Andererseits: Ab etwa 1960 gingen bedeutende Investitionen an Neuwied vorbei und ließen erstmals am Mittelrhein in Koblenz und Mülheim-Kärlich konkurrierende Standorte für Industrie und Handel erwachsen[620]; auch verloren einige Unternehmen ihre Selbständigkeit an ihre niederrheinischen Konzernzentralen, so z.B. die Basalt AG, Linz[621], die Concordia-Hütte, Bendorf, und die Streif AG, Vettelschoß bei Linz, sowie jüngst die Rasselstein AG.[622] Als die Baukonjunktur 1974 und 1979 zusammenbrach[623], erwies sich die hohe Konzentration von Bau- und Baustoffindustrie als Strukturbelastung. Das industrielle Wachstum schwächte sich daher in den siebziger Jahren ab und fiel hinter den Durchschnitt des Landes Rheinland-Pfalz zurück, bis es nach einer Bereinigungskrise zu Anfang der achtziger Jahre ab Mitte des Jahrzehnts wieder über den Landestrend hinausging.[624] Das Dienstleistungsgewerbe hat zwischen dem „Oberzentrum" Koblenz und der Bundeshauptstadt Bonn natürlich nur begrenzte Entwicklungschancen.[625] Immerhin konnte der Einzelhandel trotz der Nähe von Koblenz einen positiven Kaufkraftsaldo behaupten.[626] Die nach der Kommunalreform der sechziger Jahre gut 60.000 Einwohner der Stadt und die weiteren 100.000 des Kreises – überwiegend Beschäftigte der Industrie – lebten in einer als befriedigend empfundenen wirtschaftlichen Umwelt.[627] Die Arbeitslosigkeit lag in den siebziger und achtziger Jahren leicht über, seit 1987 wieder unter dem Landesdurchschnitt.[628]

Dieser Markt hat den Kreditinstituten ein anhaltend expandierendes Geschäft gebracht. Neben dem Ratenkredit an die Privatkundschaft[629] erwachte als erstes das Kreditgeschäft mit der Industrie zum Leben, zunächst in der Stadt und im Rheintal, später – mit überdurchschnittlicher Zuwachsrate – auf dem Westerwald.[630] Dabei hatten jene Institute einen Vorsprung, die schon vor dem Krieg gute Verbindungen zu den Unternehmen hatten: Kreissparkasse und Deutsche Bank (diese übernahm besonders im expandierenden Auslandsgeschäft die Führung[631]). Die kleineren Gewerbetreibenden, Handwerk und Einzelhandel, blieben zunächst bevorzugte Kundschaft der Stadtsparkassen Neuwied und Linz sowie der Genossenschaftsinstitute. Die Öffentliche Hand deckte ihren durch den Wiederaufbau und den Ausbau der Infrastruktur verursachten hohen Kreditbedarf bei ihren Sparkassen, die sich allerdings selbst bei ihren Gewährträgern einer zunehmenden Konkurrenz auswärtiger Kreditinstitute und Vermittler ausgesetzt sahen. Auch im Geschäft mit der Privatkundschaft blieb es zunächst bei den bisherigen Kundenkreisen: Sparkassen und Genossenschaftsbanken bedienten das breite[632], Deutsche und Dresdner vor allem das vermögendere Publikum. Die traditionelle Rollenverteilung veränderte sich aber zu Beginn der sechziger Jahre, als das Konto für Jedermann, für seinen Arbeitgeber und die Kreditinstitute dank fortschreitender Technik möglich und interessant wurde. Jetzt entdeckten auch die Großbanken den „Kleinen Mann" – innerhalb der Deutschen war die Filiale Neuwied als ein Pionier des Konsumentenkredits und der Baufinanzierung bekannt. Damit war die Dienstleistungsgesellschaft im Bereich des Bankservice Wirklichkeit geworden ebenso wie die Konvergenz aller Institute auf das universale Bankgeschäft.[633]

Die Probleme der Neuwieder Industrie in den siebziger Jahren zogen natürlich vor allem das Kreditgeschäft in Mitleidenschaft. Die Branche verlor Debitoren, z.B. Basalt AG und Streif AG, zwei der vornehmsten Kunden im nördlichen Kreisgebiet. Zugleich verschlechterte sich die Qualität der Kredite, sie ersetzten verzehrte Eigenmittel der Unternehmen und waren infolge

50

Verfalls der Sachwerte oft nicht mehr ausreichend besichert. Die Entwicklung kulminierte in der Pleitewelle der frühen achtziger Jahre. Die Institute waren unterschiedlich betroffen; an gewissen Sicherheitenpools nahmen fast alle Platzbanken als Leidensgenossen teil. Die im allgemeinen guten Erträge jener Zeit wurden durch Wertberichtigungen und Abschreibungen belastet.[634] Mit der Gesundung der überlebenden Mehrheit der Unternehmen im weiteren Verlauf des neunten Jahrzehnts normalisierte sich das Risiko des Kreditgeschäfts, während – das bekannte Dilemma! – die Nachfrage nach Bankkredit stagnierte[635], da sich aus demselben Grunde die Möglichkeiten zur Selbstfinanzierung verbesserten. Bei der Deutschen Bank, deren Bilanz infolge ihres relativ großen Industriegeschäfts traditionell durch einen hohen Debitorenüberhang geprägt war, glichen die Kundeneinlagen die -ausleihungen für kurze Zeit fast aus.[636] Erst die Hochkonjunktur um die Wende zu den neunziger Jahren brachte den Neuwieder Kreditinstituten auch in diesem Geschäft wieder bessere Erträge.[637] Sie konnten – anders als andernorts – selbst in der jüngsten Rezession gehalten werden, was nicht zuletzt der nunmehr widerstandskräftigen Industriekundschaft und einer lange nachblühenden Baukonjunktur zu danken war.

Der zunächst so expansive Markt hat die alteingesessenen Kreditinstitute schon bald zu Investitionen angeregt.

Die beiden Sparkassen investierten in ihre Hauptstellen und bauten ihr Geschäftsstellennetz aus (Tabellen 43 bis 47). Während die Stadtsparkasse ihr Gebäude an der Hermannstraße mehrfach erweitert und umgebaut hat[638], löste sich die Kreissparkasse aus der räumlichen Verbindung mit der Kreisverwaltung und zog näher an die Stadtmitte, wo sie 1973 schräg gegenüber dem Schwesterinstitut einen für die Verhältnisse der Stadt großen Neubau in Betrieb nahm.[639] Das Nebeneinander der beiden Institute und der Sparkasse der Stadt Linz in einem begrenzten Marktgebiet – der Kreis zählte 160.000 Einwohner – mußte dazu anregen, die in den zwanziger Jahren ad acta gelegte Fusion eines Tages erneut aufzugreifen. Die erste Gelegenheit kam mit der Reform der Gemeindegebiete in Rheinland-Pfalz von 1969/70. Bei der Diskussion über die Sparkassen setzte sich jedoch das Unabhängigkeitsbedürfnis der beiden städtischen Träger durch, so daß die Selbständigkeit der drei Institute unangetastet blieb. Vereinbart wurde lediglich, die bestehenden Geschäftsstellen in den neuen Stadtteilen[640] bei der Kreissparkasse zu belassen, die Gründung neuer Stellen im vergrößerten Stadtgebiet aber der Stadtsparkasse vorzubehalten. Sie ließ sich denn auch bald in Feldkirchen und Heimbach-Weis nieder[641] mit der Folge, daß die beiden Schwesterinstitute nunmehr auch um Vororte konkurrierten. Da beide Stadtsparkassen geschäftliche Schieflagen und damit Ansatzpunkte für eine Übernahme vermieden, da ferner unterschiedliche Mehrheiten in Stadtrat und Kreistag[642] unterschiedliche politische Interessen mit den Neuwieder Instituten verbanden, blieb es für lange Zeit bei dem traditionellen Trio der Sparkassen im Kreis. Die Verdichtung des Zweigstellennetzes der Kreissparkasse trug übrigens dazu bei, daß etwa ab 1960 der ländliche Teil des Kreises für das Bankgeschäft vor Ort erschlossen wurde und nun auch größere Dörfer des Westerwaldes von zwei Seiten, Sparkassen und Raiffeisenbanken, umworben wurden.

Die Verstädterung des Neuwieder Beckens veränderte das Milieu der Raiffeisenkassen: Sie verloren die ihnen vertrauten Nischen, gewannen aber an Überblick und Geschäftsmäßigkeit. Die Heddesdorfer Raiffeisenbank hatte sich – seit 1930 unter Leitung eines hauptamtlichen Rendanten und 1950 durch Einführung der beschränkten Haftpflicht[643] – im Laufe der Jahre institutionell gefestigt. Diese Urzelle der Raiffeiseninstitute nahm zwischen 1953 und 1971 die vielen kleinen, zum Teil aus ihr hervorgegangenen[644] Kassen des wiedischen Umlandes in sich auf (Tabelle 48). Auslösendes Moment war die als notwendig erkannte Trennung von Bank- und Warengeschäft[645], Ziel aber auch die Zusammenfassung der arg zersplitterten Kräfte. Damit wurde endlich auch dieser Teil der Branche unter die wohltätige Herrschaft des Vier-Augen-

Prinzips gestellt. Die relativ frühe Konzentration vollzog sich geordnet und unterscheidet sich vorteilhaft von den kriseninduzierten Fusionen der Genossenschaftsbanken des jenseitigen Rheinufers in den achtziger Jahren. Die „Raiba" Neuwied[646] baute sich ein modernes Domizil nicht fern von ihrem alten Platz in Heddesdorf.[647] Mit ihren vier Stadtzweigstellen war sie im wesentlichen ein Institut ihrer Vororte geblieben (in Leutesdorf und Melsbach griff sie über die Grenzen der Stadt hinaus).[648] Selbständig blieb die bescheidenere Raiffeisenbank Engers.[649] Seit 1933 mit einem hauptamtlichen Rendanten, seit 1956 mit beschränkter Haftpflicht, hat sie 1966 die Raiffeisenkasse Heimbach-Weis in sich aufgenommen (Tabelle 48).[650] Seither bediente sie mit vier Zweigstellen im wesentlichen den Neuwieder Süden und Osten. Nicht von ungefähr ließ sich in dem besonders volksnahen genossenschaftlichen Bankwesen jene interessante Naht verfolgen, die zwischen den altwiedischen (Raiba Neuwied) und den ehemals kurtrierischen Stadtteilen (Raiba Engers) noch heute in vielfacher Hinsicht zu beobachten ist.[651] Übrigens griff das Institut in Engers mit weiteren vier Zweigstellen auf die Nachbarstadt Bendorf und ihre Vororte über.[652]

Die Deutsche Bank gründete Zweigstellen 1965 in Niederbieber und 1968 in Engers, die inzwischen wieder geschlossen wurden.[653] An ihrem durch Zukauf erweiterten traditionellen Platz ersetzte sie den Nachkriegsbau durch ein modernes Haus.[654] Die zeitlich und räumlich eng beieinander liegende Errichtung zweier für die Verhältnisse der Stadt großer Bankgebäude – KSK und DB – ließ das Dienstleistungsgewerbe in der alten Industriestadt eindruckvoll in Erscheinung treten. Als der Neubau der Bank am 14. April 1975 eingeweiht wurde, fiel denn auch das unvermeidliche Wort von der Hermannstraße als Wallstreet Neuwieds.[655] Während der Rhein von den Sparkassen als Grenze respektiert wird – an dieser Stelle wurde von der Bildung eines rheinübergreifenden Kreises abgesehen –, baute die Deutsche Bank ihr Geschäft jenseits des Stromes aus. Das industriell interessante Weißenthurm[656] und sein Hinterland waren für Neuwied bis in die 1930er Jahre nur über eine Fähre zugänglich.[657] Der Schaaffhausen'sche Bankverein hatte schon damals erste Fühler ausgestreckt, nicht ohne in der Krise der Bimsindustrie Anfang der dreißiger Jahre auch dort Lehrgeld zahlen zu müssen.[658] Erst 30 Jahre nach dem Bau der ersten Brücke ließ sich sein Rechtsnachfolger, die Deutsche Bank, 1965 als einziges Neuwieder Institut auf der linken Rheinseite mit einer Filiale in Weißenthurm nieder.[659] 1971 schließlich verband sie ihre Filialen Andernach[660] und Neuwied unter gemeinsamer Geschäftsleitung mit Sitz in Neuwied. Die Filiale Andernach brachte ihre 1968 gegründete Filiale Mayen ein.[661] Für den Verbund sprachen zunächst Rationalisierungseffekte.[662] Vor allem aber konnte das Neuwieder Becken, trotz aller Unterschiede wirtschaftlich und gesellschaftlich zusammenwachsend, nunmehr „aus einer Hand" bedient werden.[663] Fast zwei Jahrzehnte später folgten ihr die Filialen der Dresdner Bank in beiden Städten[664], ohne daß diese Verbindung von längerer Dauer war.

Beiden Großbanken voran ging in dieser Hinsicht übrigens die Landeszentralbank Rheinland-Pfalz. Sie schloß 1969 ihre Zweigstelle Andernach und ordnete deren Bankbezirk der Neuwieder Stelle zu.[665] Die LZB – auch hier seit langem im wesentlichen Bank der Banken[666] – errichtete Mitte der achtziger Jahre auch in Neuwied ein architektonisch wie sicherheitstechnisch bemerkenswert großzügiges Dienstgebäude.[667]

Natürlich blieben die Neuwieder Traditionsbanken auf die Dauer nicht unter sich. Ab 1960 zog der Markt neue Wettbewerber an. Sie alle etablierten sich in gemieteten Räumen, aus Sicht der „Wallstreet" einen Schritt näher zum Einkaufszentrum der Stadt. Als erste trat die Commerzbank auf den Plan. Die dritte Großbank war am Mittelrhein bis in die 1950er Jahre nicht präsent.[668] Die ersten Verbindungen zu Firmen in Neuwied und Umgebung knüpfte sie von Andernach aus, wo sie 1954 durch Übernahme der Andernacher Bank Fuß gefaßt hatte.[669] Im September 1960 endlich eröffnete sie ihre Filiale Neuwied, am Luisenplatz, den sie damit als

Standort für das Bankgeschäft markierte.[670] 1977 folgte ihr – ebenfalls zum Luisenplatz – die Bank für Gemeinwirtschaft.[671] 1963 wurde – nach Neuwieder Credit-Verein, Neuwieder Volksbank sowie der Bank für Handel und Gewerbe der vierte Anlauf – eine weitere Genossenschaftsbank im Zentrum der Stadt gegründet: die Volksbank Neuwied. Das amateurhafte Unternehmen wurde 1970, bereits unter dem Druck des Bundesaufsichtsamtes für das Kreditwesen, durch die „BWV" Bank für Wirtschaft und Verkehr Volksbank e.G., Koblenz, als deren Niederlassung aufgefangen. Sie unterhält Zweigstellen in Niederbieber und Heddesdorf.[672]

Damit erschien der Neuwieder Markt, was Bankdienstleistungen angeht, auf der Angebotsseite im großen und ganzen komplett.

1989 schließlich ließen sich die heutige City-Bank, Düsseldorf[673], und die Sparda-Bank, Mainz[674], nieder. Der Beitrag beider Filialen zum Wettbewerb beschränkt sich bewußt auf das Basisgeschäft mit der privaten Kundschaft.

Die Bankstellendichte nahm – nachdem die Welle der Zweigstellengründungen um 1975 ausgelaufen war – nicht weiter zu (Tabellen 49 und 50). Sie lag 1989 mit 1.484 Einwohnern pro Geschäftsstelle über dem Durchschnitt der fünf größten Städte von Rheinland-Pfalz (1.635), aber deutlich unter dem der Landkreise des Regierungsbezirks Koblenz (855) und damit an einer Position, die dem mittelstädtischen Markt nicht unangemessen erscheint. Bemerkenswert ist im übrigen, wie die noch 1975 vergleichbare Bankstellendichte der Nachbarstadt Koblenz sich seitdem unterschiedlich entwickelt hat, indem sie weiter wuchs und die der Stadt Neuwied überholte. Entgegengesetzt entwickelte sie sich zuletzt im Kreis Neuwied außerhalb der Stadt: Dort sank sie nennenswert ab, da Genossenschaftsbanken sich aus einigen kleineren Dörfern zurückzogen.

Zwar scheint es dem Bankgewerbe in Stadt und Kreis Neuwied im Laufe der Zeit gelungen zu sein, die heimische Nachfrage zum größeren Teil auf sich zu konzentrieren[675], auswärtige Kreditinstitute waren damit aber natürlich keineswegs ausgeschlossen. An erster Stelle wäre die Landesbank Rheinland-Pfalz zu nennen, die – z.B. als eine der Hausbanken der Rasselstein AG – teils über ihr Koblenzer Haus direkt, teils in Kooperation mit den Sparkassen eine beachtliche Position im Firmengeschäft einnimmt.[676] Alte und neue Verbindungen zu Instituten des nördlichen Rheinlandes, z. B. zu Sal. Oppenheim, Delbrück und zur Filiale Köln der Deutschen Bank sind, wenn der Eindruck nicht täuscht, in den letzten Jahrzehnten schwächer geworden. Andererseits haben sich die Bayerische Vereinsbank und die Bayerische Hypotheken- und Wechselbank – von ihrem traditionellen Standort Pfalz kommend – im benachbarten Koblenz niedergelassen[677], von wo aus sie auch in Neuwied in ein eher extensives Geschäft zu kommen suchen. In den Kreis von außen vorgedrungen sind durch Übernahmen die Raiffeisenbank 2000, Altenkirchen,[678] und die Volksbank Westerwald, Ransbach-Baumbach.[679] Spezialinstitute, wie die Industriekreditbank Düsseldorf von ihrer Frankfurter Niederlassung aus und die Hypothekenbanken, dürften ihre Positionen im großen und ganzen behauptet haben.

Was die Marktanteile angeht, fehlen Zahlen. Kreissparkasse und Deutsche Bank lagen – wie schon in den dreißiger Jahren – an der Spitze: jene mit Abstand im sogenannten Wertgeschäft, also mit Einlagen und Ausleihungen, diese im Provisions-, d.h. vor allem im Wertpapier- und Auslandsgeschäft.

Die im Neuwieder Bankgewerbe beschäftigten Menschen unterscheiden sich kaum von ihren Kollegen in anderen Städten der Provinz. Wenn die Überlieferung nicht täuscht, trugen die Bank- und Sparkassenbeamten der Nachkriegszeit zunächst noch schwer an alten Lasten ihres Berufes: dem relativ niedrigen Ausbildungsniveau, einem eher formalen Berufsstolz, einer manchmal servil anmutenden Unfreiheit im Umgang mit der Kundschaft. Mit der Evolution der Wirtschaft ging jedoch auch hier ein Gewinn an Professionalität Hand in Hand:[680] Es entfaltete sich der Typus des modernen Bankkaufmanns – und der modernen Bankkauffrau, deren Anteil am Personal aus kleinen Anfängen der ersten fünfziger Jahre ziemlich geradlinig auf z. Zt. etwas über 50 % angewachsen ist.[681] Am Renommée der Bankenklassen an der Kaufmännischen Berufsschule, der Ludwig-Erhard-Schule[682], gemessen, steht ihre Ausbildung der ihrer Gesprächspartner in der Industrie heute in nichts mehr nach. Die Bankakademie, Frankfurt a.M., auf Initiative der Deutschen Bank Neuwied seit 1977 in Koblenz präsent[683], wurde vor allem aus diesem Institut lehrend und lernend frequentiert. Ihren Kunden begegnen die Mitarbeiter der Branche heute als selbstbewußte Individuen. Den formalen Habitus haben sie – mehr als ihre Kollegen in den Metropolen und nicht immer zu ihrem Vorteil – weitgehend abgelegt. Den unverändert hohen Berufsstolz gründen sie in erster Linie auf den verkäuferischen Erfolg. Insgesamt finden z. Zt. etwa 500 Menschen Beschäftigung.[684] Die Konvergenz von Sparkassen und Banken führte auch auf der gesellschaftlichen Ebene einen Schritt weiter: In den sechziger Jahren fand der erste Sparkassenvorstand Aufnahme in die Casino-Gesellschaft, in der heute die meisten örtlichen Kreditinstitute vertreten sind.[685]

Die Ertragslage war bei den öffentlich-rechtlichen und genossenschaftlichen Instituten noch lange Zeit ganz überwiegend vom Zinsüberschuß bestimmt (für die KSK Tabellen 44 und 45), während bei den Bankfilialen bis zu 40 % der regulären Erträge auf Provisionen entfielen (Dresdner Bank, Deutsche Bank).[686] Das in den achtziger Jahren unterdurchschnittliche Wachstum der Kreditnachfrage von Seiten der Firmenkundschaft und anhaltende Kostenerhöhungen beeinträchtigten die Struktur der Betriebsergebnisse. Die Filiale der Deutschen Bank z.B. konnte 1976 bis 1988 ihr Wertvolumen nur um gut 70 % ausweiten, während ihre Personalkosten um fast 87 % anstiegen, dies trotz Abbaus des Personals um 23 % (Tabelle 51). Nachdem die Hochzinsphase der frühen achtziger Jahre abgeklungen war, zeigte sich denn auch, daß die Neuwieder Institute ihre Betriebsergebnisse nicht halten können; die Aufwandrentabilität – d.h. die Betriebsergebnisse in Prozent der Aufwendungen – fiel ab (Tabelle 52). Damit rückten die Kosten in den Vordergrund des Interesses, zumal die Entwicklung der Kommunikationstechnik neue Rationalisierungsmöglichkeiten eröffnete.

Der technische Fortschritt war kurz vor der Jahrhundertwende eingeläutet worden durch den Neuwieder Bankverein, der als erstes Geldinstitut am Platz über Telefon – den Anschluß Neuwied Nr. 3 – und Schreibmaschine verfügte.[687] Die Kreissparkasse – mit der größten Kontenzahl unter besonderem Mengendruck – schaffte um 1910 die erste Additionsmaschine an, die in Augenschein zu nehmen der Oberpräsident selbst sich nicht nehmen ließ.[688] Ende der zwanziger Jahre war die Buchhaltung dieses Instituts – „als erste im Reich" – auf Maschinen[689], 1967 auf elektronische Datenverarbeitung[690] umgerüstet. Auf diesem für die weitere Rationalisierung entscheidenden Gebiet ergriff die Stadtsparkasse die Initiative zu überörtlicher Zusammenarbeit: Mit Nachbarinstituten gründete sie 1968 das Rechenzentrum Mittelrhein, Bendorf, Keimzelle der heutigen, von allen Sparkassen des Landes getragenen Sparkassen-Informatik-Gesellschaft mbH (SIG), Mainz.[691] Der erste Fernschreiber kam in den fünfziger Jahren[692], in den Achtzigern folgten u. a. Telefax und Selbstbedienungs-, vor allem Bargeldautomaten. Im Geschäft mit der Industrie brachten die neunziger Jahre den Übergang zum beleglosen Zahlungsverkehr. Nach unterschiedlichen Wegen im einzelnen stehen alle Neuwieder Institute in der Bedienung der Kundschaft heute auf einem etwa gleichen, dem Branchendurchschnitt entsprechenden technischen Niveau.

Der Fortschritt der Technik, der das Mengenproblem löste, dessen Kosten aber nur zum Teil auf die Kundschaft abgewälzt werden konnten, zwang dazu, die Rationalisierung nun auch auf die organisatorischen Strukturen auszudehnen. Als erster Höhepunkt dieser Entwicklung werden die frühen neunziger Jahre in Erinnerung bleiben.

Natürlich mußte ein kleiner Platz wie Neuwied der Zentralisation Opfer bringen. Zunächst wurden ausführende und verwaltende Funktionen andernorts zusammengefaßt. Der Zahlungsverkehr war als erster, im Laufe der Zeit wurden alle vertriebsfernen Bereiche betroffen. Die Deutsche Bank erstellte ihren letzten Jahresabschluß für 1988 und verlagerte 1994 ihre Personalverwaltung.[693] Inzwischen hat sich gezeigt, daß diese Funktionen selbst in dem größeren mittelrheinischen Rahmen nicht zu halten waren. Die Commerzbank, die zunächst ein regionales Service-Zentrum in Mülheim-Kärlich errichtet hatte, hat dieses inzwischen wieder geschlossen.[694] Sie sind teilweise in überrregionale Rechenzentren, teils zu den vorgeordneten Filialen im Rhein-Main-Raum weitergewandert. Dort hat die Deutsche Bank 1998 ihren Filialbezirk Mainz aufgelöst, so daß sich ihr Neuwieder Geschäft jetzt zur Region Mitte mit Sitz in Frankfurt am Main orientiert. Auf den administrativen Bereich entfiel der überwiegende Teil der abgebauten Arbeitsplätze.

Empfindlichere Interessen aber wurden berührt, wo Markt- und Führungsverantwortung zur Disposition gestellt wurden. Im Vertrieb lag es nahe, den mittelrheinischen Wirtschaftsraum – nach außen abgrenzbar, im Inneren homogen – auch als Bankenlandschaft einheitlich zu organisieren. Als zentraler Platz kam nur sein „Oberzentrum" Koblenz in Betracht. In diese Richtung ging – nach manchen Experimenten – am Ende denn auch die Entwicklung der Neuwieder Geschäftsbanken. Einschneidender wirkte sich um die Mitte der neunziger Jahre die Strukturreform der Großbanken aus. Deutsche und Dresdner Bank organisierten die wesentlichen Geschäftssparten als selbständige „Divisions"[695], an deren operativer Spitze ganz auf das jeweilige Geschäft konzentrierte Vertriebseinheiten stehen. Damit trat an die Stelle der gebietsbezogenen, horizontalen eine vertikale, spartenbezogene Struktur. Die Filiale als einheitlicher Betrieb, der, vertreten durch die Filialdirektion, die Kundschaft seines Marktes aus einer Hand bediente, gehörte damit der Vergangenheit an. Entsprechend änderte sich der Charakter der Deutschen und der Dresdner Bank auch in Neuwied. Ihre Häuser sind heute Standorte mehrerer selbständiger Vertriebseinheiten, die über ihre ebenso verfaßten Koblenzer Stellen in ihren jeweiligen Geschäftsbereich eingebunden sind. Läßt der Abbau zuletzt auch verkäuferischer Kapazitäten eine selektivere Geschäftspolitik erwarten?

Während diese Maßnahmen außerhalb der Häuser nur einem begrenzten Kreis bekannt wurden, vollzog sich eine Entwicklung ungleich größeren Gewichts vor aller Öffentlichkeit: die Fusion der Sparkassen. Seit der kommunalen Gebietsreform gelegentlich wieder diskutiert[696], wurde sie 1990 nicht von ungefähr aktuell: Ein im Auftrag des Deutschen Sparkassen- und Giroverbandes erstelltes Gutachten der Unternehmensberatungsgesellschaft McKinsey hatte nämlich Betriebsgrößen zur Diskussion gestellt, welche die Stadtsparkassen Neuwied und Linz als klein, ja zwerghaft erscheinen ließen. Die neuen Dimensionen waren in den Nachbarstädten Koblenz und Bonn mit jeweils nur noch einer Sparkasse schon seit längerem Wirklichkeit.[697] Zugleich öffnete sich die politische Perspektive, als eine Partei, die SPD, 1989 die Majorität in den Parlamenten beider Neuwieder Sparkassenträger gewann (im Rat der Stadt Linz behielt die CDU die Mehrheit).[698] Der Kreis ergriff die Initiative. In der Stadt Neuwied gelangte man innerhalb weniger Monate zu einem nur von der Partei der Grünen nicht mitgetragenen Konsens.[699] Dagegen scheiterte – trotz positiven Votums von Vorstand und Verwaltungsrat – die Einbindung der Stadtsparkasse Linz: Ihr Gewährträger forderte ein Vetorecht bei Entscheidungen, die für die dortige Niederlassung wesentlich sind, was die beiden Neuwieder Verhandlungspartner als Einschränkung zukünftiger Handlungsfähigkeit ablehnten.[700] Schließlich vereinigten sich Kreis- und Stadtsparkasse Neuwied durch Neubildung der Sparkasse Neuwied zum 1. Mai 1991.[701] Die Vorteile der Fusion – in der öffentlichen Diskussion hinter Allgemeinheiten zurücktretend – bestehen in der kompetenteren Bedienung der allerdings relativ kleinen Kundschaft der ehemaligen Stadtsparkasse sowie in Synergie-Effekten, vor allem der Einstellung der

Konkurrenz und der Rationalisierung der Verwaltungen.[702] Mit einer Bilanzsumme von rd. 3,1 Milliarden DM per 31. Dezember 1997 bekleidete sie den zweiten Rang unter den Sparkassen des nördlichen Rheinland-Pfalz[703], blieb damit aber immer noch hinter den Vorstellungen jenes Gutachtens zurück. Ihr Marktanteil liegt ähnlich dem der Nachbarsparkassen im bilanzwirksamen Geschäft deutlich, aber wohl auch im Provisionsgeschäft über fünfzig Prozent.

Als Konsequenz aus der Neuordnung ihrer Häuser vereinbarten Sparkasse und Deutsche Bank 1994 einen Grundstückstausch, der das Bild der Neuwieder „Wallstreet" tiefgreifend veränderte: Die Sparkasse arrondierte ihren Hauptsitz durch den Erwerb des angrenzenden Gebäudes der Bank, die – auf ihren verkäuferischen Kern konzentriert – ihre Räumlichkeiten seit langem nicht mehr ausfüllte; die Bank andererseits erwarb – nicht ohne Wertausgleich – das kleinere Gebäude der ehemaligen Stadtsparkasse, das aus Sicht des fusionierten Instituts auf der anderen Seite der Straße und damit außerhalb seiner Interessen lag. Der Swap war für beide Seiten von Vorteil: Sie entsprachen ihrem Raumbedarf, entlasteten ihre Investitionsetats (womit auch der Allgemeinheit gedient war) und gewannen durch „Auseinandersetzung" an Profil (ohne die Hermannstraße als Standort für Bankgeschäft zu entwerten). Die Deutsche Bank bezog 1995 ihr neues Domizil, während die Sparkasse ihr erweitertes und modernisiertes Gebäude 1996 – im Jahre ihres 150jährigen Bestehens – eröffnete.[704]

Eine große Fusion vollendete schließlich auch den jahrzehntelangen Konzentrationsprozeß der Neuwieder Raiffeisengenossenschaften. Nachdem die Raiffeisenbank Neuwied 1990 noch ihre Nachbarbank in Waldbreitbach übernommen hatte[705], wurde sie 1994 ihrerseits Gegenstand der Übernahme durch die aktivere Raiffeisenbank Engers.[706] Das neue Institut unter der geschichtsträchtigen und daher erhaltenswürdigen Firma Raiffeisenbank Neuwied hat mit rd. einer halben Milliarde Mark eine Bilanzsumme, die respektabel und doch – wie der Vergleich mit der Sparkasse zeigt – durchaus noch bodenständig erscheint. Seit 1998 ist sie durch eine Zweigstelle im Zentrum der Stadt präsent.

Indessen ist die Stadt an anderer Stelle deutlich „auf der Nehmerseite": Die Landeszentralbank schloß ihre Nebenstellen Remagen (1992), Mayen (1994) und Betzdorf (1998) und ordnete deren Bezirke im wesentlichen der LZB Neuwied zu.[707]

Am Ende des Jahrzehnts der Reformen wird die Branche gesünder dastehen – die Neuwieder Bankenszene in mancher Hinsicht aber auch ärmer. Mit den Fusionen der Sparkassen und der Raiffeisenbanken verminderte sich die Zahl der Anbieter, was der Nachfrage nicht gleichgültig sein kann; die Großbanken verlagerten Funktionen nach außerhalb, was den Status des Bankplatzes berührt; das Angebot an Arbeitsplätzen schrumpfte und damit die beruflichen Perspektiven am Platz. Aus Sicht der Landeszentralbank als „Bank der Banken" : Am 30. Dezember 1993 fand die letzte Abrechnung der Platzbanken bei der LZB Neuwied statt.[708] Hatte das Neuwieder Kreditgewerbe Ende der achtziger Jahre seinen Höhepunkt überschritten?

Immerhin: die andere Seite des Marktes lebt. In der Rezession der Jahre 1992 bis 1994 erwies sich die Wirtschaft der Region als relativ krisenfest, so daß ihre Kreditinstitute von nennenswerten Insolvenzen und Geschäftseinbrüchen verschont blieben. Die Geschäftswelt in Stadt und Kreis ist in lebhafter Bewegung. Der Rasselstein z.B., dessen Kreditbedarf 1992 im Cash Management des Thyssen-Konzerns unter- und damit Neuwieder Banken verloren ging, nahm ein Jahr später den Weißblechverkauf in eigene Hand und läßt sich im in- und ausländischen Zahlungsverkehr nunmehr auch von örtlichen Banken begleiten.[709] Für die Börseneinführung von Winkler + Dünnebier brachte ausländisches Know-how überörtliche Konkurrenz ins Spiel.[710] Stadt und Kreis blieben ein erster Standort des produzierenden Gewerbes im Norden von Rheinland-Pfalz[711], der Einzelhandel findet in- und außerhalb des Stadtzentrums günstige Bedingungen.[712] Seit einigen Jahren lassen sich Industrie und Handel denn auch mit neuen

Unternehmen nieder.[713] Gleichwohl ist das Ansiedlungspotential der Stadt bei weitem nicht ausgeschöpft. Nicht minder interessant erscheint die Privatkundschaft. Die Zahl der Einwohner in Stadt und Kreis nahm zu. Eine anhaltende Nachfrage nach Baufinanzierungen war die Folge. Jüngste, bis in die ersten Jahre des neuen Jahrzehnts reichende Prognosen für Stadt und Umland laufen auf einen Bevölkerungszuwachs hinaus, wie er nur in wenigen Regionen Deutschlands erwartet wird.[714] Menschen verkörpern Nachfrage. Bleibt aber die Nachfrage, bleibt – in welcher Form auch immer – das Angebot. Im Bankgeschäft wird Neuwied daher auch in Zukunft eine attraktive Adresse bleiben.

ANMERKUNGEN

[1] KURT WOLFRAM: Die wirtschaftliche Entwicklung der Stadt Neuwied. Versuch der Begründung einer Wirtschaftsgeschichte der Stadt Neuwied 1653–1926, Neuwied 1926, S. 102; THEODOR KRAUS: Neuwied, seine Eigenart unter den Städten des Mittelrheins. In: 1652–1952. 300 Jahre Neuwied. Ein Stadt- und Heimatbuch. Hrsg. Stadtverwaltung, Neuwied 1953, S. 533 ff., 544; WILFRIED STRÖHM: Die Herrnhuter Brüdergemeine im städtischen Gefüge von Neuwied. Eine Analyse ihrer sozioökonomischen Entwicklung, Boppard 1988, S. 94 ff.; WERNER TROSSBACH: Der Schatten der Aufklärung. Bauern, Bürger und Illuminaten in der Grafschaft Wied-Neuwied, Fulda 1991, S. 21, 179 ff., 259 ff., 417 ff.

[2] Dazu etwa: ALBERT MEINHARDT: Neuwied. In: Städtebuch Rheinland-Pfalz und Saarland. Hrsg. Erich Keyser, Stuttgart 1964, S. 317 ff., 319 Ziff. 8a; KARL-GEORG FABER und ALBERT MEINHARDT: Die historischen Grundlagen des Kreises Neuwied. In: Heimatchronik des Kreises Neuwied. Hrsg. Kurt Becker, Köln 1966, S. 9 ff., 52; Die wirtschaftliche Verbundenheit der früheren Süd-Rheinprovinz mit dem Lande Nordrhein-Westfalen. Denkschrift des Rheinisch-Westfälischen Wirtschaftsarchivs zu Köln, Köln 1951, S. 17; WILHELM HARTUNG: 100 Jahre Ingenieur-Verein am Mittelrhein 1867–1967, Koblenz 1967, S. 16.

[3] Literaturverzeichnisse in: 300 Jahre, bearb. von ALBERT MEINHARDT, S. 567 ff., sowie in: Heimatchronik, bearb. von KARL-GEORG FABER und ALBERT MEINHARDT, S. 381 ff., 399 ff. Seither u. a. HARALD WINKEL: Mittelrheinische Wirtschaft im Wandel der Zeit (zum 150jährigen Bestehen der Industrie- und Handelskammer zu Koblenz), Koblenz 1983, passim; EDGAR JOST und ARMIN NEUNAST: 130 Jahre Rheinische Bimsindustrie. Eine Chronik der Bimsindustrie und ihres Verbandes, 1981; Lohmann – Blick nach vorn. Ein Unternehmensportrait. Zus.gest. u. hrsg. im Jahre des 125jährigen Bestehens, Neuwied 1976; AXEL SCHNORBUS: Rasselstein 225 Jahre Erfahrung mit Blech – Werkstoff mit Zukunft, Neuwied 1985; BRIGITTE SCHRÖDER: Der Weg zur Eisenbahnschiene. Die Familie Remy, ihre wirtschaftliche und kulturelle Bedeutung in ihrer Zeit, Neustadt a.d. Aisch 1986; 1913–1988 W+D Winkler + Dünnebier, o. O., 1988; HANS HERMANN SPOO: Die Finanzen des Rasselstein in den Jahren 1823 und 1824. Ein Beitrag zur Frühgeschichte der Rheinischen Industrie. In: ZUG, 1989, S. 1 ff., 69 ff. (im fol. zit. Rasselstein); JOACHIM WICK: Chronik der Friedrich Boesner GmbH, 1992, unveröffentlicht.

[4] Keine Erwähnung finden die Geldinstitute bei FELIX SCHNUG: Das Neuwieder Becken landschaftlich, geologisch und wirtschaftsgeographisch betrachtet, Neuwied 1914; WOLFRAM, Entwicklung; CARTON u. a.: Le Cercle de Neuwied, Neuwied 1949; A. MEINHARDT: Der Werdegang Neuwieds, und ERICH P. SCHMITZ: Die Entwicklung der heimischen Industrie. In: 300 Jahre, S. 67 ff., 447 ff. Als regionaler Beleg aus neuester Zeit diene das Buch von WINKEL (s. Anm. 3), in dem die Kreditinstitute im Bezirk der Industrie- und Handelskammer zu Koblenz auf wenigen Seiten (400–407) und die Geschäftsbanken insbesondere ganz nebenbei abgehandelt werden.

[5] Heimatchronik, S. 173 ff., 268.

[6] CLAUS PETERS: 125 Jahre Stadtsparkasse Neuwied. Ein Blick zurück. 1848–1973, Neuwied 1973; ders.: 100 Jahre Kreissparkasse Neuwied, Neuwied 1968; BRUNO ZEITZ: 150 Jahre Sparkasse Neuwied. Eine geschichtliche Betrachtung seit ihrer Gründung, (Neuwied) 1998. Eine Serie von Einzeldarstellungen – mit Bildern – enthält der Werbeteil der Heimatchronik, S. 275 ff.

[7] 125 Jahre Raiffeisenbank Neuwied, Neuwied 1979; HANS KLÄS: 125 Jahre Raiffeisenbank Engers 1862–1987, Neuwied 1987.

[8] S. Anm. 252.

[9] Über eine reiche bankhistorische Literatur verfügen in der Nachbarschaft nur die auch für Neuwied bedeutenden Plätze Frankfurt a. M. und Köln. Besonders verwiesen sei auf HEINRICH BRÄUTIGAM: Das Bankgewerbe des Regierungsbezirks Aachen vom Beginn des 19. Jahrhunderts bis zum Jahre 1933, Diss. Köln 1949; daraus läßt sich u. a. die Geschichte des Bankgewerbes in Düren entnehmen, einer mit Neuwied vergleichbaren rheinischen Stadt. Ein Vergleich der Reichsbanknebenstellen hier wie dort aus dem Jahre 1913 bei den Acta der Reichsbankstelle zu Coblenz betreffend Reichsbanknebenstelle Neuwied 1898–1923, LZB Koblenz.

[10] PETERS in: Heimatchronik, S. 268; so auch die Tradition der Stadtsparkasse selbst, z. B. 125 Jahre, S. 5; Rhein-Zeitung, 17./18.9.1988 zum 140jährigen Bestehen. Zur Bezeichnung: Statuten, 20.4.1847, Titel (s. Anm. 416). Zur Rechtsnachfolgerin, der heutigen Sparkasse Neuwied s. 55 f. MANFRED POHL: Konzentration im deutschen Bankwesen (1848–1980), Frankfurt a. M. 1982, S. 625, verzeichnet eine 1805 gegründete „Neuwieder Bank", die 1899 durch die Coblenzer Bank vorm. I.R. Goldschmitt, Koblenz, übernommen worden sein soll (s. a. ebd. S. 727) und via Rhein.-Westf. Disconto-Ges., Aachen, letztlich in der Dresdner Bank aufgegangen wäre. Nach Mitteilung des Autors ist seine Quelle nicht mehr feststellbar. Dem Verf. ist das Institut nicht begegnet. Keine Erwähnung findet es in den Tabellen über Gründungen und spätere Schicksale rheinischer Banken bei W. KÄHLER: Das Bankwesen. In: Die Rheinprovinz 1815–1915. Hrsg. Joseph Hansen, Bd. 1, Bonn 1917, S. 522 ff., insbes. S. 526 u. 533.

[11] PHILIPP WIRTGEN: Neuwied und seine Umgebung in beschreibender, geschichtlicher und naturhistorischer Darstellung, Neuwied u. a., 1. Aufl. 1870, S. 96 ff.

[12] WIRTGEN, S. 96 ff. PHILIPP ANDREAS NEMNICH: Tagebuch über eine der Kultur und Industrie gewidmete Reise, Tübingen 1809: „Vor 3 oder 4 Jahren" – scl. 1804 oder 1805 – „machte Marcus Bennet, ein getaufter Jude aus England, einen … großen Bankrott in Neuwied, in den der Bankier P.J. Scheurer … verwickelt … Diese fatale Begebenheit, wobei mehrere Handelsleute auf auswärtigen Plätzen beträchtlich einbüßten, hat einen Flecken auf das ´gute´ Neuwied geworfen und den Neidern der Stadt Gelegenheit gegeben, selbige ungerechter Weise in einen allgemeinen üblen Ruf zu

bringen." Zit. nach Handel und Industrie in Neuwied vor 120 Jahren. In: Heimat-Blatt und Geschichtschronik für die ehemals Wied'schen p.p. Lande p.p., 1928, Nr. 22, S. 169 ff., 171, abgedruckt in: Bilder und Gestalten aus der Vergangenheit der Stadt Neuwied. Hrsg. Julius u. Rolf Strüder, Neuwied 1953, S. 49 ff.

[13] Nach der von 1806 bis 1815 dauernden Herrschaft des Herzogs von Nassau; dazu KURT BECKER: Die territoriale und administrative Entwicklung des Kreises Neuwied. In: Heimatchronik, S. 101 ff., 103 ff.

[14] Bei CHRISTIAN NOBACK: Vollständiges Handbuch der Münz-, Bank- und Wechselverhältnisse aller Länder und Handelsplätze der Erde, Rudolstadt 1833, ist Neuwied unter 138 Städten des Deutschen Zollvereins (nach dem Stand von 1867 unter Zurechnung von Hamburg und Bremen) im Gegensatz zu dem damals etwa doppelt so großen Koblenz, S. 45, erwartungsgemäß nicht aufgeführt.

[15] RICHARD GRAAFEN: Die Bevölkerungsentwicklung des Kreises Neuwied 1817–1965. In: Heimatchronik, S. 159 ff., 160; ders.: Die Bevölkerung im Kreis Neuwied und in der Koblenz-Neuwieder Talweitung 1817–1965, Bad Godesberg 1969, S. 12.

[16] KURT BECKER, S. 108 ff.

[17] Vermerk, 2.1.1835, FWA 60–4–7, Bl. 5.

[18] Preußisches Münzgesetz, 30.9.1821. 1 Taler = 30 Silbergroschen = 360 Pfennige.

[19] Herzoglich Nassauische p.p. Verordnung, 8. u. 9.4.1808. In: J.J. SCOTTI: Sammlung der Gesetze und Verordnungen, welche in den vormaligen Wied-Neuwiedischen, Wied-Runkel'schen p.p. – nunmehr Königlich preußischen – Landes-Gebieten ... ergangen sind, IV. T., Abt. für das Herzogtum Nassau, Düsseldorf 1836, Nr. 59, S. 1751. Der Gulden wird auch in Neuwied als Gulden im 24 Gulden-Fuß bezeichnet, obwohl er tatsächlich bereits auf dem schwächeren 24 ½ Gulden-Fuß stand. 150jähriges Bestehen Gesellschaft Rasselstein bei Neuwied, Köln 1910, S. 69.

[20] Siehe insbes. PAUL C. MARTIN: Monetäre Probleme der Frühindustrialisierung am Beispiel der Rheinprovinz (1816–1848). In: Jahrbücher für Nationalökonomie und Statistik, Bd. 181, H. 2, Stuttgart 1967; ders.: Die Einbeziehung des Rheinlandes in den preußischen Währungsraum. In: RhVjbl, 32. Jg., S. 482 ff.; ders.: Probleme der Geldversorgung der Rheinprovinz 1815–1832, mit Diskussion. In: Kurzprotokoll der Tagung des Arbeitskreises Rheinland-Westfalen des DFG-Schwerpunktprogramms 'Geschichte der frühen Industrialisierung in Deutschland' am 11.3.1967 in Bonn (Institut für geschichtliche Landeskunde der Rheinlande); RICHARD TILLY: Financial Institutions and Industrialization in the Rhineland 1815–1870, Milwaukee u. a. 1966. Berücksichtigt wird freilich nicht das Verhältnis Tlr/Gulden, sondern Tlr/Franc.

[21] H.W. Remy & Cons. zu Rasselstein bezogen bei ihren Banken bedeutende Talerbeträge in Münzen, die offenbar im wesentlichen der baren Bezahlung örtlicher Waren und Leistungen dienten. Rasselstein, S. 21 ff. Die Lieferungen sind für die Jahre 1823 und 1824 belegt. Von da her kamen die preußischen Münzen in großer Zahl in den örtlichen Bargeldumlauf.

[22] Tabelle 4.

[23] Rasselstein, S. 16 f., 69 f., 76 ff. „Der Rasselstein" war und ist bis heute die erste Adresse der mittelrheinischen Industrie. Die Eisenhütte gelangte 1760 durch Pacht, 1774 durch Kauf aus den Händen der Grafen zu Wied in die der Familie Remy, erfolgreicher Geschäftsleute hugenottischer Herkunft aus dem benachbarten Bendorf. In der Frühzeit Herstellung von Roh- und Schmiedeeisen sowie Blech und Ofenrohr. 1821 Einführung des Puddelverfahrens in Deutschland. Seit 1923 AG. Seit dem Ersten Weltkrieg Alleinverkauf durch Otto Wolff, Köln, der von 1923 bis 1938 sämtliche Aktien erwarb. 1958 = 25 %, 1962 = 50 %, 1990 = 100 % Beteiligung von Thyssen. Bedeutender Hersteller von Blechen für die Verpackungs- und Automobilindustrie in den Werken Andernach und Neuwied, Aktienkapital DM 146 Mio., Umsatz DM 1.019 Mio. (1993/1994 30.9.). Rasselstein, S. 1–3, 7 mit Anm. 30; s. a. Geschäftsbericht für 1989/90 und Handelsblatt, 10./11.11.1989, S. 33.

[24] Rasselstein, S. 72 ff. Örtliche Rechnungen und Quittungen für die Fürstlich Wiedische Rentkammer lauteten 1823 erst ausnahmsweise, 1826 aber überwiegend auf Taler. FWA, Rentey-Rechnung nebst Rechnungs-Belegen. Z. B. stellte derselbe Kaminfeger im Jahre 1823 je eine Rechnung über Gulden und Taler aus: Belege Nr. 272 u. 273.

[25] Materiell waren die Skalen des Talers und des Rechengulden (à 60 Kr.) in der Weise miteinander verknüpft, daß der Kreuzer als 108. Teil eines Talers definiert war, was ein – natürlich fixes – Umrechnungsverhältnis von 108 Kr. oder fl. 1,8:1 Tlr ergibt. Hiervon ist der – schwankende – Kurs des Gulden als fremder Währung zu unterscheiden (Silberparität damals 105 Kr. oder fl. 1,75:1 Tlr); zu Devisenkursen bei Banken s. Rasselstein, S. 69 ff.

[26] Rasselstein, S. 74; Jahres-Rechnung Ultimo December 1827, ABN VIII-5.

[27] Die Allerhöchste Kabinettsorder vom 25.11.1826 bestimmte für die westlichen Provinzen: „Kaufleute und Gewerbetreibende, welche kaufmännische Rechte haben, sollen ihre Bücher, wo solches noch nicht stattfindet, von Anfang des Jahres 1827 an, nach dieser Einteilung führen" – scl. den Taler zu 30 Silbergroschen, diese zu 12 Pfennigen – „widrigenfalles sie ... in eine Strafe von 20 bis 100 Rtlr. verfallen". Gesetz-Sammlung p.p., Berlin 1821, No. 1037 Ziffer 3, S. 115 f.

[28] ADOLF BECK: Beschreibung der Stadt Neuwied, Koblenz 1828, S. 39.

[29] FWA, Cameral-Rechnung von 1842. Vorbemerkungen. „Im Holzverkaufsgeschäft der Märkerschaft rechnete man bis Mitte des vorigen Jahrhunderts noch mit Gulden". BRUNO ZEITZ: Märkerschaft Feldkirchen, Andernach, 1994, S. 208.

[30] Z. B. Rechnungsauszug von M.A. Rothschild & Söhne, Frankfurt a. M., für die Wiedische Rentkammer per 31.12.1874 vom 26.2.1875 über Taler und Mark, per 21.12.1875 vom 1.3.1876 nur noch über Mark. FWA 60–5–6.

[31] Ein nicht unbedeutender, im Laufe des Jahrhunderts abnehmender Teil vollzog sich aber noch im Tausch; Beleg für die Entlohnung von Knechten und Mägden teils in Geld, teils in Naturalien im Bericht des Landrats von Gärtner über

die Verhältnisse im Kreis Neuwied aus dem Jahre 1817. In: Heimatchronik, S. 116 ff., 121; Kompensationsgeschäfte mit Waren kamen beim Rasselstein 1823/1824 in geringem Umfange vor. Rasselstein, S. 16 mit Anm. 90.

[32] Rasselstein, S. 21 ff.

[33] Rasselstein, S. 22, Anm. 151, 152, sowie eine Fülle von Belegen im FWA, z. B. Rentey Rechnungs-Belege 1826, No. 176, 183, 324, sowie 60–4–10, 2.7.1835.

[34] Rasselstein, S. 22 f. mit Anm. 159–165.

[35] Rasselstein, S. 23 mit Anm. 166, 167.

[36] Rasselstein, S. 23 mit Anm. 168.

[37] Rasselstein, S. 9 f. mit Anm. 50–53.

[38] Rasselstein, S. 24 ff.

[39] ALFRED KRÜGER: Das Kölner Bankiergewerbe vom Ende des 18. Jahrhunderts bis 1875, Essen 1925, S. 105; RICHARD TILLY: Germany 1815–1870. In: Banking in the Early Stages of Industrialization, A Study in Comparative Economic History. Hrsg. Rondo Cameron, New York u. a. 1967, S. 151 ff., 170 f.; Rasselstein, S. 25 ff. mit Anm. 179, 193.

[40] Rasselstein, S. 28 f.

[41] ABN BA-II-15, Hauptbuch 1823–1900, insbes. bei J.D. de Neufville, der Disconto-Gesellschaft und dem A. Schaaffhausen'schen Bankverein.

[42] Rasselstein, S. 22 mit Anm. 157.

[43] Rasselstein, S. 24.

[44] Z. B. mit dem Vorsteher Collegium und der Hauptkasse der deutschen Brüder Unitaet in Herrnhut (ABN VA-XII-10, Hauptbuch 1814–1843, S. 144 f., u. BA-II-15, Hauptbuch 1823–1900) und den Niederdietendorfer Ledigen Brüdern (BA-II-11, Hauptbuch 1811–1827, S. 225).

[45] Rasselstein, S. 24, Anm. 169.

[46] Bis Mitte der dreißiger Jahre hatte sich das Zinsniveau um ein Prozent auf vier Prozent ermäßigt (Tab. 1 bis 3).

[47] Schreiben der Firma H.W. Remy & Cons. an den Preußischen Minister des Handels und der Gewerbe, 21.5.1823: „Da nun gegenwärtig schon unser ganzes Vermögen in unsrem Geschäft steckt ...". Zit. nach LUDWIG BECK: Die Einführung des englischen Flammofenfrischens durch Heinrich Wilhelm Remy & Co. auf dem Rasselstein bei Neuwied. In: Beiträge zur Geschichte der Technik und Industrie, Jahrbuch des Vereins Deutscher Ingenieure, Berlin 1911, S. 86 ff., 96; Rasselstein, S. 83.

[48] Z. B. Johann Wilhelm und Friedrich Wilhelm Völcker, „Pottasche aus eigener Siederei, Kolonialwaren, Wachholderkörner, Spedition", legten Geld bei der Fürstlich Wiedischen Rentkammer und der Casino-Gesellschaft an. 1825 insgesamt fl. 54.000. FWA 58–3–23; AG Neuwied, Grundbuch Neuwied, Bd. I Art. 11 – Casino-Gesellschaft – Abt. III 1 aus 1849. JOSEF MAIER: Aus der Geschichte des Casinos Neuwied 1799/1825/1925. Ein Gedenkblatt zur Hundertjahrfeier der Grundsteinlegung des Gebäudes am 5. April 1825, Neuwied 1925, S. 47; NEMNICH, S. 52. Als weiteres Beispiel diene die Familie Reusch, Hersteller von Zichorie, s. u. Anm. 63 ff.

[49] Z. B.: „300 Thlr. liegen auf erste Hypothek zum Ausleihen bereit. Das Nähere in der Exped. d. Ztg.", NZ, 22.2.1860; „56 Thlr. 10 Sgr. Vormundschafts-Gelder sind zu verleihen. Wo? sagt die Exped. d. Ztg.", NZ, 17.2.1860; „250 bis 260 Thlr. werden gegen gerichtliche Sicherheit zu leihen gesucht.", NZ, 10.2.1860. Derartige Annoncen finden sich in der NZ noch in den 1890er Jahren.

[50] „An Schulden fehlt es Neuwied ... nicht", so der Fürstliche Regierungsrath Heuberger in seinem Schreiben an die Regierung in Koblenz, 26.2.1824, LHA Best. 441, Nr. 18347, S. 1 ff., 10.

[51] Heuberger: „.... die ... Kassenscheine haben keinen Cours, sie liegen fest in den Händen einiger Kapitalisten, und man kann sie nicht jeden Augenblick nach Belieben kaufen und verkaufen". „Stadt Cassa-Scheine" als Anlage des Fürsten, z. B. FWA, Rentey Rechnungen 1823, S. 40 u. 43 (hier mit Zinsrückstand), sowie 1826, S. 99 u. 401; „städtischer Schuldschein" als Sicherheit im Vertrag der Stadt mit dem Depositär der Sparkasse Johannes Caesar (s. 12).

[52] Notarielle Zession hypothekarisch gesicherter Forderungen der Eheleute Christoph Reusch an ihre Söhne, 11.5.1861, Akte Auszug über den Verbleib des elterlichen Vermögens, S. 7, im Besitz von Dr. Horst Hüttenbach, St. Goar.

[53] Bilanzen aus den Geheimen Büchern von H.W. Remy & Cons. für die Jahre 1822 bis 1832/33 (31.3.), ARAG. Die Bilanz per 31.12.1823 zeigt 83 Darlehen von max. fast fl. 10.000 bis min. fl. 37.30 Kr., insgesamt fl. 93.785.19 Kr., was etwa dem Haftkapital entspricht. Unter den Darlehensgebern finden sich viele bekannte Neuwieder Namen, u. a. Buchholtz, Caesar, Gaddum, Reinhard, Siegert, Stadler, Thorn. Rasselstein, S. 85 mit Anm. 318 u. 319.

[54] Bilanzbuch – scl. des Vorsteheramtes – von den Jahren 1819 bis 1846, ABN VA XII-2–f, darin auch Kreditoren aus anderen Teilen Deutschlands und dem Ausland; Buchbilanz Der ledigen Brüder Chor-Diaconie in Neuwied 1815–1840, R-VIII-5, hier für 1823 91 Kreditoren und zwei Gläubiger von Leibrenten über insgesamt fl. 91.215.32 Kr., max. fl. 9.200, min. fl. 32; Copia Buch der ausgestellten Obligationen 1806–1852, VA XII-23–h. Übrigens gab die Brüdergemeine auch Kredite: aus späterer Zeit z. B. AG Neuwied, Grundbuch Neuwied, Bd. II Art. 48 III 1–3 von 1871, 73 u. 80; Bd. I Art. 12 III von 1878 u. 1900/1911. Dazu STRÖHM, S. 110 ff.

[55] Z. B. FWA, Rentey-Rechnung 1823, Beleg Nr. 1846–1849; Armenfonds z. B. 1826, Beleg Nr. 2744–2754; s. a. AG Neuwied, Grundbuch Neuwied, Bd. IV Art. 192 III 1 von 1822; Ältere evangelische Gemeinde z. B.: Grundbuch Neuwied, Bd. III Art. 129 III 1 u. 2 von 1836 u. 72; Bd. II Art. 64 III 1 von 1844; Art. 61 III 2 von 1862; Art. 75 III 3 von 1873; Bd. III Art. 102 III 1 von 1874; Bd. I Art. 37 III 1 von 1875; Jüngere evangelische Gemeinde: Bd. II Art. 62 III 1 von 1869; Bd. I Art. 40 III 1 von 1873; Art. 45 III 1 u. 2 von 1874 u. 84; Evangelische Gemeinde: Bd. II Art. 62 III 3 von 1878; Bd. III Art. 108 III 13 u. 15 von 1903 u. 1904; Bd. II Art. 80 III 3 von 1913; Mennonitengemeinde: z. B. Bd. Bd.

III Art. 103 III 1 u. 2 von 1836 u. 54; Bd. II Art. 49 III 1 u. 2 von 1845 u. 51; Bd. III Art. 135 III 1 u. 2 von 1859 u. 65. Zu Engers: von 784 im Feuerversicherungsbuch für die Bürgermeisterei verzeichneten Kataster-Nummern sind ca. 100 zugunsten katholischer Institutionen belastet, besonders für die Pfarrgemeinde Heimbach sowie die Armenfonds von Heimbach-Gladbach und Weis. LHA Best. 655, 126, Nr. 132; das Buch umfaßt die Zeit vom 1.1.1837 bis 22.2.1875 – die Belastungen stammen im wesentlichen aus den fünfziger bis siebziger Jahren.

[56] Der überwiegende Charakter dieser Verbindlichkeiten – aufgenommene Kredite oder entgegengenomme Einlagen? –, bei H.W. Remy & Cons. noch undeutlich, wird bei der Rentkammer deutlicher: Einerseits finden wir klare Schuldenverwaltung, wenn es heißt, FWA 58–4–18: „Zur Abtragung eines Capitals von 800 fl ... hat die Rentkammer bei dem hiesigen Kaufmann Peter Thiel ein Capital von 1.000 fl aufgenommen“; andererseits und häufiger finden wir Passiva depositären Charakters, wenn es z. B. im Verkehr mit dem Hofapotheker Wilhelm Stadler unter dem 16.3.1829 heißt: „Wir kündigen hiermit die Capitalien auf, welche Sie bei uns ... angelegt haben“, oder in einer Anfrage vom 2.3.1832: „... ob diese Behörde (scl. die Rentkammer) obiges Capital unter der gewöhnlichen Bedingung annehmen wolle“. 57–11–11; ebenso z. B. Völcker in den 20er Jahren, 58–3–23, und Thiel 1834, 58–4–18. Zu Stadler, Hofapotheker bis 1847, Wilhelm Bruchhäuser: Die Geschichte einer Hofapotheke. Herausgegeben aus Anlaß des Zweihundertjährigen Bestehens der Hof-Apotheke Neuwied, Neuwied 1966, S. 21; zu Völcker s. Anm. 48.

[57] Z. B. acht Einlagen von W. Stadler von 1817 bis 1834. FWA 57–11–11; mehrere Einlagen von J.W. Völcker und seiner Witwe aus den zehner Jahren bis 1834. 58–3–23; Gastwirt Ludwig Stuhl von 1822 bis 1833 und Kaufmann Peter Thiel von 1825 bis 1834. 58–4–18; Rentey-Rechnung 1826: Regierungsrath Bachem Beleg Nr. 2555 u. 2556, dazu 58–3–24, Friedrich Remy, geschäftsf. Ges. von H.W. Remy & Cons., Beleg Nr. 2773–2775; Familie Reusch s. u.; ferner u. a. Berninger, Beleg Nr. 2585; J. F. Ingenohl, Beleg Nr. 2589; Thorn, Beleg Nr. 2735; Mack, Beleg Nr. 2547 u. 2548. Die Rentey-Rechnung 1823, S. 124–129, zeigt 127 Positionen über Beträge zwischen max. fl. 100.000 und min. fl. 150.

[58] Z. B. Rentey-Rechnungen 1823, S. 40 u. 43 mit erheblichen Zinsrückständen u. 1826, S. 99 u. 401.

[59] Beitrag zur Finanzierung der Investitionen der 1820er Jahre – Walzwerk, Puddelofen –, die für die Frühgeschichte der deutschen Eisenindustrie von Bedeutung sind. Rasselstein, S. 90; s. Anm. 154.

[60] Maier, S. 47.

[61] Z. B. Fliegende Brücke Actien (Rheinfähre Neuwied-Weißenthurm). FWA Rentey-Rechnungen 1823, S. 41, u. 1826, S. 99.

[62] Für die Buchkredite der Eheleute Christoph Reusch hat die Stadt hypothekarische Sicherheit stellen müssen (s. Anm. 52).

[63] Christoph Heinrich R., 1783–1866, seit 1806 Zichorien-Fabrikant in Neuwied, Mitglied der Casino-Gesellschaft, verheiratet mit Johanna Wilhelmina Reichard, 1794–1876, Gräber auf dem Alten Friedhof. Familienpapiere im Besitz von Dr. Hüttenbach. Verzeichnis der in der Stadt und Bürgermeisterei Neuwied jetzt in Betrieb befindlichen Fabrick-Anstalten aller Art, 1836, Nr. 10, StadtA Neuwied Best. 1, Nr. 633, abgedruckt in 300 Jahre, S. 198 f., auch 166, 200; Maier, S. 26; Wirtgen, 2. Aufl., S. 167 ff.

[64] Clemens Ferdinand R., 1819–1899, Zichorien-Fabrikant, später Rentier, verheiratet mit Johanna Stadler, verstorben 1927, Wiesbaden und Gut Rheinfels bei St. Goar. Leopold Ensgraber: Die Künstlerfamilie Reusch. In: Hansen-Blatt, Nr. 39, St. Goar 1986.

[65] Karl Julius R., 1827–1905, Zichorien-Fabrikant in Neuwied, Mitglied der Casino-Gesellschaft, später Rentier auf Gut Idylle bei Kruft (jetzt Tubag), verheiratet mit Catharina Piel, 1841–1890, Gräber auf dem Alten Friedhof. Schenkung des Betriebsvermögens, 15.4.1864, in Akte Auszug über den Verbleib des elterlichen Vermögens im Besitz von Dr. Hüttenbach.

[66] Das Vermögen der Eheleute Christoph R. belief sich per 1.9.1864 – vor Schenkungen an die Söhne – auf 292.990 Tlr 11 Sgr. 10 Pfg. = M 800.000. Akte Inventare in Betreff des elterlichen Vermögens resp. Christoph Reusch und Wilhelmina geb. Reichard, 1864–1875, im Besitz von Dr. Hüttenbach.

[67] Dritte Generation (Töchter von Ferdinand): Louise R., 1865 bis 1955, St Goar, Hypothekengläubigerin der Fournier-Fabrik Gustav Hobraeck, Akte im Besitz von Dr. Hüttenbach. Zu Hobraeck: Fünfzig Jahre Gustav Hobraeck Neuwied-Rhein. 1911–1961, Neuwied 1961. Anna R., 1876 bis 1959, St. Goar, AG Neuwied, Grundbuch Neuwied, Bd. II Art. 91 III 6 von 1900.

[68] Inventare in Betreff des elterlichen Vermögens ...; Mappe Einkommensteuer-Declarationen p.p. von Ferdinand Reusch 1894–1900. Beide Unterlagen im Besitz von Dr. Hüttenbach.

[69] 14 Darlehen zwischen Tlr. 10.000 und ca. 1.100 von 1826–34. FWA 60–2–12; Obligationen im Gegenwert von M 136.800. Inventare in Betreff des elterlichen Vermögens ... 1864, Anlage Ziff. 85, Besitz von Dr. Hüttenbach.

[70] S. Anm. 52; im übrigen an Oberwesel, Rheinbrohl, Ahrweiler, Mayen. Ebd., Anlage.

[71] Sieben Stück à Tlr 25. Ebd., Anlage, Ziff. 84.

[72] Ebd., Anlage.

[73] Zwei Hypotheken an Adressen in Heimbach (heute eingemeindet): notarielle Cession, 11.5.1861, S. 11 Ziff. 32 u. 33. Akte Auszug über den Verbleib des elterlichen Vermögens im Besitz von Dr. Hüttenbach.

[74] Christoph R. z. B. AG Neuwied, Grundbuch, Bd. I Art. 5 III 1 von 1844; Bd. IV Art. 157 III 1 von 1845; Bd. II Art. 59 III 1 von 1850; Bd. III Art. 112 III 1 von 1858; seine Witwe z. B. Bd. I Art. 36a III 1 von 1874; Bd. II Art. 50 III 1 von 1875; Ferdinand R. z. B. Bd. II Art. 56 III 1 von 1842; Bd. III Art. 109 III 1 von 1866; Bd. I Art. 29 III 1 von 1868;

Art. 48 III 1 von 1888; Bd. II Art. 56 III 4 von 1890; Julius R. z. B. Bd. I Art. 26 III 1 von 1864; Bd. II Art. 50 III 1 von 1875, Bd. III Art. 110 III 1 von 1883; Bd. II Art. 60 III 3 von 1893; Art. 95 III 1–3 ex cessione 1861 und 8 von 1902; Anna R. s. Anm. 67.

[75] S. Anm. 67 (zu Louise R.).

[76] Z. B. Clemens Jacob Reichard (s. Anm. 201): z. B. AG Neuwied, Grundbuch Neuwied, Bd. II Art. 82 III 3 u. 4 von 1861 und 1846; Bd. III Art. 100 III 1–3 von 1848, 52 u. 53; Bd. I Art. 14 III 1 u. 2 von 1850; Bd. III Art. 91 III 1 von 1869; im Feuerversicherungsbuch für die Bürgermeisterei Engers ist er neunmal als Gläubiger verzeichnet; Adolph Remy (Commerzienrath, Fabrikant, Neuwied) und seine Witwe: z. B. Bd. III Art. 108 III 1–3 sowie 7 u. 9 von 1855–94; Bd. I Art. 11 (Casino-Gesellschaft) III 2 von 1879; Art. 18 III 3; Art. 33 III 1 von 1872; Bd. II Art. 66 III 1 u. 2 von 1878 u. 79; Bd. IV Art. 157 III 3 von 1895; Robert Erbes (s. Anm. 366) z. B. Bd. II Art. 70 III 2 von 1879; Art. 95 III 6 u. 7 von 1897; Witwe Friedrich W. Erbes geb. Hermann (Mutter des Vorgenannten) Bd. II Art. 91 III 2 von 1870; Bd. I Art. 47 III 1–3 von 1876, 77 u. 82.

[77] F.W. RAIFFEISEN: „Auf gute Hypothek ist Geld genug zu haben". Zit. nach: 100 Jahre Kreissparkasse, S. 32.

[78] Blechwarenfabrik und Verzinkerei F.L. Strasburger & Co., 1868 bis Ende der 1920er Jahre, dazu AG Neuwied, Grundbuch Neuwied, Bd. IV Art. 193 III 1 u. 2 von 1885 u. 89 für Julius Reusch, Nr. 6 von 1903 erstmals für eine Bank. Arn. Georg, Stahlbau, 1877 bis heute, dazu Grundbuch Heddesdorf, Bd. 25 Art. 1169 III 1 u. 2 von 1894 u. 96 für benachbarte Fabrikanten, Nr. 3 von 1901 für Neuwieder Bankverein. Gustav Hobraeck, Furnierwerk, s. dazu Anm. 67.

[79] AG Neuwied, Grundbuch Neuwied, Bd. I Art. 5 III 1 von 1844, Bd. II Art. 76 III 1 von 1844 und Bd. I Art. 28 III 1 von 1882.

[80] Z. B. zwei Metzger: Familie Reusch. AG Neuwied, Grundbuch Neuwied, Bd. III Art. 112 III 1 von 1858; Art. 110 III 1 von 1883. Je ein Bäcker: Clem. Jac. Reichard, Bd. III Art. 114 III 2 von 1871, und Adolph Remy, Bd. III Art. 143 III 1 von 1878 sowie 2–4 von 1880.

[81] Besonders häufig aus den 1870er Jahren. AG Neuwied, Grundbuch Neuwied, Bd. III Art. 133 III 1 von 1864, Art. 117 III 4 von 1865, Bd. I Art. 29 III 1 von 1868, Art. 20 III 5 u. Art. 22 III 1 von 1870, Bd. II Art. 68 III 1 u. Art. 79 III 1 sowie Bd. III Art. 131 III 1 u. Art. 145 III 1 von 1872, Bd. II Art. 92 III 2 von 1876.

[82] Strüder (Druck und Verlag, Herausgabe der Neuwieder Zeitung, Buchhandel) als Schuldner bei Reusch. AG Neuwied, Grundbuch Neuwied, Bd. I Art. 26 III 1 von 1864; als Gläubiger z. B. Bd. II Art. 91 III 5 von 1891, Bd. I Art. 22 III 3 von 1895. Stelting als Schuldner mehrerer Darlehen bei Ferdinand Reusch Notizbuch fol. 25 von 1882–1896 (s. a. fol. 2 von 1848), und als Gläubiger z. B. Grundbuch Neuwied, Bd. II Art. 66 III 3 u. 4 von 1881 u. 1882; Art. 95 III 5 von 1891; Bd. IV. Art. 192 III 5 von 1901; Grundbuch Heddesdorf, Bd. 25 Art. 1169 (Arn. Georg) III 4 u. 6 von 1901 u. 1903; zu Stelting: „Sein Colonialwarengeschäft hat Stelting ... günstig verkauft u. wird ... auch seine Geldgeschäfte abwickeln, um als Rentner zu leben." Bericht der Reichsbank-Nebenstelle Neuwied, 14.11.1900, Akten LZB Koblenz; Adreßbuch 1899, S. 79.

[83] Finanzierung des Neubaus 1825 (heutiges „Heimathaus"), MAIER, S. 36 f., des Ballsaales 1850, ebd. S. 47; zu den Zeichnern von Aktien gehörten Mitglieder des Hauses Wied und bekannte Bürger der Stadt. Unter Darlehensgebern u. a. Obristlieutenant Thorn (s. Anm. 53 u. 57) und Eduard Freudenberg, MAIER, S. 46, sowie F.W. Völcker (s. Anm. 48), Adolph u. Julius Remy, AG Neuwied, Grundbuch Neuwied, Bd. I Art. 11 III 1 von 1849, 2 von 1879 sowie 3 u. 4 von 1900 u. 1910; zu Adolph R. s. Anm. 76.

[84] BECK, S. 39.

[85] BECK erwähnt ihn – ohne Vornamen – an zwei Stellen: S. 39 u. 100, hier als Lotterieeinnehmer. Die Fürstlich Wiedi-sche Rentey bzw. Cameral Rechnung weist Loskäufe des Fürsten aus (z. B. 1815, S. 98 No. 195; 1830, S. 169 Beleg 250; interessant 1819, S. 1 Nr. 156), für die K. mit den Initialen seiner Vornamen J.P. quittiert. Belege in den entsprechenden Beleg-Sammlungen. Johann Peter Ludwig Stephan Kraetzer – so schrieb er selbst seinen Nachnamen –, 1789–1855. AEM, Register der Ev. luth. Gemeinde, Bd. 1788–1820, Geburten und Taufen, Nr. 41 aus 1789; Bd. 1838–1861, Sterberegister, S. 73, Nr. 23 aus 1855. Sein Vater war Perückenmacher (1789, Nr. 41), ein als Folge der Französischen Revolution allmählich aussterbendes Handwerk – war dadurch das Interesse des Sohnes für das Geschäft mit dem Geld als solchem geweckt worden? Übrigens nicht zu verwechseln mit Jacob Kraetzer, der 1823 starb.

[86] Der gewerblich-industrielle Zustand der Rheinprovinz im Jahre 1836. Amtl. Übersichten, Hrsg. GERHARD ADELMANN, Bonn 1967, S. 258 ff.; WOLFRAM, S. 49 f. AEM, Register der Ev. luth. Gemeinde, Bd. 1788–1820, Eheschließungen Nr. 16 aus 1819. Die Firma ist nicht zu verwechseln mit dem branchengleichen, familiär verbundenen Unternehmen Joh. Gottfried Siegert & Sohn, das – zu Henkel, Düsseldorf, gehörig – bis in die jüngste Zeit bestanden hat. 175 Jahre Siegert & Cie. GmBH. Neuwied am Rhein, Darmstadt 1952.

[87] Z. B. FWA, Rentei-Rechnung 1827, S. 326, Nr. 3275, Cameral Rechnung 1830, Beleg 3364.

[88] AEM, Register Ev. luth. Gemeinde 1788–1820, Geburten u. Taufen 1820 Nr. 32/33; er war Mitglied (als Jean Krätzer in der ersten vollständigen Mitgliederliste von 1822) und 1823 Vorsteher, 1826 Rechnungsführer der Casino-Gesellschaft. MAIER, S. 15 ff.; FWA, Rentey Rechnungs-Belege 1826, Nr. 259. Sein Name übrigens auch auf der Subscriptions-Liste zu JOHANN STEPHAN RECK: Geschichte der Gräflichen und fürstlichen Häuser Isenburg, Runkel, Wied, verbunden mit der Geschichte des Rheinthals zwischen Koblenz und Andernach von Julius Cäsar bis auf die neueste Zeit, Weimar 1825.

[89] CASSINO, S. 42. Wechsler haben ihre Geschäfte an den kleineren rheinischen Plätzen noch in den sechziger Jahren betrieben. KÄHLER, S. 524.

[90] Wohl Salomon Gideon, um jene Zeit Rechner der Jüdischen Gemeinde. FRANZ REGNERY: Jüdische Gemeinde Neuwied, Neuwied 1988, S. 126.

[91] Nicht näher bekannt; handelt es sich um Ferd. Funke, der im Volksblatt vom 10.6.1849 auf sein Lager in grauem Nessel hinweist?

[92] AEM, Kirchenbuch Ev. ref. Gemeinde, Bd. 1788–1819, Geburts- u. Taufregister, S. 58, No. 20. Vater Johann Wilhelm Caesar, dessen Aszendenz der unveröffentlichten Geschichte der Familie Caesar. Nachkommen des Theodor Caesar (geb. zu Oettingen 1587, gest. zu Braunsberg 1624) von LISA CAESAR, Dinckelsbühl 1988, zu entnehmen ist (dort Beil. Nr. 3 zu 34; Johannes Caesar ist unter seinen Nachkommen nicht verzeichnet).

[93] KÄHLER, S. 524.

[94] AEM, Kirchenbuch Ev. ref. Gemeinde, Bd. 1820–1845, Trauungen, S. 269, 13.5.1823: „Bürger und Handelsmann". Der Rasselstein zieht im Auftrag des Bankhauses Jonas Cahn, Bonn, eine kleine, auf ihn gezogene Tratte ein. ARAG, Copier-Buch, Brief, 5.12.1823, fol. 247.

[95] Briefkopf des Briefes 1.12.1851 an die Städtische Sparkasse. Archiv Sparkasse Neuwied, Acta specialia der Bürgermeisterei Neuwied betreffend Neuwieder Sparkasse; allgemein HANS TRUMPLER: Festrede bei Gelegenheit der 100–Jahr-Feier der Handelskammer zu Frankfurt a. M. In: Mitteilungen der Handelskammer zu Frankfurt a. M., 31. Jg. (1908), S. 94 ff.; KRÜGER, S. 49; KÄHLER, S. 523.

[96] 1862/63 zahlte ihm die Casino-Gesellschaft ein Anlehen von 2500 Tlr (zum Ankauf von Wein) zurück, MAIER, S. 57. Er war es wohl auch, der sich 1850 mit der Zeichnung von zwei Aktien à 25 Tlr an der Finanzierung des Ballsaales im Casino-Gebäude beteiligt hat. Ebd., S. 47. Zur Adresse NZ, 11.1.1852.

[97] Briefe Julius an Ferdinand Reusch von 1870/71. Auszug über den Verbleib des ... Vermögens, im Besitz von Dr. Hüttenbach; Brief an Ferdinand Reusch, 15.6.1869, Notizbuch, fol. 17. Wechsel-Inkasso: Brief an Städtische Sparkasse, 29.1.1868. Archiv Sparkasse, Acta specialia der Bürgermeisterei pp.

[98] Der Bürgermeister beauftragte ihn mit der Anlage von Mitteln des Pensionsfonds der Lehrer der Höheren Bürgerschule. Archiv Sparkasse, Gründungsakte, Korrespondenz, 1865. Sein Sohn vermittelt Ferdinand Reusch eine Hypothek. Brief, 15.6.1869, Besitz Dr. Hüttenbach, Notizbuch, fol. 17 mit Notizen des Empfängers.

[99] Die Protokollbücher des Heddesdorfer Wohlthätigkeits-Vereins 1854–1865. Das Protokollbuch des Vorstands. Hrsg. WALTER KOCH, St. Wolfgang 1989. Sitzungen 3.2.1858, S. 39 f., u. 14.7.1858, S. 45. Die Protokollbücher des Heddesdorfer Darlehnskassen-Vereins 1864–1899. Das Protokollbuch des Vorstands des 1. Heddesdorfer Darlehnskassen-Vereins. Hrsg. ders., St. Wolfgang 1990. Sitzung 6.12.1868, S. 92 f., u. 3.3.1869, S. 100. Neben Kontokorrent Aktiv- und Passivgeschäft, jeweils gegen Schuldschein.

[100] AEM, Kirchenbuch Ev. ref. Gemeinde, Bd. 1820–1845, Geburts- und Taufregister, S. 195, Nr. 23 aus 1837, wo er bei Gelegenheit der Geburt seines sechsten Kindes erstmals als „Stadt-Cassirer" bezeichnet wird. Unter dieser Amtsbezeichnung (mit dem Zusatz „Wohlgeboren") ist ein Brief des Bürgermeisters an ihn unter dem 14.1.1850 adressiert. Archiv Sparkasse, Gründungsakte.

[101] S. 20.

[102] Agenturen mehrerer Versicherungsgesellschaften: Kölnische Feuer u. Kölnische Hagel (jeweils Hauptagentur; z. B. NZ, 19.4. u. 25.5.1854), Aachener und Münchener Feuer (z. B. Volksblatt für Stadt und Land, Neuwied, 27.7.1850, u. NZ, 19.8.1855), Union allgemeine deutsche Hagel zu Weimar (z. B. NZ, 2. u. 9.4.1854), Berlinische Leben (z. B. Volksblatt, 29.6.1849, u. NZ, 4.11.1855), Preußische Renten-Versicherungs-Anstalt (z. B. Volksblatt, 12.8.1849, u. NZ, 12. u. 14.5.1865) sowie mehrerer rheinischer Schiffahrtsgesellschaften, u. a. der Düsseldorfer Dampfschiffahrts- (CASSINO, S. 42; z. B. NZ, 18.1.1852), später Rhein-Dampfschiffahrt Kölner & Düsseldorfer Gesellschaft (NZ, 5.6.1867) und der London-New York-Postschiff Linie für Preußen (Hauptagentur konzessioniert 1851; NZ, 11.-21.1.1852, s. a. Volksblatt, 4.8.1850). Als „Stadt-Cassirer" und mit Nachrichten seiner Agenturen erscheint Caesar oft mehrmals im Monat in der NZ, selten dagegen mit Finanzanzeigen, z. B. 20.3.1870 u. 18.1.1872. Zur „Fliegenden Brücke" Volksblatt, 27.1. u. 27.2.1850.

[103] Für 1837 AEM, Kirchenbuch Ev. ref. Gemeinde, Bd. 1820–1845, Geburts- und Taufregister, S. 195, Nr. 23.

[104] AEM, Kirchenbuch Ev. ref. Gemeinde, Bd. 1857–1868, Sterberegister S. 233, Nr. 42. Das Erbbegräbnis ist erhalten.

[105] RUDOLF LÖHR: Geschichte der Evangelischen Kirchengemeinde Neuwied, Neuwied 1958, S. 61.

[106] AEM, Kirchenbuch Ev. ref. Gemeinde, Bd. 1820–1845, Geburts- u. Taufregister, S. 72 Nr. 50; Mutter: Johanette Catharina geb. Hechtmann; Paten u. a. Johann Wilhelm Caesar, „Buchhalter auf dem Remy'schen Comptoir", d.h. bei H.W. Remy & Cons. „zu Rasselstein", Mitglied der städtischen Deputationen zur Einschätzung der Communal-Einkommensteuer und der Finanz-Deputation.

[107] Brief, 13.5.1861, Archiv Sparkasse, Gründungsakte.

[108] ABN BA-II-13, S. 253.

[109] Johannes C.: MAIER, S. 47 für 1850; Johann Wilhelm C.: ders., S. 61 für 1878. Wie in anderen rheinischen Städten vereinten sich in der Casino-Gesellschaft Bürger der Oberschicht zur Pflege der Geselligkeit. Der Bankier Friedrich Ludwig Bassermann, übrigens Schwiegersohn des aus Neuwied stammenden Johann Wilhelm Reinhardt, als Mitglied des Mannheimer Casinos. LOTHAR GALL: Bürgertum in Deutschland, Berlin 1989, S. 184, 195 ff. u. 126; Aachener Bankiers als Mitglieder des dortigen Casinos. BRÄUTIGAM, S. 20.

[110] OTTO HÜBNER: Die Banken, Leipzig 1854, Vorwort.

[111] Die Protokollbücher des Heddesdorfer Wohlthätigkeits-Vereins 1854–1865. Das Protokollbuch des Vorstands, Sitzung vom 3.2.1858, S. 39 f.: „An den Banquier Johs Cäsar zu Neuwied wurde unterm heutigen sein Rechnungs-Auszug

für richtig erklärt ...". Der erste Rendant des Heddersdorfer Darlehnskassen-Vereins, der Lehrer Lauf, im Rückblick: „Der Verein trat in laufende Rechnung mit dem Kaufmann Johannes Cäsar in Neuwied. Nach dessen Tode wurde F.A. Bender Banquier des Vereins ...". Das Protokollbuch der Generalversammlung, Hrsg. WALTER KOCH, St. Wolfgang 1989, Sitzung, 3.6.1894, S. 149 ff., 157. Tatsächlich wurde die Geschäftsverbindung mit dem Sohn Johannes Caesars über die zu Bender hinaus fortgesetzt: Prot. VS Heddersdorf I, 6.12.1868, S. 93 (Rückzahlung von 4.500 Tlr), u. 3.3.1869, S. 100 (Rückzahlung von rd. 850 Tlr), sowie Prot., 4.3.1868, S. 71. Einen Bankier des Vereins erwähnt ohne Namensnennung Raiffeisen selbst: Die Darlehnskassen-Vereine als Mittel zur Abhilfe der Noth der ländlichen Bevölkerung sowie auch der städtischen Handwerker und Arbeiter, Neuwied 1866, S. 55 f. J.W. Caesar als „Banquier und Stadtverordneter": ABN, Kirchenbuch Ev. Brüdergemeine, „Begraben", Nr. 1180. S. a. WALTER STEINERT: Das städtische Oberlyzeum Neuwied. In: Jubiläumsausgabe der Rhein- u. Wied-Zeitung, 26.9.1925; JOHANNES JACOBI: Die Höheren Schulen. In: 300 Jahre, S. 395 ff., 415. Er war Mitglied des Kuratoriums der höheren Töchterschule, NZ, 1.5.1872 u. 30.1.1880, und hatte deren Gründung mit einem zinslosen Kredit gefördert.

[112] Z. B. Herrnhuter Brüdergemeine, ABN BA-II-13 S. 253; Julius Reusch: „... empfing ich vom Schaaffhausenschen Bankverein die Nachricht, daß Du durch H(errn) Caesar hier Tlr 2.000.- an ihn, für mich hast einzahlen lassen." Brief an Ferdinand R., 30.9.1871; so ähnlich auch in Auszug über den Verbleib des ... Vermögens, Besitz Dr. Hüttenbach. Ferdinand Reusch (s. Anm. 97): „Herr Johann Wilhelm Cäsar", aber auch: „Firma Johannes Cäsar". Briefanschrift „Johs Cäsar" s. Anm. 100. Brief J.W. Caesars an den Verwaltungsrat der Sparkasse, 29.1.1868: „mich bestens empfohlen haltend". Archiv Sparkasse, Acta specialia der Bürgermeisterei.

[113] In dem Anm. 112 genannten Brief, 29.1.1868, versichert J.W. Caesar, er werde „bemüht sein ..., das Interesse meiner Freunde ... zu wahren".

[114] Todesanzeige NZ, 20.8.1880; s. a. „Civilstand der Stadt Neuwied", NZ, 6.9.1880 (dort „Kaufmann"). Grab auf dem Gottesacker der Ev. Brüdergemeine, III 4/8. Seine Frau Emilie geb. Schwasinger war ihm 1875 im Tode vorausgegangen. AEM, Kirchenbuch Ev. ref. Gemeinde, Bd. 1868–1886, Sterberegister, S. 659, Nr. 28. Seine fünf Kinder lebten außerhalb von Neuwied. Das unbelastete Familiengrundstück Rheinstraße 33 u. 33a wurde 1887 verkauft. AG Neuwied, Grundbuch Neuwied, Bd. I Art. 6 und dazugehörige Grundakten, insbes. die Erklärung des Bruders Julius Caesar, Bl. 4.

[115] AEM, Kirchenbuch Ev. ref. Gemeinde, Bd. 1788–1819, Geborene und Getaufte, S. 142, Nr. 2.

[116] Johann Andreas Bender sen., „Bürger und Fabrikant". AEM, Kirchenbuch Ev. ref. Gemeinde, Bd. 1820–1845, Proclamiert und copuliert, 24.10.1834, S. 299; „Siamosen-Fabrick u. Neßeldruckerei 20 Stühle". Verzeichnis der in der Stadt und Bürgermeisterei jetzt in Betrieb befindlichen Fabrick-Anstalten aller Art von 1836, abgedruckt in 300 Jahre, S. 198 f.; der dort genannte Johannes B. derselben Branche ist sein ältester Sohn. AEM, Kirchenbuch Ev. ref. Gemeinde, Bd. 1788–1819, Geborene und Getaufte, S. 142, Nr. 2, Rasselstein, S. 20, Anm. 132 für 1823/24; RECK, S. 38 ff. für 1825; CASSINO, S. 40 für 1851. Mutter: Anna Christine Schaumburg

[117] „Um dem von mir seit Jahren geführten Leinwand-Geschäfte eine größere Ausdehnung zu geben", erweiterte er sein Geschäftslokal. Volksblatt, 22. u. 24.7.1849; „Manufakturwaren Handlung" CASSINO, S. 41 f. für 1851; „Manufactur- & Modewaren-Handlung". Anzeigen z. B. in NZ, 9., 12. u. 30.4. sowie 3. u. 5.5.1865. Anzeigen z. B. auch Volksblatt, 18.7.1849, 26.4., 28.4., 5.5.1850; NZ, 13.8., 15.9.1854, 9.4.,12.4.1865 sowie 9.1.1870.

[118] Sucht niederländische Münzen. Volksblatt, 28.6.1850; bietet „amerikanischen Auswanderern" französisches und amerikanisches Gold an. NZ, 28., 31.3., 1.4.1852; Wechselgeschäft z. B.Volksblatt, 26., 28.6., 3.7.1850; NZ 2., 7., 28.3.1855 sowie 22.3.1865.

[119] Volksblatt, 26.6., 28.6., 3.7.1850.

[120] Volksblatt, 26.6., 28.6., 3.7.1850; z. B. auch NZ, 28., 31.3., 1.4.1852 sowie 2., 7. u. 28.3.1855.

[121] S. a. Volksblatt, 5. u. 7.3.1851: „Ein- und Verkauf von Staatspapieren, Eisenbahn- und Dampfschiffahrts-Aktien besorgt mit geringer Provision der Unterzeichnete J.A. Bender Sohn".

[122] Erstmalige Nennung im Prot. VS Heddesdorf I, 7.2.1866, S. 21, unter Bezugnahme auf Fälligkeit 8.1.1866; Prot., 4.3.1868, S. 71: „... bestimmt, unser Guthaben bei J.A. Bender Sohn mit 469 Thlr. 34 Sgr. zu erheben ...", was vermutlich die Beendigung der Geschäftsverbindung bedeutet hat. Dazwischen mehrere Transaktionen, u. a. Prot., 1.8.1866, S. 32: „... sollen ... zur Deckung aller dieser Auslagen bei J.A. Bender 800 Thlr. aufgenommen werden". Größter Einzelbetrag: 950 Tlr Rückzahlung, Prot., 9.12.1866, S. 37. „Banquier" bzw. „Bankier", Prot., S. 26, 27, 42, 54. Lauf (s. Anm. 111): „Nach dessen (scl. Johannes Caesars) Tode wurde der Kaufmann F.A. (!) Bender ... Banquier des Vereins, aber nur für kurze Zeit". Die Verbindung bestand aber schon vor dem Tode Caesars 1867 (erstmalige Nennung Anfang 1866).

[123] Zur Geschichte des Bauwerks BRUNO ZEITZ: Vom Plateau D'Alterheim zum Altenheim Johanneshöhe, Neuwied 1991, S. 8, mit Photos aus den 1860er Jahren. An der Stelle der „Louisenhöhe" heute das genannte Altenheim.

[124] Käufer Regeniter & Hengstenberg. NZ, 6., 9. u. 11. sowie 13. u. 20.2.1870; s. a. 27.3.1870. Bei ZEITZ, S. 10 f., ist die Vermietung der Wohnung gemeint.

[125] In seiner notariellen Generalvollmacht an seine Frau, 20.4.1870, wird er als „Kaufmann jetzt Rentner ... früher handelnd unter der Firma J.A. Bender Sohn in Neuwied" bezeichnet. AG Neuwied, Grundakten, Nr. 200 betr. die Kataster-Gemeinde Hüllenberg; Grundbuch Neuwied, Bd. VII Art. 335, Bl. 20 verso. Nach diesem Zeitpunkt keine Finanzanzeigen in NZ. Sein Sohn Julius wird in einer notariellen Urkunde vom 9.11.1875 ebenfalls als Rentner bezeichnet. Ebd., Bl. 23. Rentner ist hier als nicht berufstätige, von Einkünften aus Vermögen lebende Person zu verstehen.

64

[126] LHA Best. 15/7, Kirchenbuch. Gestorben 1876–1895, S. 306/307; No 23. Todesanzeige NZ, 8.7.1884. Erbin: seine Ehefrau Luise geb. Dicke aus Lüdenscheid.

[127] ALEXANDER WIRMINGHAUS: Wirtschaftsgeschichte. In: Tausend Jahre Deutscher Geschichte und Deutscher Kultur am Rhein. Hrsg. Aloys Schulte, Düsseldorf 1925, S. 514.

[128] Adreßbücher 1896 (S. 98, 105, 110), 1899, 1902, 1905 u. 1909 (S. 120, 131, 137). REGNERY, S. 234 u. 461; Grab Aron L. auf dem jüdischen Friedhof in Neuwied-Niederbieber. In den zwanziger Jahren taucht kurzfristig ein Kaufmann David Nathan als Inhaber einer „Rheinischen Wechselstube", Engerser Straße 18, auf. Adreßbuch 1922, S. 163, 75. Nachfolger im weiteren Sinne sind vier im Handelsregister eingetragene Unternehmen und 59 nicht eingetragene „Kleingewerbetreibende", die 1992 als Kreditvermittler im Kreis Neuwied der IHK zu Koblenz zugehörten. Strukturzahlen Kammerbezirk Koblenz für 1992, S. 10 f.

[129] Frankfurt als „Vorposten der süddeutschen Guldenländer". ERICH ACHTERBERG: Der Bankplatz Frankfurt am Main, Frankfurt/Main 1955, S. 35.

[130] Für Metzler ACHTERBERG, S. 45. Verbindungen des Hauses Wied zu den Bankhäusern J.D. de Neufville und Chiron Sarasin, beide Frankfurt a. M., s. Tabelle 4.

[131] Rasselstein, S. 17 mit Anm. 100; SCHRÖDER, S. 56 ff.

[132] Zu den Währungsverhältnissen s. S. 9; zu den Zollverhältnissen: Rasselstein, S. 14; zur Umorientierung des Rasselstein seinen Brief an Gebr. Zickwolff, Frankfurt a. M., ARAG, Copier Buch, fol. 124, und Rasselstein, S. 13 f. mit Anm. 65 u. 74. PETERS, 125 Jahre, S. 32, zu einseitig: „für den Geldhandel waren zuständig die Banken in ... Köln.

[133] KRÜGER, passim, u. a. S. 13 ff.; KLARA VAN EYLL: Kölner Banken im 19. Jahrhundert und ihr Einfluß auf die Industrialisierung in der Rheinprovinz. In: Mitteilungen der Industrie- und Handelskammer zu Köln, 1973, S. 250 ff.; WILFRIED FELDENKIRCHEN: Kölner Banken und die Entwicklung des Ruhrgebiets. In: ZUG, 1982, S. 81 ff., 85.

[134] S. S. 49.

[135] Benjamin Metzler seel. Sohn & Co. FWA 58–4–2 von 1802; neben Metzler waren J.D. de Neufville und Johann Georg Sarasin an Wied-Runkel'schen Obligationen von 1804 beteiligt. 57–11–19. Seit 1804 regierte Fürst August zu Wied (1779–1836).

[136] Schreiben des Baron Stockum, 12.10.1825, FWA 57–11–19.

[137] H-Zinsen z. B. 1818, S. 6 fl. 201.49 Kr., 1820 No. 13 fl. 95.2 Kr. u. 1830 fl. 40.48 Kr.; S- Zinsen 1841 Nr. 3289 fl. 72.29 Kr.

[138] Bewegungen z. B. FWA, Rentey-Rechnungsbelege 1826, No. 173 u. 241; Cameral-Rechnungs-Belege 1829 Nr. 169; s. a. das Anm. 136 genannte Schreiben und den Brief der Rentkammer an Christoph Reusch, 26.2.1846, 60–3– 26.

[139] FWA 60–3–21 u. 22; Cameral Rechnung 1829, S. 173, Nr. 169 u. 1830, S. 147. Der Fürst zu Wied hatte die Renten als Entschädigung für Feudalabgaben erhalten, die unter der Nassauischen Herrschaft aufgehoben worden waren. Motiv für den Verkauf war nicht der Zins, sondern das langfristige Risiko und die rationellere Refinanzierung durch Abdeckung der Vielzahl örtlicher Verbindlichkeiten aus dem Anleiheerlös. Der Preis – = ca. Pr. Tlr 245 000,– entsprach etwa dem 22,2–fachen des jährlichen Nettozinsertrages.

[140] Das „Anlehen" vom 25.3.1835 mit einer Stückelung von Pr. Tlr 1.000,– bis 100.- (Lit. A-E) wurde 1836–1895 in Jahresraten durch Verlosung getilgt. Zinscoupon Mai/Nov. Als Sicherheit wurden Einkünfte aus Waldungen und Gütern sowie königl. preußischen Renten über insgesamt Pr. Tlr 53.639 8 Sgr. 4 Pf. p. a. verpfändet. Provisionen für Rothschild: 6,5 % für das Placement, 1/3 % p. a. für Zins- u. Tilgungsdienst, jeweils auf den Betrag. Genehmigung des Königs von Preußen, 24.5.1836. FWA 60–4–7 bis 11 sowie 60–5–1 bis 10; Cameral Rechnung 1835 S. 148 Nr. 174; z. B. auch Cameral-Rechnungs-Belege 1842, Nr. 2870–72. Die Anleihe ist in dem vom Verfasser, Christian Wilhelm Berghöffer, in unvollständig bezeichneten Anleihe-Kalender von M.A. von Rothschild & Söhne enthalten. Meyer Amschel Rothschild, 2. Aufl., Frankfurt a. M. 1923, Aufstellung abgedruckt in ACHTERBERG, S. 150 f., 153. Von Beginn 1817 bis 1835 einschl. sind darin 63 weitere Emissionen enthalten, von welchen nur sechs über einen höheren und eine über einen gleichhohen Betrag lauten. Bei der Wiedischen und einer gleichzeitigen Fürstenbergischen Anleihe, jedoch keineswegs generell ging Rothschild auf 3 ½ % herab; das Haus Wied dürfte als gutes Risiko eingeschätzt worden sein.

[141] Die „Matrikel über die im Cours befindlichen sämmtlichen Fürstlich Wiedischen Partial-Obligationen pp" läßt erkennen, daß mehr als ein Drittel des Anleihebetrages im wesentlichen durch die Rentkammer selbst in Neuwied und Umgebung untergebracht wurde, so z. B. bei Mitgliedern der Fürstlichen Familie (Pr. Tlr 33.000,–), dem Presbyterium der älteren ev. Kirchengemeinde (20.700,–; s. Anm. 55) und dem Schwesternhaus der Neuwieder Brüdergemeine (5.000; s. Anm. 54), der Familie Barensfeld (62.300.-; Verwandte der Familie Remy, deren Vermögen aus der Blechwarenfabrik Remy & Barensfeld stammte), Christoph Reusch (59.700.-; s. Anm. 69); dem Vorsteher der Brüdergemeine, Merian (7.500.-). FWA 60–4–8.

[142] Pr. Tlr 30.000.- 1869–1871 gegen Verpfändung von Renten, ursprünglich zu 4 ½ % p. a. zuzüglich 1/3 % Provision, verlängert 1870 zu fünf Prozent zuzüglich ½ % Provision FWA 94–11–2 u. 13. Pr.Tlr 50.000.- 1870 im Auftrage der Herzoglich Nassauischen Finanz-Kammer, Biebrich. FWA 60–4–5; die Häuser Wied und Nassau waren verwandt. Fürst Wilhelm zu Wied, geb. 1845, 1864/69–1907.

[143] FWA 60–4–7; Belege z. B. Cameral-Rechnung 1829, Nr. 169; Rechnungsauszüge für 1874 u. 75 s. Anm. 30.

[144] Schreiben Rothschild an Rentkammer, 25.2.1836. Abschrift in FWA 60–5–3. S-Zinsen fünf Prozent, ab 1852 vier Prozent p. a.; H-Zinsen vier Prozent, ab 1852 drei Prozent p. a. FWA 60–5–2, 8.5. bis 28.8.1852.

[145] Korrespondenz aus 1848 in FWA 60–5–1, aus 1859 in 60–5–3. Dazu EGON CAESAR CONTE CORTI: Das Haus Rothschild in der Zeit seiner Blüte. 1830–1871, Leipzig 1928, S. 271 ff., 285, 393 ff., 403. Das Schreiben von 1859 datiert vom 2.5., dem dritten Tag nach Ausbuch des Krieges Sardiniens und Frankreichs gegen Österreich. Fürst Hermann zu Wied, geb. 1814, 1836–64.

[146] FWA 94–11–2.

[147] Der Fürst verfügte in den vierziger und fünfziger Jahren über einen Kredit bei N.M. Rothschild & Sons, London. FWA 60–5–1. Ein Kreditbrief des Frankfurter Hauses begleitete Erbprinz Wilhelm 1866 auf seine Bildungsreise nach Italien und in den Vorderen Orient. 112–1–9 (BERNHARD GONDORF: Vom Rhein an den Nil. Die Bildungsreise des Fürsten Wilhelm zu Wied. In: Veröffentlichungen des Landesmuseums Koblenz, 1989, S. 127 ff.); ein weiterer das Fürstenpaar 1878 nach Italien, Rumänien und Böhmen (82–3). S. a. 94–12–11 von 1891 bis 1900, darin auch Auslandszahlungen über Metzler.

[148] FWA 60–5–1; FRITZ SEIDENZAHL: 100 Jahre Deutsche Bank 1870–1970, Frankfurt a. M. 1970, S. 308.

[149] Rasselstein, S. 16 ff.

[150] Rasselstein, S. 20.

[151] Rasselstein, S. 69, 76 ff.; Tabelle 4.

[152] Rasselstein, S. 79 ff.

[153] S. Anm. 23, 47 u. 59; LHA Best. 441, Nr. 17616; HANS ULRICH WEHLER: Deutsche Gesellschaftsgeschichte, Bd. 2, München 1987, S. 78; THOMAS NIPPERDEY: Deutsche Geschichte 1800–1866, 2. Aufl., München 1984, S. 187; Rasselstein, S. 6 f.

[154] FWA Rentey Rechnung 1823 S. 43; Cameral Rechnung 1830 S. 126.

[155] Rasselstein, S. 81 ff.

[156] Rasselstein, S. 18 ff u. 25 f.

[157] Rasselstein, S. 20.

[158] KRÜGER, S. 54, leider ohne Quellenangabe.

[159] S. Anm. 44 u. 54.

[160] ABN BA-II-11 bis 14 von 1811–1900 u. 15 von 1823–1892; BA-II-11, S. 260; -12, S. 87 ff. u. 110; -13, S. 44 ff. u. 181; -14, S. 53, 152 u. 184 ff. Sämtliche Schreiben der Bank von1819–1829 sind im Original erhalten. VA Karton 21 u. 22.

[161] Bis 1875 im Geschäft. ABN BA-II-13, S. 177 u. 182 sowie -14, S. 55.

[162] Ab 1877 ABN BA-II-14, S. 141, 162 f., 225, 243 ff., 295.

[163] Levin v. Goldschmidt (1866–1868 im Geschäft) ABN BA-II-13, S. 204, sowie Gewerbebank Schuster & Cie (1868–1870) BA-II-13, S. 205.

[164] Bis 1894 im Geschäft ABN BA-II-14, S. 54, 150 f., 207 f., 246; s. a. BA-II-13, S. 260.

[165] 1869–1874 ABN BA-II-13, S. 253; s. Anm. 108, 112 u. 114.

[166] Ab 1887/88 ABN BA-II-14, S. 205, 218 f., 226, 262 f. u. 284.

[167] Die Concordia-Hütte, 1842 in Betrieb genommen, besteht unter der Firma Thyssen Guß- und Umformtechnik GmbH noch heute. Ihr Gründer, Oberbergrat Carl Lossem (1793–1861), war erster Obmann des Nassauischen Roheisenvereins. Zu Lossem: Geschichte meines Lebens und Wirkens, Hrsg. RAINER STAHLSCHMIDT, Düsseldorf 1988; darin auch – vom Hrsg. – 150 Jahre Concordiahütte 1838–1988, S. 79 ff. Zum Nassauischen Roheisenkartell J. FERFER: Die neuere Geschichte der Buderus'schen Eisenwerke. In: Vom Ursprung und Werden der Buderus'schen Eisenwerke Wetzlar. Hrsg. Buderus'sche Eisenwerke, Bd. 1, München 1938, S. 193 ff., 234 ff. In Bendorf trafen sich die Interessen der Neuwieder und Koblenzer Kreditinstitute. Reichsbank und LZB Neuwied sind seit jeher für Bendorf zuständig. Die Concordiahütte stand bis zur Übernahme des Finanzwesens durch Thyssen in Geschäftsverbindung zur Deutschen Bank Neuwied.

[168] Denkschrift zum fünfzigjährigen Bestehen des Weißblech-Verkaufs-Comptoirs bei Herrn J.H. Stein in Köln, Köln 1912; Rasselstein, S. 41. S. a. PETERS, Heimatchronik, S. 243 f., SCHNORBUS, S. 28. Walzwerk Germania: gegründet 1850 als Hütte Albion von John Player mit englischem Kapital, LHA Best. 441, Nr. 17664, in der Konjunkturkrise von 1857 durch Friedrich Buderus übernommen und 1877 stillgelegt. FERFER, Anm. 155.; Denkschrift Weißblech-Comptoir, S. 17 u. 51; WOLFRAM, S. 23 f., 33 ff.; SCHMITZ, 300 Jahre, S. 447 ff., 451; Heimatchronik, S. 243 ff. S. a. HERMANN KELLENBENZ: Wirtschafts- und Sozialentwicklung der nördlichen Rheinlande seit 1815. In: Rheinische Geschichte. Hrsg. Franz Petri u. Georg Droege, Bd. 3, Düsseldorf 1979, S. 1 ff., 51 u. 70.

[169] Protokolle der Aufsichtsratssitzungen, 1.7.1912–1.10.1934; Konsul von Stein vermutlich 1923–1931. Prot., 26.4.1931; Dr. Heinrich von Stein 1931–?. Prot., 4.8.1931. ARAG, Protokollbuch.

[170] ARAG, Copierbuch, Briefe an Cahn, 3.11. u. 30.10.1823, fol. 182 u. 174. Zum Hoch- und Deutschmeisterlichen wirklichen Hof- und Regierungsrath Konrad Joseph B. FWA 58–3–24; MAIER, S. 17 u. 26.

[171] FWA 60–4–10, 22.4.1836, übrigens ein Beleg für die relativ frühen „take-off" der rheinischen Industrie und seinen Reflex im Anlageverhalten des rheinischen Bürgertums.

[172] ROLF STRÜDER: Das Bild der Stadt Neuwied im Wandel der Zeiten. In: Bilder u. Gestalten, S. 5, 10. MEINHARDT, 300 Jahre, S. 230 f.; SCHMITZ, ebd., S. 447 ff. Für Engers: ENGELBERT LÜSSEM: Festbuch der Stadt Engers am Rhein. Zur 600–Jahrfeier der Stadtrechtsverleihung vom 1. bis 9. Juni 1957, Neuwied, S. 44. Allgemein: WERNER SOMBART: Die Deutsche Volkswirtschaft im Neunzehnten Jahrhundert und im Anfang des 20. Jahrhunderts, 4. Aufl., Berlin 1919, S. 79 ff.; NIPPERDEY, Deutsche Geschichte bis 1866, S. 198 ff.

66

[173] Neuwied wird zu einem Schwerpunkt der Metallindustrie und erlebt die Anfänge der Bimsindustrie. Heimatchronik, S. 220 f., 242 ff.

[174] S. Anm. 211.

[175] LHA, Best. 441, Nr. 18347; es handelt sich um den ersten Band der Akten, die beim Regierungspräsidenten in Koblenz über die Stadtsparkasse Neuwied für mehr als ein Jahrhundert geführt wurden. Der Regierungspräsident war als Kommunalaufsichtsbehörde auch für die Fachaufsicht über die Sparkassen zuständig, bis das Kreditwesengesetz sie 1934 auf das Reich übertrug, das sie durch das Aufsichtsamt für das Kreditwesen, Berlin, ausübte. Zur Geschichte der Sparkassen allgemein ADOLF TRENDE: Geschichte der Deutschen Sparkassen bis zum Anfang des 20. Jahrhunderts, Stuttgart 1957; JOSEF WYSOCKI: Untersuchungen zur Wirtschafts- und Sozialgeschichte der deutschen Sparkassen im 19. Jahrhundert, Stuttgart 1980; JÜRGEN MURA: Entwicklungslinien der deutschen Sparkassengeschichte, Stuttgart 1987; GÜNTER ASHAUER: Von der Ersparungscasse zur Sparkassen-Finanzgruppe. Die deutsche Sparkassenorganisation in Geschichte und Gegenwart, Stuttgart 1991.

[176] Der Regierungs-Rath Heuberger LHA, Best. 441, Nr. 18347, S. 15 f. Zu dem bedeutenden Johann Wilhelm Eberhard H., 1767–1849, WIRTGEN S. 170 ff.

[177] LHA, Best. 441, Nr. 18347, S. 17; mit „einigen christlichen, vermögenden Einwohnern hieselbst" als „Consorten". Ebd., S. 16.

[178] Ebd., S. 15.

[179] Ebd., S. 20, 12 ff. 150 Jahre Städtische Sparkasse Koblenz 1804/1954, Koblenz 1954. Diese – Koblenz gehörte z. Zt. ihrer Gründung zur Französischen Republik – stand über deren Sparkassenwesen in der Tradition der montes pietatis der geistlichen Orden (S. 17). Sparkassen und städtische Leihhäuser im Rheinland allgemein TRENDE, S. 97. S. a. ASHAUER, S. 39 f.

[180] LHA, Best. 441, Nr. 18347, S. 9.

[181] Ebd., S. 1, 11.

[182] Heuberger in einem Brief an den Bürgermeister, Entwurf, 6.2.1824, am Rande des Gesuchs. Ebd., S. 17, 18 sowie 2.

[183] Ebd., S. 18.

[184] Protokoll der Sitzung des Magistrats. Ebd., S. 23 ff., 25 f.

[185] Antwort der Bezirksregierung, Entwurf, 26.3.1824, ebd., S. 1 am Rande.

[186] Ebd., S. 18.

[187] Ebd., S. 9 (das Wort Sparkasse ist im Original unterstrichen).

[188] Gesetzsammlung, 1839, No 1, pag. 5–14; Text u. Kommentar bei HUGO VON KNEBEL DOEBERITZ: Das Sparkassenwesen in Preußen, Berlin 1907. In der Nachbarschaft außer in Koblenz z. B. in Trier 1825, Köln 1826 u. Bonn 1844. Die Sparkasse Linz am Rhein – gegründet 1852 – geht in den Anfängen auf das Jahr 1845 zurück. Informationsblatt 125 Jahre Stadtsparkasse Linz – Rh. 1852–1977. Hrsg. Stadtsparkasse Linz. S. a. HERMANN KELLENBENZ, Wirtschafts- und Sozialentwicklung, S. 9 ff., 62 f., und GERTRUD MILKEREIT: Sozial- und Wirtschaftsentwicklung. Beide in: Rheinische Geschichte, Bd. 3, S. 193 ff., 270 ff. Zur wirtschaftlichen Situation im Rheinland der vierziger Jahre aus der Warte einer Bank: MICHAEL STÜRMER, GABRIELE TEICHMANN, WILHELM TREUE : Wägen und Wagen. Sal. Oppenheim jr. & Cie. Geschichte einer Bank und einer Familie, München u. a. 1989, S. 107–111 u. 116 ff.

[189] Die früher gegründete reformierte Gemeinde im Gegensatz zur jüngeren lutherischen. BEATE ESCH: Die evangelischen Pfarrgemeinden. In: 1816–1986 Landkreis Neuwied. Beiträge zur Kreisgeschichte, Neuwied 1986, S. 132 ff., 133 f.

[190] Archiv Sparkasse, Gründungsakte, S. 1–3; abgedruckt – teilweise im Original – in 125 Jahre, S. 32 ff. Reglement von 1838, Nr. 12, Abs. II: „... der eigentliche Zweck der Sparkasse, die ärmere Klasse zur Sparsamkeit anzureizen".

[191] Archiv Sparkasse, Gründungsakte, Brief, 18.10.1845, im Auszug – zum Teil auch im Original – abgedruckt in 125 Jahre, S. 36 f.

[192] Bekanntmachung über die „Sparkasse in Neuwied", 3.2.1848, im Neuwieder Intelligenz- und Kreisblatt, 7.2.1848, im Original abgedruckt in 125 Jahre, S. 42; bei WALTER EGGERS: Neuwied im Bild. Ein Streifzug durch die Geschichte der Stadt, Neuwied 1982, S. 45, und bei ZEITZ, 150 Jahre Sparkasse Neuwied, S. 12. Ludwig Mahrun, 1845/46 u. 1847–51 Bürgermeister, vorher und in der Zwischenzeit Beigeordneter der Stadt Neuwied. 300 Jahre, S. 177 f.

[193] Im Druck erschienen bei der Buchdruckerei G.A. van der Beeck, Neuwied. Archiv Sparkasse, Gründungsakte. Es war der erste nach der neuen Gemeindeordnung von 1846 gewählte Rat der Stadt. CASSINO, S. 148.

[194] 11. u. 20.1.1848. Archiv Sparkasse, Gründungsakte.

[195] Über die März-Ereignisse in Neuwied: Heimatchronik, S. 133 f; PETERS, 125 Jahre, S. 55 ff. Über die Auswirkungen der Politik der Jahre 1848/49 auf die Sparkassen allgemein TRENDE, S. 132 f.

[196] 125 Jahre, S. 38.

[197] Engerser-/Ecke Marktstraße: Photographie „um 1864". In: BRUNO ZEITZ u. BERNHARD GONDORF: Carl Spielmann photographiert – 1860–1880 – Region Neuwieder Becken, Neuwied 1889, S. 79.

[198] Statuten § 23.

[199] 1817–1889; nach Ausschreibung im Intelligenz- und Kreisblatt unter drei Bewerbern ausgewählt; Bewerbungen und Vertrag, 11.11.1847, Archiv Sparkasse, Gründungsakte. Er war „Hauptagent" der Colonia Feuer-Versicherungs-Gesellschaft und der See-, Fluß- und Land-Transport-Versicherungs-Gesellschaft Agrippina, beide in Köln. Volksblatt, 11.2.

u. 4.5.1849; NZ, 9. u. 18.3.1855; AEM, Kirchenbuch Ev. ref. Gemeinde, Bd. 1878–93, Sterberegister, Nr. 1185. Grab auf dem Alten Friedhof.

[200] Archiv Sparkasse, Gründungsakte, letzte Blätter.

[201] Es handelt sich um bekannte Bürger: Julius Ingenohl, Fabrikant in Heddesdorf, Stadtverordneter, 1869 Bürgermeister des Amtes Heddesdorf, Beisitzer der Kreissparkasse, gestorben vor 1870. A. MEINHARDT: Aus der Geschichte Heddesdorfs. In: 962–1962 Tausend Jahre Heddesdorf, Neuwied 1962, S. 11 ff., 66; 100 Jahre, S. 53, 58 u. 61. Clemens Jacob Reichard, 1799–1876, Zichorienfabrikant. CASSINO, S. 40; 300 Jahre, S. 198, Ziff. 8. Gustav Adolf van der Beeck, Hofbuchhändler, 1851–1864 Bürgermeister von Neuwied. 300 Jahre, S. 178. Johannes Caesar s. Anm. 92 ff. Die Genannten waren Mitglieder der Casino-Gesellschaft. MAIER, S. 47 u. 61. Marmé, Christian Friedrich, Fürstlich Wiedischer Kammer-Revisor?

[202] Bekanntmachung s. Anm. 192. Zu den drei Stadtverordneten gehörten neben Julius Ingenohl (s. Anm. 201) Völcker (s. Anm. 48) und Jac(ob) Brousson, Mitglied der „Commission des Gemeinderathes zum Entwurf der Statuten des Sparkassen Institutes", Archiv Sparkasse, Gründungsakte, 3.4.1847, sowie Christian August Thrän, 1792 bis 1868, der 1847 die Hof-Apotheke übernahm. ABN, Kirchenbuch Ev. Brüdergemeine zu Neuwied, Sterbe-Register, Nr. 1059; BRUCHHÄUSER, S. 21. Jacob Forst? Stellvertretend im Verwaltungsrat die Stadtverordneten C. Piel, schied 1854 aus; Brief, 3.1.1854, in Gründungsakte; und Laz(arus) Götzel, 125 Jahre, S. 40; identisch mit dem gleichnamigen Vorsteher der Jüdischen Gemeinde von 1842–1846? Dazu: REGNERY, S. 461; BEATE ESCH: Die jüdische Bevölkerung im Kreis Neuwied. In: 1816–1986 Landkreis Neuwied, S. 144 ff., 147; sowie Johann Wilhelm Gaddum (1799–1848, Tabakgroßhändler).

[203] Archiv Sparkasse, Gründungsakte. Die Aufstellung ist nicht datiert, aber bei Unterlagen abgeheftet, die aus 1854 stammen. Die Vollständigkeit der Aufstellung ist nicht gesichert.

[204] Z. B. Geschwister Berninger, Colonius, Erbes, Gies, Heuser, Henn, Hipp, Lichtfers, Montanus, Reinhard, Remy, Stadler, Rendant Carl Friedenreich, Depositär Caesar. Die Aufstellung enthält auch den Namen „von Fallersleben" mit einem Guthaben von 50.- Tlr; es dürfte sich um den bekannten Dichter Heinrich Hoffmann v. F. handeln, der 1851/54 in Neuwied lebte. FRITZ ANDRÉE: Hoffmann von Fallersleben. Des Dichters Leben, Wirken und Gedenkstätten in Wort und Bild, 2. Aufl., Fallersleben 1972, S. 59 f. Größere Guthaben unterhielt auch die Familie von Kinsky. Selbstkritisch dazu die Sparkasse im Volksblatt, 8.8.1849.

[205] Vgl. § 1 der Statuten mit § 1 des auch sonst archaischer formulierten „Reglement für die Sparcasse der Stadt Coblenz" von 1845: „.... Zweck, der arbeitenden und sonst im Kleinen erwerbenden Klasse Gelegenheit zu geben, ihre Ersparnisse aufzuheben, zu verwahren und nutzbar anzulegen". Archiv Sparkasse, Gründungsakten. S. a. die Satzungen der „Ursparkassen" bei WYSOCKI, Anhang, S. 197 ff. Erst viel später, 1923, als die Inflation alle Geldersparnisse vernichtete, wurde mit der Mustersatzung des Rheinisch-Westfälischen Sparkassenverbandes das moralische Element der Förderung des Sparsinns in die Neuwieder Satzung übernommen. Archiv Sparkasse. General-Acten der Stadt Neuwied betreffend Statut der Sparkasse.

[206] Specification zu der „Nachweisung der Sparkasse zu Neuwied über die in dem Sparjahre 1854 zur Theilnahme an dem Zinsgewinne der Rheinischen Provinzial-Hülfskasse berechtigten Einlagen", 28.3.1854. Archiv Gründungsakte. Eine ähnliche Aufstellung ist nur für 1855 enthalten; sie erweiterte die Berufsangaben nur um eine einzige erwähnungswerte Berufsgruppe: zwei Barbiere. PETERS, 125 Jahre, S. 49, verkennt den Zweck dieser Auflistung.

[207] Statuten der Sparkasse in der Fassung vom 2.12.1856 u. 4.3.1857. Der Änderung lag das Reglement des Ministers des Inneren „für die Vertheilung des zur Prämiierung von Sparkassen-Interessenten bestimmten Antheils an dem Zinsgewinn der Rheinischen Provinzial-Hülfskasse" vom 24.11.1853 zugrunde. Archiv Sparkasse, Gründungsakte. Die Rheinische Provinzial-Hülfskasse, gegründet 1854, wurde 1888 in die Landesbank der Rheinprovinz umgewandelt. MANFRED POHL: Festigung und Ausdehnung des deutschen Bankwesens zwischen 1870 und 1914. In: Deutsche Bankgeschichte, Bd. 2, Frankfurt a. M. 1982, S. 223 ff., 318 f.; s. Anm. 595. Zur Zusammenarbeit der Landesbank mit der Kreissparkasse s. Vertrag von 1898. In: 100 Jahre, S. 69 f.

[208] S. Anm. 203. Eine Position erscheint unverständlich.

[209] Undatiert. Archiv Sparkasse, Gründungsakte. Die Kredite stammten aus den Geschäftsjahren 1848–1853 (im Schnitt also ca. zwölf Darlehen p. a.). Durchschnittlicher Kreditbetrag ca. 183 Tlr, größter 800 Tlr, kleinster rd. 50 Tlr (dreimal). Nach § 17 der Statuten mußten Kredite, die nicht durch Pfandbriefe oder Schuldverschreibungen Öffentlicher Körperschaften unterlegt waren (Ziff. b, c,) durch Hypotheken besichert werden (Ziff. a). Die Quellenlage läßt offen, ob damals bereits Kommunaldarlehen hinausgelegt waren.

[210] Aufgrund der Circular-Verfügung der Bezirksregierung zu Koblenz vom 24.9.1856 mit Erläuterung vom 16.8.1858. Archiv Sparkasse, Gründungsakte.

[211] Verzeichnis des Guthabens der Städtischen Sparkasse an die Stadt Neuwied und ihre Institute per Ultimo 1863, 23.6.1864. Archiv Sparkasse, Acta Specialia der Bürgermeisterei betreffend Neuwieder Sparkasse. Die Städtische Gasanstalt wurde 1857, das Kreisgericht (heutiges Amtsgericht) 1854–56 erbaut, die Hermannstraße 1861 angelegt. MEINHARDT. In: 300 Jahre, S. 230; RUDOLF MAERKER: Einiges über die Stadt Neuwied. Vortrag, 20.3.1892, Neuwied, S. 28.

[212] TRENDE, z. B. S. 63, 68 ff., 124, 173, 179.

[213] Bei VON KNEBEL DOEBERITZ, TRENDE, WYSOCKI, MURA und ASHAUER finden sich keine Hinweise auf eine ähnliche Konstruktion, meist wurde das Problem durch Anlage bei städtischen Leihhäusern, städtischen oder anderen öffentlichen Kassen gelöst. Beispiele bei TRENDE, S. 55, 102 f., 141, 179, 195, 266,

[214] Vertrag, 23.11.1847, und Korrespondenz in Archiv Sparkasse, Acta Specialia der Bürgermeisterei betreffend Neuwieder Sparkasse. Abgedruckt – zum Teil im Original – ZEITZ, 150 Jahre Sparkasse Neuwied, S. 39.

[215] Beispiele für die seltene Zusammenarbeit von Sparkassen mit Bankiers und Kaufleuten im Anlagebereich bei TRENDE, S. 87, 181 ff. (hier allerdings private Sparkassen), 223, 273. Eine ähnliche Verbindung bestand zwischen der benachbarten, 1852 gegründeten Sparkasse der Stadt Linz und dem Kaufmann Kaspar Hillenbrand. ZEITZ, 150 Jahre Sparkasse Neuwied, S. 41.

[216] S. Anm. 92 ff. Über Verträge mit anderen Personen finden sich keine Unterlagen.

[217] Auszug in LHA Best. 441, Nr. 18347, S. 141 ff.

[218] Man darf in ihm jenen „hiesigen Einwohner" vermuten, der dem Presbyterium der Reformierten Gemeinde ein Angebot über eine verzinsliche Anlage des Sparkassenertrages gemacht hat. Petition, 5.4.1845, s. Anm. 190.

[219] Die erste Ausgabe der Statuten wird zu zwei Dritteln nach außerhalb verschickt, in den gesamten Kreis und darüberhinaus nach Andernach und Bendorf. Verteiler auf Brief, 1.3.1848. Archiv Sparkasse, Gründungsakte. 1853/55 werden die Statuten in § 4 um einen diesbezüglichen Absatz III erweitert, der mit der Statutenänderung von 1889/90 wieder eliminiert wird, wohl mit Rücksicht auf die inzwischen gegründete Kreissparkasse. Erst in den Statuten von 1911 wurde die Firma in „Städtische Sparkasse zu Neuwied" geändert (§ 1 Satz 1). Archiv Sparkasse, General-Acten ... betr. Statut.

[220] S. Anm. 209.

[221] 62 im Kreis Neuwied, eines in Peterslahr, Kreis Altenkirchen (zwei unleserlich, vermutlich außerhalb der Stadt). 20 Darlehen gingen in Orte, die heute eingemeindet sind. Soweit die Grundbücher von Neuwied durchgesehen wurden, stammt die früheste Hypothekeneintragung für die Stadtsparkasse aus dem Jahre 1900. AG Neuwied, Grundbuch Neuwied, Bd. I Art. 46 Abt. III Nr. 5.

[222] S. Anm. 309.

[223] C. PETERS: Hundert Jahre Kreissparkasse Neuwied 1868–1968. Hrsg. Kreissparkasse Neuwied, Neuwied 1968; ZEITZ, 150 Jahre Sparkasse Neuwied, S. 42 ff.

[224] LHA Best. 441, Nr. 18350.

[225] VON KNEBEL DOEBERITZ, S. 7; KELLENBENZ, S. 63; MILKEREIT, S. 271.

[226] Abgedruckt in 100 Jahre, S. 22 ff.

[227] LHA Best. 441, Nr. 18350, S. 1–303.

[228] Landrat des Kreises Neuwied von 1851–1877. A. MEINHARDT: Neuwied Einst und Heute, Gummersbach 1978, S. 59; Bild in: 1000 Jahre Heddesdorf, S. 65; MAIER, S. 61; s. insbes. a. LHA Best. 441, Nr. 18350, S. 61 ff.

[229] Entwurf von Statuten in LHA Best. 441, Nr. 18350, S. 7 ff., vorgelegt mit Brief, 8.12.1857. S. a. ebd., S. 13 ff.

[230] Brief Raiffeisens an Hermann Schulze-Delitzsch, 15.2.1862. In: Hermann Schulze-Delitzsch's Schriften und Reden. Hrsg. F. Thorwart, Bd. 1, Berlin 1909, S. 671, 672. Mitglied des Heddesdorfer Wohlthätigkeits-Vereins war von Runkel wohl nicht. S. dazu Die Protokollbücher des Heddesdorfer Wohlthätigkeits-Vereins 1854–1865. Das Protokollbuch des Aufsichtsraths, S. 42 f., Anm. 15.

[231] Stellungnahme der Regierung, 15.7.1861. LHA Best. 441, Nr. 18350, S. 97 ff. („unzweckmäßig"); ebd.. S. 21 ff. („schwierig"). Wenige Jahre später wurde derselbe Grundgedanke erneut zur Diskussion gestellt, als ein anoymer Leserbrief eine Verbindung des in Gründung befindlichen Neuwieder Credit-Vereins mit der Städtischen Sparkasse empfahl. NZ, 13.1.1865.

[232] Zunächst Grundbedingung der Regierung. LHA Best. 441, Nr. 18350, S. 21 f.

[233] „Die Städtische Sparkasse soll nicht zu einer Kreis-Sparkasse umgeformt werden; beschlossen mit 10 gegen 1 Stimme". Protokoll der Sitzung des Gemeinderaths der Stadt Neuwied, 19.8.1856. LHA Best. 441, Nr. 18347, S. 77. Von Runkel erklärt der Regierung, die Stadt habe „ganz in ihrem Interesse gehandelt". LHA Best. 441, Nr. 18350, S. 61 ff.

[234] LHA Best. 441, Nr. 18350, S. 181 ff. von 1866. Von Runkel empfiehlt nunmehr ihren zwangsweisen Anschluß. S. a. HERBERT LEICHER: Engerser Heimatbuch. Die Geschichte der Stadt Engers am Rhein, 1956, S. 51.

[235] LHA Best. 441, Nr. 18350, S. 201 ff.; Genehmigung durch Allerhöchste Ordre, 6.10.1866, im Original abgedruckt in 100 Jahre, S. 52. Ein Exemplar der Statuten – gedruckt 1867 bei der Strüder'schen Buchdruckerei, Neuwied in Best. 441, Nr. 18350, S. 303.

[236] Haus Heddesdorf; Fotografie (vor 1880) in ZEITZ/GONDORF, Carl Spielmann, S. 74.

[237] H. KROKE: 100 Jahre Kreissparkasse Neuwied. In: Heimatkalender des Landkreises Neuwied, Jg. 1968, S. 35 ff.

[238] Anhausen, Asbach, Hönningen, Dierdorf, Engers, Leutesdorf, Neustadt/Wied, Puderbach, Unkel, Waldbreitbach (nach einer Mitteilung des Instituts).

[239] WYSOCKI, Untersuchungen, S. 154 f., bezeichnet es wohl zu Recht als naheliegend, daß die örtliche Oberschicht als Gründer von Sparkassen den Weg über die Gemeinde ging, sei es aus Mangel an gleiche Sicherheit bietenden Alternativen, sei es, weil ihre Mitglieder in den kommunalen Gremien saßen.

[240] Bei der Gründung der Neuwieder Sparkassen und – wie sich zeigen wird – auch der Raiffeisenkassen verhielten sich die begünstigten „unteren Schichten" passiv. Damit wird WEHLER, Gesellschaftsgeschichte, Bd. 2, S. 115, bestätigt, der die Sparkasseninitiativen „immer von oben" kommen sieht. Nutzt man dagegen die Metaphern „oben" und „unten", um innerhalb der Gründungsinitiativen selbst zu unterscheiden, nämlich nach ihren sozialen Bedingungen („oben" und „unten" mit den Begriffen Staat und Gesellschaft parallelisierend, was – mehr oder minder bewußt – damals wie heute

gängig war und ist), erscheint zwar die Kreissparkasse als „von oben", nämlich von Hoher Hand errichtet, die Stadtsparkasse aber als „von unten" initiiert. Aus der Sicht einiger ihrer ersten Einleger, 125 Jahre SSK, S. 44 ff., waren die Honoratioren und der Magistrat in diesem Sinne zwar „oben" – nach den gesellschaftlichen Maßstäben jener Zeit waren sie aber „unten" einzuordnen. Den Landrat sehen wir – seinem janusköpfigen Amt entsprechend – einerseits Bedenken und Interessen aus dem Kreis und damit Gesichtspunkte „von unten" zur Geltung bringen, andererseits „von oben" handeln, indem er die Kreissparkasse schließlich durchsetzt.

[241] Zum Geist der Zeit NIPPERDEY, S. 400 f.

[242] WYSOCKI, Untersuchungen, S. 170 f.

[243] Tabellen 7 u. 9.

[244] Anlagen in Hypotheken, bei Öffentlichen Anstalten und Körperschaften (i.e. Kommunalkredit) und in sonstigen Aktiva in Prozent der Einlagen:

Sparkassen	1870	1880	1890	1900	1910
Stadt Neuwied	83	44	36	35	78
Kreis Neuwied	75	100	63	59	81
insgesamt in Preußen	81	76	69	74	76

Quellen: LHA Best. 403, Nr. 10002–10012; WYSOCKI, Untersuchungen, Tabelle 37, S. 127 (nach Höpker). Soweit die Grundbücher von Neuwied durchgesehen wurden, stammt die früheste Hypothekeneintragung für die Stadtsparkasse von 1900. AG Neuwied, Grundbuch Neuwied, Bd. I Art. 46 Abt. III Nr. 5).

[245] Tabelle 10.

[246] Dieselbe Verzögerung in der Entwicklung der Stadt, die auch 1903 noch nicht ganz überwunden gewesen sei, stellt auch THEODOR KRAUS, 300 Jahre, S. 533 ff., insbes. 546 f., 550 f., 556, 548, fest; die Industrie nimmt er ausdrücklich aus – von ihr konnte die Sparkasse damals noch nicht direkt profitieren.

[247] Die Beleihung ländlicher Grundstücke, die in den Anfangsjahren des Instituts im Vordergrund stand, tritt hinter die städtischer Grundstücke im Laufe der Zeit ganz zurück. Archiv Sparkasse, Spezial-Acten der Stadt Neuwied betreffend: Übersicht des Geschäfts-Verkehrs bei der Sparkasse.

[248] Tabellen 6 u. 8.

[249] Tabellen 11 bis 14. Die Sparbuch-Statistik beginnt 1879 und zeigt die Nachwehen der Gründerjahre, die Flaute von 1881–83, die Krise Anfang der 90er Jahre und die entsprechenden Aufschwünge, insbesondere den von 1895. Zu letzterem s. die Berichte 29.1.1897 u. 29.1.1898. LZB, Akten betr. Reichsbanknebenstelle Neuwied. Übereinstimmend ASHAUER (nach Reusch), Abb. 21, S. 130: Zuwachs an Sparbüchern und Spareinlagen bei den preußischen Sparkassen 1880 bis 1913.

[250] Tabellen 7, 9 und 10. Die Anlage in Wertpapieren bezeichnet JÜRGEN MURA, Zur Geschichte des Kommunalkredits der Deutschen Sparkassenorganisation von den Anfängen bis 1945. In: Sparkasse 3/1988, S. 135 ff., hier S. 136; als Notlösung. S. a. WYSOCKI, Untersuchungen, S. 134 ff.

[251] Geboren 30.3.1818 in Hamm an der Sieg, gestorben 11.3.1888 in Heddesdorf (sein Grab auf dem dortigen Friedhof).

[252] FRIEDRICH WILHELM RAIFFEISEN: Die Darlehnskassen-Vereine als Mittel zur Abhilfe der Noth der ländlichen Bevölkerung sowie der städtischen Handwerker und Arbeiter, Neuwied 1866 (zuletzt 8. Aufl., Neuwied, 1966); WALTER KOCH: F.W. Raiffeisen. Briefe 1875–1883, Wien 1986; ders.: F.W. Raiffeisen. Dokumente und Briefe, Wien 1988; ders. Die Protokollbücher des Heddesdorfer Wohlthätigkeits-Vereins 1854–1865. Das Protokollbuch des Vorstands und das des Aufsichtsraths, beide St. Wolfgang 1989; ders.: Der Heddesdorfer Darlehnskassen-Verein Statuten und Dokumente, Dachau 1991; ders.: Die Protokollbücher des Heddesdorfer Darlehnskassen-Vereins 1864–1899. Das Protokollbuch der Generalversammlung und das des Aufsichtsraths, beide St. Wolfgang 1989, sowie die Protokollbücher des Vorstandes des 1. u. 2. Heddesdorfer Darlehnskassen-Vereins, St. Wolfgang 1990 u. Dachau 1991. Die Protokollbücher sind im Folgenden zitiert Prot. GV, AR und VS, wo nötig mit dem abgekürzten Namen des Vereins. Zu den Quellen im LHA, im Stadtarchiv Neuwied und im FWA Gutachten zum Stand per Mitte 1986, Stadtarchiv Neuwied AA XII-6. Dort auch Verzeichnis der Raiffeisen-Literatur (soweit sie Stadt und Kreis Neuwied betrifft), angefertigt nach dem Stand vom 19.10.1937 durch den Reichsverband der deutschen landwirtschaftlichen Genossenschaften-Raiffeisen-e.V., Berlin. Neueres Literaturverzeichnis in 1884–1984. 100 Jahre genossenschaftliche Zentralbank im Rheinland und in Westfalen. Hrsg. Westdeutsche Genossenschafts-Zentralbank e.G., Düsseldorf 1984. Neuerdings WALTER KOCH: Der Heddesdorfer Darlehnskassen-Verein, seine Entstehung und seine Entwicklung, Dachau 1991; BRUNO ZEITZ: Eine Idee schlägt Wurzeln. Die ersten Raiffeisengenossenschaften am Mittelrhein und im vorderen Westerwald 1862, ihr Verlauf bis zur Elektronikzeit, Koblenz 1997 (für die Geschichte der Raiffeisengenossenschaften in Neuwied und Umgegend grundlegend).

[253] RAIFFEISEN, Darlehnskassen-Vereine, S. 7, 10; ganz ähnlich SCHULZE-DELITZSCH 1858: „Warum will man den kleinen Gewerbetreibenden ... wehren, ihre eigenen Bankiers zu sein?" Die Vorschußvereine in Hannover. In: Schriften und Reden. Hrsg. Friedrich Thorwart, Bd. 1, Berlin 1909, S. 295 ff., 310 f.

[254] In Heddesdorf lebten viele Fabrikarbeiter. RAIFFEISEN, Darlehnskassen-Vereine, Vorwort. S. a. A. MEINHARDT, FRITZ STELZ, THEODOR KRAUS: 962–1962. Tausend Jahre Heddesdorf, Neuwied 1962, S. 63 f.; AUGUST WELKER, KARL-HEINZ SCHMELZER: 150 Jahre Amt Niederbieber-Segendorf. 1817–1967, Neuwied 1967, S. 72 f.; GRAAFEN, S. 163 f., 168.

[255] § 2 der Statuten, abgedruckt bei MARTIN FASSBENDER: F.W. Raiffeisen in seinem Leben, Denken und Wirken, Berlin 1902; Prot. AR, S. 34.

[256] Festrede zur Feier des 50jährigen Bestehens des Heddersdorfer Darlehnskassen-Vereins am 31.7.1904, gehalten von Vereinsrechner Rektor Becker. StadtA Neuwied AA XII-6; 50–jähriges Jubelfest des Heddesdorfer Darlehnskassen-Vereins. In: Rheinischer Raiffeisen-Bote, Jg. 1904, Nr. 15, S. 266; H. Reuther: Jubiläumsschrift zur 100–Jahr-Feier der Heddesdorfer Raiffeisenbank in Neuwied, Neuwied 1954; 125 Jahre Raiffeisenbank Neuwied, Neuwied 1979.
[257] Raiffeisen, Darlehnskassen-Vereine, S. 11. Für den Bürgermeister war es wichtig, die Familie Remy, Inhaber des Rasselstein, auf seiner Seite zu wissen: Albert Remy, 1820–1895, erster Rechner des Vereins, und seinen angeheirateten Vetter Gottlieb Dietrich Krumfuß-Remy, 1815–1890. Wilhelm Kröll: Stammtafel der „Familie Remy Rasselstein", Neuwied 1935, Tafel I, S. 7; Albert R. später Beisitzer der KSK. 100 Jahre, S. 53. Gründungsmitglied war z. B. der Pfarrer von Heddesdorf, Kauffmann, später stellv. Vorsitzender, gestorben 1872. Prot. GV, 1873, S. 37. Über die Landwirte: Lauf in der GV, 3.6.1894, Prot., S. 149 ff., 154. Frühe Mitglieder u. a. Julius Ingenohl (s. Anm. 201) und der Lehrer Lauf, späterer Rechner (1858–84) und Vorsitzender des AR Heddesdorf II von 1887–97. Koch, Vorwort zu Prot. AR, S. 11. Landrat (Mitglied oder nicht? Dazu ebd. Anm. 15) und Kreistag waren kräftige Förderer. S. Anm. 230. Ebensowenig wie die Sparkassen verdanken also die hiesigen Kreditgenossenschaften ihre Entstehung einer Art Selbstorganisation der „unteren Schichten" zwecks besserer Befriedigung ihres Kreditbedarfs; auch hier handelte es sich um Fürsorge, nämlich eines Teils der Heddesdorfer Oberschicht für die minderbemittelten Nachbarn (s. Anm. 240).
[258] Tabelle 15. Per Ende 1863 beliefen sich die Außenstände auf Tlr 21.161,–; zu demselben Stichtag hatte die damals 15 Jahre alte Stadtsparkasse Kredite an Private in Höhe von Tlr 65.000 hinausgelegt. Archiv Sparkasse, Spezial-Acten der Stadt Neuwied betreffend Übersicht des Geschäfts-Verkehrs bei der Sparkasse.
[259] Raiffeisen, Darlehnskassen-Vereine, 1866, S. 12 f.
[260] Die Kreditrisiken blieben aufgrund einer Rückzahlungsgarantie beim Wohltätigkeitsverein (in Liq.), Prot. GV, 24.7.1864, Ziff. 11, S. 6. Vom Restrisiko wurde er 1872 durch die Nachfolgeinstitute des Heddesdorfer Darlehnskassen-Vereins I befreit, Prot. VS Heddesdorf II, 7.1.1872, S. 26. Eine Rechtsnachfolge fand nicht statt. Mit Zeitz, Eine Idee, S. 36 f., gegen die Überlieferung.
[261] Raiffeisen, Darlehnskassen-Vereine, 1866, S. 13.
[262] Brief Raiffeisen an Schulze-Delitzsch, 15.5.1862, in des letzteren Schriften und Reden, S. 671 ff.; ders., Denkschrift, 9.7.1864, abgedruckt bei Seelmann-Eggebert, S. 71 ff.; Satzungsentwurf u. Statuten (vom 21.5.1865) bei Koch, Statuten und Dokumente, S. 4 ff. Zu Albert Remy Becker, Festrede.
[263] Zu Anhausen: Gründung 1862; „Normalstatut" für rein ländliche Bezirke. Raiffeisen, Darlehnskassen-Vereine, S. 193. Als Opfer der Inflation 1923 liquidiert. Hermann Gerhards: Die erste wirkliche Raiffeisen-Genossenschaft. Der Darlehnskassen-Verein für das Kirchspiel Anhausen. In: Heimatkalender für den Kreis Neuwied 1953, S. 113 ff.; Zeitz, Eine Idee, S. 29 ff.
[264] Kläs.
[265] Ernst Lemcke: Die Entwicklung der Raiffeisen-Organisation in der Neuzeit. Ein Beitrag zur Geschichte des deutschen Genossenschaftswesens, Karlsruhe 1913, S. 43.
[266] Lauf, Prot. GV, S. 156. Zu den Mitgliederzahlen: Lauf, ebd., S. 155, u. Prot. GV, S. 23 (nach der Teilung zählte der Heddesdorfer Verein 118 Mitglieder).
[267] Raiffeisen, Darlehnskassen-Vereine, S. 17.
[268] Kläs, S. 14 ff.
[269] Abwicklung des Heddesdorfer Darlehnskassen-Vereins I: Prot AR, Sitzungen, 28.11.1869, 29.10.1871 und 14.9.1873, und der GV, Sitzung, 18.10.1874, S. 22 ff. Raiffeisen im Rückblick auf 25 Jahre Wirken in Heddesdorf in der GV, 11.5.1879, Prot. S. 68. Zu den Geschäften des Heddesdorfer Darlehnskassen-Vereins I s. Statistik in Statuten und Dokumente, S. 71. Statuten des Heddesdorfer Darlehnskassen-Vereins II von 1869, ebd., S. 55. 1. GV am 25.4.1869, Prot, S. 26 ff.; vgl. auch Prot VS, 1.11.1874 S. 55 f. Dazu der farbige Bericht des damals als Rechner fungierenden Lehrers Lauf in der GV, 3.6.1894, S. 149 ff, 156. Zu Bieber: Josef Knopp: Oberbieber. Chronik des Mühlendorfes am Aubach, Koblenz 1990, S. 12; zu Feldkirchen: Bruno Zeitz: II. Heft über das Archiv der Evangelischen Kirchengemeinde, 1988, S. 103 f., lfd. Nr. 63 Darlehnskassen-Verein; ders. u. Friedel Wulf Kupfer: Raiffeisen – Bürgermeister und Genossenschaftsgründer. Sein Wirken im Kirchspiel Feldkirchen, Neuwied 1987, S. 37.
[270] Prot. GV, 18.6.1882, S. 81 ff., 84 zu 5.
[271] Reuther, S. 19.
[272] AG Neuwied, Genossenschafts-Register, Bd. 1.
[273] Ihre Jahresabschlüsse und Bekanntmachungen erschienen regelmäßig in der NZ.
[274] Mehrfach vorkommende, noch heute häufige Namen: Britz, Ecker, Hof, Jonas, Langhardt, Melsbach, Muscheid, Pinhammer, Vogtmann, Zeitz, Zorn. Darlehen an Frauen waren keine Seltenheit, es handelte sich allerdings ganz überwiegend an durch ihre Männer nicht mehr vertretene Witwen. Ausnahmen z. B. Prot. VS Wohlthätigkeits-Verein, S. 14, 16, 60; VS Heddesdorf I, S. 43, u. II, S. 78. Weibliche Mitglieder hatten „selbstredend" kein Stimmrecht. Ebd., S. 8 f., zu IV. u. VI. Zu den Landwirten Prot. GV, S. 133.
[275] Raiffeisen als Bürgermeister von Heddesdorf in einem Bericht an den Landrat, 11.7.1863, abgedruckt in 100 Jahre KSK, S. 45.
[276] Insgesamt etwas mehr als 800 Darlehen über rd. 245.000,– M, min. 11,– M, max 6.000,– M (zweimal). Durchschnittlicher Betrag pro Darlehen ca. 304,– M. Prot. VS Heddesdorf II, u. a. S. 132 sowie S. 45 u. 82. Per 31.12.1894

beliefen sich die Außenstände auf rd. 99.000,– M (zum Vergleich: die Ausleihungen der Städtischen Sparkasse an Private zu demselben Stichtag betrugen 598.000,– M, Tabelle 10).

[277] Prot. AR Heddesdorf, 16.10.1898, S. 146, u. 8.12.1898, S. 147 f.; s. a. Prot. VS Heddesdorf II, 24.6.1883, S. 162: „Verbesserung einer Sandsteinfabrik"; zur Ablösung eines jüdischen Kreditgebers Prot. VS Wohlthätigkeits-Verein, 5.1.1859, S. 52.

[278] Aufgrund Beschlusses der ersten GV, 25.4.1869, Prot., S. 28 zu X., richtete der Heddesdorfer Darlehnskassen-Verein II 1869–83 etwa 30 laufende Konten für ausgewählte, insbesondere in den Organen mitwirkende Mitglieder ein (z. B. für Raiffeisen selbst, die Pfarrer Kauffmann und Krafft, die Lehrer Lauf und Kehrein, Geometer Koch, Landwirt Philipp Jonas, Bankrendant Brendow) sowie ein laufendes Konto für den Lehrer-Unterstützungs-Verein in Neuwied-Heddesdorf. Die Rahmen für Kontokorrentkredite reichten vom 200,– bis 6.000,– M und lagen meist bei 1.500 M. Prot. VS, insbesondere S. 21. Zum Wechsel RAIFFEISEN, Darlehnskassen-Vereine, S. 49, 279. Zum Bürgschaftskredit der Kreissparkasse Tabelle 6 („sonst. Ausleihungen"); dazu allgemein MURA, Entwicklungslinien, S. 162 ff., ASHAUER, S. 140 f.

[279] Zum Bürgschaftskredit der Kreissparkasse Tabelle 6 („sonst. Ausleihungen"); dazu allgemein MURA, Entwicklungslinien, S. 162 ff., ASHAUER, S. 140 f.

[280] RAIFFEISEN, Darlehnskassen-Vereine, S. 18.

[281] Von den oben Anm. 275 genannten ca. 800 Darlehen waren 48 im Gesamtbetrag von rd. 37.300,– M hypothekarisch gesichert (Durchschnitt 775,– M; max. 4.500,– M, min. 150,– M; der Durchschnitt der durch Bürgschaft unterlegten Darlehen lag bei 275,– M).

[282] § 30 Statuten Heddesdorf I, 21.5.1865, Statuten und Dokumente, S. 17 ff., S. 24; ebenso § 33 Abs. II Statuten Heddesdorf II von 1869,, ebd. S. 55 ff., S. 67. Der Wohlthätigkeits-Verein verlangte „sichere Bürgschaft" (§ 42 Statuten, Prot. AR, Anhang, S. 34 ff., S. 38).

[283] „Wer fleißig, sparsam, ehrlich und strebsam ist, findet immer einen Nachbarn, Freund oder Verwandten, welcher die Bürgschaft gerne übernehmen wird" (ob das wirklich so einfach war?). „Wer ... derartige Bürgschaften nicht stellen kann, ist ... erfahrungsgemäß eine solche Persönlichkeit, daß es überhaupt am besten ist, ihm kein Geld anzuvertrauen." Auch – oder gerade „Vater" Raiffeisen konnte nicht umhin, bei der Kreditwürdigkeit die Spreu vom Weizen zu trennen. RAIFFEISEN, Darlehnskassen-Vereine, 1. Aufl., S. 50.
Eine Vermittlung zwischen Kreditbedürftigen und potentiellen Bürgen durch die Kassenvereine kann nicht ausgeschlossen werden; so mögen z. B. die Bürgschaften der Heddesdorfer Kreuz-Armen-Kasse mit Hilfe von Vorstand oder Aufsichtsrat des dortigen Kassenvereins zustandegekommen sein. Diese Fälle halten wir jedoch für Ausnahmen. Die Beziehung, die der Übernahme einer Bürgschaft zugrundeliegt, ist so persönlicher Natur, die Verbindlichkeit aus einer Kreditbürgschaft so eigentümlich-riskant, daß beide Seiten im Regelfall einig sein mußten, bevor sie zur Darlehnskasse gingen, ebenso wie diese das normale Interesse des Kreditgebers hatte, insofern „außenvor" zu bleiben. Zunächst also mußte sich der Kreditbedürftige selbst helfen – dann erst und unter dieser Bedingung, d.h. sekundär, konnte die Selbsthilfe der Solidargemeinschaft wirksam werden.
Mitgliedschaft des Bürgen im Kassenverein war von der Satzung nicht vorgeschrieben und in vielen Fällen wohl auch de facto nicht gegeben. Das schließt natürlich nicht aus, daß auch Vereinsmitglieder Bürgschaften übernahmen, doch war die daraus folgende Verbindlichkeit nicht vereinsrechtlicher, sondern privater Natur. Der wesentliche materielle Rückhalt der Ausleihungen, die Bürgschaften, lag also außerhalb des Kassenvereins – war fremde Hilfe.
Immerhin: zur Bürgschaft als einziger Kreditsicherheit hatten damals allein die Genossenschaften eine positive geschäftspolitische Einstellung – das war ihre Pioniertat (s. Anm. 279). „Selbsthilfe" vermögen wir allerdings auch darin nicht zu erkennen, vielmehr – um am Platz zu bleiben – das Werk des Bürgermeisters und einiger Heddesdorfer Honoratioren aus religiöser und bürgerlicher Verantwortung für die „unbemittelte Klasse". Übrigens wurde begrüßt, wenn das einfache Mitglied seine Hilfe der Verwaltung nicht aufdrängte (s. Ende der Anm. 292).
Mit dem „Selbsthilfegedanken" im traditionellen Verständnis hängt es wohl zusammen, daß die Bürgen in der Raiffeisen-Literatur eher am Rande und in formaler Beziehung behandelt werden, kaum jedoch in ihrer materiell so fundamentalen Rolle.

[284] Krumfuß-Remy verbürgte sich gegenüber dem Wohlthätigkeits-Verein 27 mal, Raiffeisen selbst und Lehrer Lauf insgesamt 16 bzw. 19 mal gegenüber den drei Vereinen, Philipp Jonas gegenüber Heddesdorf II 18 mal. Auch hier begegnen wir den in Anm. 274 genannten Namen. Über das Innenverhältnis der Kreditnehmer zu den Bürgen wissen wir übrigens wenig.

[285] Unter den privaten, z.T. auswärtigen Darlehnsgebern finden wir wiederum Mitglieder der Organe sowie Bürgen, z. B. Raiffeisen selbst, Pfarrer Kauffmann, den Rendanten Lauf und zahlreiche Lehrer. Unter den institutionellen Darlehnsgebern u. a. den Lehrer-Unterstützungs-Verein Neuwied-Heddesdorf. Prot. VS Heddesdorf II, S. 33 f.; s. Anm. 278.

[286] KLÄS, S. 19. Raiffeisen gibt für den Fall von Einlagenüberhängen die Empfehlung, Einlagen von Kindern, Dienstboten und unbemittelten Einwohnern entgegenzunehmen, „dagegen größere Summen von Kapitalisten zurückzuweisen". RAIFFEISEN, Darlehnskassen-Vereine, S. 75.

[287] U. a. Pfarrer Witwe- und Waisencassa, Pfarrei- und Schulkapitalien, Stock Almosen-Kasse in Heddesdorf, Armenkassen Altwied u. Oberbieber, Krankenhausfonds, Krieger-Unterstützungsverein. Anlehen wurden auch bei Gemeinden und der Kreis Communalcaße aufgenommen. Prot. VS Wohlthätigkeitsverein, S. 22.

72

[288] Prot. VS Heddesdorf I, S. 71, 76, 80; vereinbarungsgemäß zurückgezahlt S. 86 f., 90.

[289] Beschluß der GV Heddesdorf I, 21.5.1865 zu XII. Prot., S. 7 ff., 10 f., u. Statuten von 1866, Statuten und Dokumente, S. 48, sowie der GV Heddesdorf II, 25.4.1869 zu XII. Prot., S. 26 ff., S. 29; Bekanntmachungen der Heddesdorfer Sparkasse z. B. NZ, 2.7.1865, 1.5.1870 und 10.1.1880; Lauf in der GV Prot., S. 155. Die Spareinlagen beliefen sich per 31.12.1893 auf rd. 96.000,– M (bei der Kreissparkasse zu demselben Stichtag ca. 2,1 Mio. M; s. Tabelle 8). Zu Engers: KLÄS, S. 20. Zur Konkurrenz von Genossenschaften und Sparkassen allgemein WYSOCKI, S. 112 („scharfer Wettbewerb"), 178 (weniger im Aktiv- als im Passivgeschäft), 195; ASHAUER, S. 188.

[290] SCHULZE-DELITZSCH, Raiffeisensche Darlehnskassen in der Rheinprovinz, 1875, Schriften und Reden, S. 679 ff., insbesondere 688–700; Brief von Adolf Held (Professor in Bonn) an Schulze-Delitzsch, 6.12.1874, Schriften und Reden, S. 677 ff.

[291] Prot. GV, S. 31 ff. mit Statuten. Die Buchführung von Geld- und Warengeschäft war getrennt. Ebd., S. 32 Ziff. 3. Nach dem Urteil der Reichsbank Neuwied, 19.7.1923, „unbedeutend". Akten LZB Koblenz. Eingemeindung 1904.

[292] Zur Geschäftsmäßigkeit: „Zu häufige gegenseitige Bürgschaften werden nicht für gut befunden". Prot. AR Heddesdorf, S. 38; z. B. Prot. VS Heddesdorf II, S. 5, Ziff. 3 u. 4. Bewegliche Inanspruchnahme des Kontokorrentkredits. Prot. VS Heddesdorf II, S. 73 f., 79 f., 82. „Es wird beschlossen, keiner Behörde oder einem Abgesandten einer solchen, die Behörde mag Namen oder Stellung haben, wie sie wolle, einen Einblick in die Geschäftsbücher des Vereins zu gestatten" (Ausnahme: Entscheidung eines Gerichts; Prot. Heddesdorf II, S. 158). In den Gremien des Heddesdorfer Darlehnskassen-Vereins II u. a. Pfarrer Kauffmann und Krafft, Lehrer Lauf, Remagen, Feld und Kehrein, Schultheiß Wilhelm Jonas, Gerichtsschöffe Trömmer, Polizeidiener Hof, Bankrendant Brendow, Kirchenbaumeister Petry, Kaufmann J. Jonas I, Cigarrenmacher Hof; Bäcker, Schlosser, Fuhrhalter; bekannte Namen wie Projahn, Rockenfeller, Söhn, Winnen. Zur Mitarbeit in den Organen RAIFFEISEN, Darlehnskassen-Vereine, S. 39: „Ohne daß irgendwie darauf hingewirkt worden wäre, hat die unbemittelte Klasse stets aus richtigem Taktgefühl wohlhabende Einwohner als Vertrauenspersonen für die Verwaltung gewählt".

[293] Genannt seien als Rendanten Albert Remy und die Lehrer Lauf und Becker. Raiffeisen aus Anlaß der Verabschiedung des bedeutenden Lauf aus dem Amt vor der GV, 26.10.84, Prot., S. 95: sind „dem Herrn Rendanten während seiner Amtsperiode (scl. von 1858–1884) 3 Millionen Mark ... durch die Finger gegangen."

[294] Prot., S. 157. Julius Arndts, 1829–1882, seit 1866 am Kreisgericht, 1879 Präsident des nunmehrigen Landgerichts zu Neuwied. Totenzettel in Besitz Dr. Franz-Josef Bender. Der Brief, 16.6.1870, in RAIFFEISEN, Darlehnskassen-Vereine, S. 18 ff.

[295] NZ, 8., 11., 13., 15., 25. u. 29.1. sowie 1. u. 5.2.1865. „Neuwied muß auch einen Credit-Verein haben! Das ist jetzt die große Frage des Tages". Bonner Credit-Verein als Vorbild. S. a. Anm. 231.

[296] AG Neuwied, Genossenschafts-Register, Bd. I, Nr. 1. Zu den Gründern gehörten der Fürstliche Kammer-Direktor von Bibra. Eine Doppelmitgliedschaft in diesem Verein und in der Heddesdorfer Darlehnskasse wurden von dieser nicht geduldet. Prot. GV, 3.12.1876, S. 60 f., Ziff. 4 u. VS Heddesdorf II, S. 77.

[297] Mitteilung zum Jahresabschluß für 1879 in NZ, 1.4.1880.

[298] Acht Eintragungen aus den Jahren 1873–1878 (nächste Eintragung für die Stadtsparkasse 1900); u. a. auf den Grundstücken von Salomon Hirsch Löb u. Henriette geb. Meyer, Neuwied, AG Neuwied, Grundbuch Neuwied, Bd. II, Art. 71 III 3 von 1873 (s. Anm. 438), und Gastwirt Anterist, Neuwied, Mittelstraße, Grundbuch Neuwied, Bd. II, Art. 75 III 5 von 1875.

[299] AG Neuwied, Genossenschafts-Register, Eintragung, 5.8.1870 u. 30.12.1875. 1821–1901. AEM, Kirchenbuch Ev. ref. Gemeinde, Bd. 1893–1902, Sterberegister. S. 294, Nr. 53. Mitglied der Casino-Gesellschaft 1878 u. 1900. MAIER, S. 61 u. 64 f.

[300] NZ, 29.6.1870 u. 11.2.1872.

[301] Verbindung zu Caesar s. Anm. 111, zu J.A. Bender Sohn s. Anm. 122; ihre Funktion ähnelt der des Depositärs der Städtischen Sparkasse. RAIFFEISEN, Darlehnskassen-Vereine, 3. Aufl. 1881, S. 153.

[302] S. Anm. 207.

[303] Einladung mit der Unterschrift Raiffeisens, 3.5.1869. Original in Archiv Sparkasse, Gründungsakte. Bericht der NZ, 26.5.1869; SEELMANN-EGGEBERT, S. 229 ff. Dort auch Abdruck zweier zeitgenössischer Berichte aus dem Lager Schulze-Delitzsch's. Dazu allgemein ASHAUER, S. 186.

[304] Fürst Wilhelm zu Wied, s. Anm. 142; Adolph von Pommer-Esche, 1804–1871, Oberpräsident der Rheinprovinz von 1858–1871.

[305] Erwin Nasse, 1829–1890.

[306] RAIFFEISEN, Darlehnskassen-Vereine, 3. Aufl., S. 154.

[307] Briefe Raiffeisens an den Fürsten zu Wied, 2.10.1876 bis 27.4.1877. KOCH, Dokumente und Briefe, S. 190 ff. Darlehensnehmer war die Rheinische landwirthschaftliche Genossenschaftsbank. Das Darlehen war rückzahlbar in zehn gleichen Jahresraten, Zinssatz fünf Prozent p. a. RICHTER, S. 45, Anm. 137; Schulze-Delitzsch in einer Reichstagsrede, Schriften und Reden, S. 701 u. 742.

[308] Prot. GV Heddesdorf II, S. 29 f. zu 2.

[309] Prot. VS Heddesdorf II: Waldbreitbach S. 8 u. 46, Almersbach S. 7 u. 11, beide aus 1869, Honnefeld S. 29 u. 37 aus 1872; ein Darlehen an das Schwesterinstitut in Rengsdorf (S. 6) scheint nicht ausgezahlt worden zu sein. Schluß aus Prot. GV, S. 30 Ziffer 3 II. Abs. Diese Ausweitung des Kreditgeschäfts war einigen der „begütertsten Mitglieder" zu riskant; sie traten aus. Lauf, Prot. GV, S. 157.

[310] S. S. 27.

[311] LEMCKE, S. 24 ff.; SEELMANN-EGGEBERT, S. 314 ff.; HELMUT FAUST: Geschichte der Genossenschaftsbewegung. Ursprung und Aufbruch der Genossenschaftsbewegung in England, Frankreich und Deutschland sowie ihre weitere Entwicklung im Deutschen Sprachraum, 2. Aufl., Frankfurt a. M. 1965, S. 352 ff.; RICHTER, S. 41 ff.; JOSEPH HÖNEKOPP: 100 Jahre Raiffeisenverband 1877–1977, Wiesbaden 1977, S. 19 ff.; 100 Jahre WGZ, S. 17 ff.

[312] Einladung zur Generalversammlung, 21.3.1876. Faksimile in 100 Jahre WGZ, S. 18.

[313] SEELMANN-EGGEBERT, S. 267 ff. Die Äußerungen von Schulze-Delitzsch sind zusammengefaßt in: Der Streit mit Raiffeisen, Schriften und Reden, S. 671 ff.

[314] Schriften und Reden, S. 734 ff., 742.

[315] „Gefahren durch die Kumulation der Solidarhaft", Schriften und Reden, S. 710, „Solidarhaft in dritter Potenz", S. 711; „das Ungeheuer der drei Stockwerk hohen Solidarhaft", ohne Quelle zit. in 100 Jahre WGZ, S. 17.

[316] Schriften und Reden, S. 723.

[317] Das Kreisgericht Neuwied „machte Schwierigkeiten", d.h. es verweigerte auf höherer Anweisung, eine Änderung der Statuten der Rheinischen landwirthschaftlichen Bank einzutragen. Prot. GV, 28.5.1876, S. 48 ff., S. 53 Ziff. VII.; RICHTER, S. 57; Schriften und Reden, S. 744.

[318] Prot. GV, 28.5.1876, S. 48 ff., 53 Ziff. VII. Briefwechsel Raiffeisens mit Dr. Hugo Thiel, Ministerial-Direktor und Wirklicher Geheimer Rat im preußischen Landwirtschaftsministerium. KOCH, Dokumente und Briefe, S. 245 ff.

[319] Hierzu Briefe Raiffeisens an den Fürsten Wilhelm zu Wied, 20.6.1876 bis 1.1.1888, KOCH, ebd., S. 186 ff.; Prot. GV, 28.5.1876.

[320] SEELMANN-EGGEBERT, S. 318, vermutet hier Unterstützung durch Raiffeisens „treuen Rechtsbeistand Justizrat Tilmann in Neuwied". Albert T., Rechsanwalt und Notar in Neuwied. Stammtafel der Familie Tilmann, 5. Aufl., Neustadt a. d. A., 1993; FRANZ-JOSEF BENDER: Albert Tilmann (1819–1879), unveröffentlicht. Er war Vetter und Schwager des og. Arndts und wie dieser ein führender Vertreter der katholischen Minderheit in der Stadt.

[321] In den Anfängen stützte sich die Zentralkasse auf die Rheinische Provinzial Hülfskasse, Köln. SEELMANN-EGGEBERT, S. 324. Seit den neunziger Jahren deckte sie zunehmenden Liquiditätsbedarf bei Reichsbank und Preußenkasse vornehmlich durch Diskontieren von Wechseln, die auf Kassenvereine gezogen waren. Die Preußenkasse war ein staatliches Kreditinstitut, dessen wesentliche Aufgabe in der Refinanzierung der genossenschaftlichen Zentralbanken bestand. Die Preußische Zentralgenossenschaftskasse von 1895 bis 1905, Berlin 1906; RUDOLF MAXEINER, GUNTHER ASCHHOFF, HERBERT WENDT: Raiffeisen. Der Mann, die Idee und das Werk, Wiesbaden 1988, S. 73 ff. Ihre relativ marktunabhängigen Zinssätze waren Voraussetzung für die auch in Neuwied begrüßten mitgliederfreundlichen Konditionen der Darlehnskassen-Vereine. E.C.: Die Raiffeisen-Organisation. In: N.Z., 12.4.1902.

[322] Ab 1890 „Landwirtschaftliche Zentral-Darlehnskasse für Deutschland"; sie war allerdings keineswegs die einzige Zentralbank im ländlichen Genossenschaftswesen Deutschlands, ja nicht einmal der Rheinprovinz. 100 Jahre WGZ.

[323] Gnadengeschenk Wilhelms I. von 30.000,– M auf Empfehlung des Fürsten zu Wied. Dankesbrief Raiffeisens an den Fürsten, 3.9.1884; KOCH, Dokumente und Briefe, S. 227, und Wilhelms II. von 20.000,– M 1892, FAUST, S. 309.

[324] In dem Verzeichnis früher Raiffeisen-Literatur im StadtA Neuwied AA XII-6 finden sich Hinweise auf
a) The Central Bank of Neuwied. Sonderdruck aus Official Report of the Budapest Congress of the International Co-operation Alliance, 1904.
b) La Caisse Centrale de Neuwied. In: Rapport de ´General-Verband ländlicher Genossenschaften für Deutschland´ présenté au 6e Congrés de l'Alliance Coopérative Internationale Paris, 1905.

[325] Haus Nr. 35. Bilder 100 Jahre Raiffeisenbank Heddesdorf, S. 3; 1000 Jahre Heddesdorf, S. 69; ZEITZ, Eine Idee, S. 36.

[326] Der Zeitgenosse Lemcke verwendet wiederholt den Namen der Stadt als Synonym für Zentrale, Neuwied in Anführungszeichen setzend, was diesen Usus als bewußten belegt. Anlage von Geldern in Neuwied, Agitation gegen Neuwied, S. 41 u. 69. So auch noch in der neuen Literatur: z. B. FAUST, S. 357; 100 Jahre WGZ, S. 44. Programm, KÄHLER, S. 542. Die Stadt Neuwied ist stolz darauf, unkritisch natürlich, z. B. 300 Jahre, S. 522 ff., aber zu Recht. Sie pflegt das Grab Raiffeisens und seiner Familie auf dem Friedhof am Sohler Weg (V 19–21), hat seinem Denkmal einen würdigen Platz eingeräumt und die 1978 dem Verkehr übergebene neue Rheinbrücke nach ihm benannt.

[327] „Die Anerkennung in weiteren Kreisen ... hatte ihren Grund freilich ... mehr" (wir würden sagen: auch) „in politischen Konstellationen und der Abneigung gegen die politische Partei, der Schulze-Delitzsch angehörte ..." (dieser war Mitbegründer der liberalen Fortschrittspartei); Nekrolog auf Raiffeisen in Deutsche landwirtschaftliche Presse, 14.3.1888, KOCH, Dokumente und Briefe, S. 101 f.

[328] Raiffeisen machte den Fürsten zu Wied wiederholt auf den Sozialismus aufmerksam. Z. B. in den Briefen, KOCH, Domumente und Briefe, 25.3.1873, S. 168 f., 27.11.1873, S. 173 ff., 17.7.1874, S. 181 ff., 27.1.1877, S. 202 ff. Originale in FWA 112–8–1. Offenbar sehr programmatisch einer der Referenten auf og. Tagung, Adolf Held, Professor der Nationalökonomie in Bonn. Bericht bei SEELMANN-EGGEBERT, S. 230.

[329] Besonders eindrucksvoller Zeuge ist Dr. Rudolph Weidenhammer. Er schreibt als kritischer Freund an Raiffeisen, er sei immer gerne nach Neuwied gereist, um dort mitzutagen, Brief, 1.11.1879 bei SEELMANN-EGGEBERT, S. 356 ff.; KOCH, Dokumente und Briefe, S. 277 f., und sei zu seinem Nachteil stets „für die Bestrebungen, die von Neuwied ausgehen, eingetreten", Brief, 25.11.1879, bei SEELMANN-EGGEBERT, S. 361 f., KOCH, S. 281 f. Weidenhammer sollte Nachfolger Raiffeisens werden, trennte sich dann aber von ihm und wurde 1873 Generalsekretär des landwirtschaftlichen Vereins Hessens.

[330] Promemoria des Fürsten Wilhelm zu Wied, datiert Bournemouth, den 12.5.1884, und mit Immediatschreiben an den Kaiser übermittelt, S. 7: „Die großen moralischen Triebfedern, welche in den Institutionen dieser Vereine liegen". FWA 112–8–1. Dankesbriefe Raiffeisens an den Fürsten für die Vermittlung einer Anerkennung, 7.8.1882, KOCH, Dokumente und Briefe, S. 219 ff., und eines Gnadengeschenks Kaiser Wilhelms I.

[331] Zu den „Systemstreitigkeiten" aus der Warte der Westdeutschen Genossenschafts-Zentralbank, einer über die Fusionen unseres Jahrhunderts erreichten institutionellen Synthese. 100 Jahre WGZ, S. 19 f.

[332] Für die „Offenbacher Richtung" 100 Jahre WGZ, S. 20; BENDIEK, S. 95, 99; für den Landwirtschaftlichen Verein für Rhein-Preußen, Bonn, 100 Jahre WGZ, S. 32. Religiös-politische „Muckerei" als Kritik aus Hessen und Baden in dem Brief Weidenhammers an Schulze-Delitzsch, 8.1.1881, Schriften und Reden, S. 747. MARTIN FASSBENDER, Freund Raiffeisens: „In Stuttgart habe ich es miterlebt, daß verschiedene Leute während eines Vortrages von Raiffeisen brummend den Saal verließen, weil sie sich durch seine Art der Behandlung christlicher Nächstenliebe abgestoßen fühlten". Ders., F.W. Raiffeisen, in seinem Leben, Denken und Wirken, Berlin 1902, S. 32–35; KOCH, Dokumente und Briefe, S. 128. In diesem Zusammenhang verdient festgehalten zu werden, daß einer der schärfsten Widersacher Raiffeisens, Nöll, Regierungsrat bei der Bezirksregierung in Koblenz, Gelegenheit erhielt, seinen Standpunkt vor der bürgerlich-liberalen Neuwieder Casino-Gesellschaft zu vertreten. Brief Raiffeisens an den Fürsten zu Wied, 25.3.1873, KOCH, S. 168; Raiffeisen war – man möchte sagen: natürlich – nicht Mitglied des Casinos.

[333] Brief Weidenhammers an Raiffeisen, 25.11.1879 bei SEELMANN-EGGEBERT, S. 361 f.; KOCH, Dokumente und Briefe, S. 281. „... fand ich doch bei dem Verkehr mit der Bevölkerung in verschiedenen Landesteilen, wie man immer wieder in erster Linie Anstoß an der Form der Neuwieder Centralisation nahm", FASSBENDER, S. 237; KOCH, S. 126. S. a. 100 Jahre WGZ, S. 19, 26, 32, 34.

[334] 10.3.1988 (nach Aufzeichnungen des Autors).

[335] „..., daß die Vereine keine Banken im gewöhnlichen Sinne des Wortes sind", RAIFFEISEN, Darlehens-Kassenvereine, 7. Aufl., 1887, S. 67. Für das Selbstverständnis der Raiffeisenbank Neuwied von heute interessant sind die Selbsteinschätzung als „moderne Universalbank" und die gewundenen Äußerungen in ihrer Jubiläumsschrift 125 Jahre Raiffeisenbank Neuwied von 1979, S. 14 u. 16: „Die Entwicklung, die sich mehr an den aktuellen Erfordernissen eines modernen Bankbetriebs orientiert und nicht mehr ausschließlich auf Raiffeisenschem Ideengut beruht. Dennoch sind eine ganze Reihe von Grundsätzen des Gründers erhalten geblieben, Solidarität und Mitverantwortung keine hohlen Phrasen, gilt noch immer: ´Einer für Alle. Alle für Einen´". Deutlicher ZEITZ, Eine Idee, S. 104: „..., Frage, ob die idealen Ziele Raiffeisens leiden. Grundsätzlich wird man das nicht in Abrede stellen können."

[336] RICHTER, S. 49, zit. aus MARTIN WUTTIG: Versicherungs- und Genossenschaftswesen als wechselseitige Hilfsorganisationen. Eine geschichtliche Studie, Berlin 1914, S. 51; s. dazu RICHTER, S. 46, Anm. 138; SEELMANN-EGGEBERT, S. 315 f. Der „Nebenplatz" Neuwied als Problem für das Zentralinstitut im Bericht einer Kommission des Preußischen Landwirtschaftsministeriums von 1875. In: SCHULZE-DELITZSCH, Schriften und Reden, Zusammenfassung, S. 733.

[337] SEELMANN-EGGEBERT, S. 294, zit. aus Landwirtschaftliche Jahrbücher, Bd. 5 (1876), S. 557 f.

[338] Bericht über die Geschäfte der Reichsbanknebenstelle in Neuwied im Jahre 1898 an den Präsidenten des Reichsbank-Direktoriums, 30.1.1899. LZB, Acta der Reichsbankstelle zu Coblenz ...; Prot. AR Heddesdorf II, 16.4.1899, S. 152; 100 Jahre Raiffeisenbank Heddesdorf, S. 23.

[339] S. Anm. 388.

[340] Aus der Rede des Fürsten Wilhelm zu Wied zu der Enthüllung des Raiffeisen-Denkmals in Heddesdorf im Jahre 1902, vom Erbprinzen zu Wied verlesen. NZ, 11.7.1902.

[341] RAIFFEISEN, Darlehnskassen-Vereine , 3. Aufl., 1881, S. 6; zum Neuwieder Credit-Verein NZ, 8.1.1865: „aus Menschenfreundlichkeit". Zu den Sparkassen s. Anm. 11 sowie allgemein WYSOCKI, Untersuchungen, S. 171, 193.

[342] Das Grundbuch im AG Neuwied wurde nur zum Teil systematisch ausgewertet, nämlich die Grundbücher von Neuwied, Bd. I-III Art. 1–147, sowie von Heddesdorf, Bd. I Art. 1–50, für die Zeit von ihrer Anlegung bis 1914. Eine vollständige Auswertung dürfte kaum zu im wesentlichen abweichenden Ergebnissen führen. Spektakuläre Belastungen Neuwieder Grundstücke für Banken sind die Grundschulden, die auf dem im Eigentum des Kommerzienrats Alfred Krupp, Essen, stehenden Grundbesitz, Grundbuch Neuwied, Bd. II Art. 73 Abt. III, gesamthaft eingetragen wurden (Hermannshütte). Es handelt sich um

a) lfd. Nr. 1: 12 Mio. Tlr (= 36 Mio. Mark) Kautionshypothek für die Königliche General Direktion der Seehandlungs-Sozietät in Berlin, 11.4.1874. Sie diente als Sicherheit für zehn Mio. Tlr Partial-Obligationen, die von einem Konsortium unter der Führung der Seehandlung in der finanziellen Krise der Gründerjahre für das Unternehmen aufgelegt wurden. Damit wurde die Finanzierung von Investitionen konsolidiert, zu denen Erwerb und Ausbau der Hermannshütte im Jahre 1871 (und von Liegenschaften der Firma Remy, Hoffmann & Co., Bendorf) zählten. Die Hypothek wurde 1883 gelöscht (die 1772 gegründete Seehandlung war eine der beiden preußischen Staatsbanken; zu der Aufsehen erregenden Anleihe MAXIMILIAN MÜLLER-JABUSCH. In: Lebensbilder Deutscher Bankiers aus fünf Jahrhunderten. Hrsg. Erich Achterberg, Frankfurt a. M. 1963, S. 246 ff.; Krupp 1812–1912. Zum 100jährigen Bestehen der Firma Krupp und der Gußstahlfabrik zu Essen-Ruhr, Essen 1912, S. 223.

b) lfd. Nr. 2: 27 Mio. M Kautionshypothek für die Deutsche Bank zu Berlin, 3.8.1880. Sie diente als Sicherheit für 22,5 Mio. M Partial-Obligationen, die von der Deutschen Bank als Führerin eines Konsortiums aufgelegt wurden und die zu a) genannte Anleihe zu günstigeren Bedingungen ablösten. Krupp 1812–1912, S. 223, ohne Nennung der Deutschen Bank – die damals übrigens erst zehn Jahre bestand.

Die Hermannshütte (Teil des heutigen Industriegebiets am Rhein) wurde mit 1,6 Mio. M getaxt. Zinsen der Anleihen fünf Prozent. Zu a): Übernahme durch die Banken zum Kurs von 90 %, Rückzahlung 1883 zu 110 %; zu b): entsprechend 102 %, 1899 110 %. Konditionen belegt zu b) durch notarielle Urkunden über den Anleihevertrag, 31.5.1879, HADB, S. 633, und über die Bestellung der Hypothek ebd. sowie bei den Grundakten zu dem genannten Grundbuch; zu a) in dem vorgenannten Anleihevertrag – vor § 1: „ebenfalls mit jährlich 5 % verzinslich"; zu a) und b) durch Krupp 1812–1912. Teilweise abweichende Konditionsangaben bei Lothar Gall: Die Deutsche Bank von ihrer Gründung bis zum Ersten Weltkrieg 1870–1914. In: Ders. u. a.: Die Deutsche Bank 1870–1995, München 1995, S. 32 f. Die Hermannshütte war 1857 gegründet worden. Wolfram, S. 23 f., S. 33 ff. Frühes Photo bei Zeitz/Gondorf, Spielmann, S. 58.

[343] S. Anm. 78. Alois Thul: Grundzüge der historischen Entwicklung des Hypothekar-Kredits in der Rheinprovinz im 19. Jahrhundert, Diss. Köln 1930, S. 131 ff.

[344] Stadtsparkasse: drei Eintragungen in Neuwied, AG Neuwied, Grundbuch Neuwied, Bd. III Art. 128 III 1 von 1868, Art. 136 III 1 von 1874, Art. 145 III 3 von 1897, und eine Eintragung in Heddesdorf, Bd. I Art. 2 III 2 von 1893; eine Eintragung für die Kreissparkasse in Heddesdorf, Bd. I Art. 33 III 2 von 1887.

[345] Z. B. insgesamt sechs Eintragungen von 1884, AG Neuwied, Grundbuch Heddesdorf, Bd. I Art 44 III 1, bis 1894, Art. 23 III 3. Im Grundbuch Neuwied finden sich lediglich Eintragungen für den Neuwieder Credit-Verein, zwischen 1869 und 1878 insgesamt 17, davon jeweils zwei auf drei Grundstücken, z. B. Bd. II Art. 85 III 1 u. 2 von 1874 u. 1876; s. a. z. B. Bd. III Art. 132 III 2 von 1869; Bd. I Art. 14 III 3 von 1875; Bd. II Art. 50 III 3 von 1878 sowie die Eintragungen Anm. 298.

[346] StadtA Neuwied, Best. 1 Nr. 819; LZB Koblenz, Acta der Reichsbankstelle zu Coblenz betreffend Errichtung der Reichsbanknebenstelle Neuwied, angefangen 31.7.1885, beendigt 29.1.1898. M.P. (wohl Max Prowe, Sohn eines ehemaligen Leiters der Reichsbank Neuwied): Zur Geschichte der Reichsbank (jetzt Landeszentralbank) in Neuwied, 1969, unveröffentlicht, StadtA Neuwied N 915.

[347] Acta LZB.

[348] Ebd., 18.8.1885.

[349] Carl Reichard, 1840–1914 „in Firma Neuwieder Cichorienfabrik vorm. Clem. Jac. Reichard", Kommerzienrat, Mitglied der Casino-Gesellschaft; Maier, S. 61 f., 65, 69, Grab auf dem Alten Friedhof; s. Anm. 201 und 364. Neben ihm u. a. Stadt- und Kreissparkasse, Fürstlich Wiedische Rentkammer, Rasselsteiner Eisenwerks-Gesellschaft, Krupp'sche Hüttenverwaltung (Hermannshütte), Johann Gottfried Siegert & Sohn, Friedrich Boesner, Arn. Georg, Jacob Hilgers, Gebr. Lossen (heutige Concordiahütte Bendorf), Philipp Strüder, Johann Wilhelm Gaddum, F.W. Erbes, Louis Stelting, die Neuwieder Brüdergemeine und deren Brüderhaus, insgesamt 46 Adressen.

[350] „... ebenso wie dies in andern Städten unter ähnlichen Verhältnissen wiederholt geschehen ist". Schreiben der Reichsbank Coblenz an Carl Reichard, 21.8.1885, Acta LZB; z. B. bei der Gründung der Vorgängerin der Reichsbank Koblenz, der Zweiganstalt Coblenz der Preußischen Bank im Jahre 1856. Von der Bank-Commandite Coblenz der Preußischen Bank zur Zweigstelle Koblenz der Landeszentralbank von Rheinland-Pfalz 1856–1956. Hrsg. LZB, Koblenz 1956, S. 8.

[351] NZ, 28.11.1885. Unter den Zeichnern die oben Anm. 349 genannten Petenten. Zeichnungsbeträge zwischen 100,– und 20,– M.

[352] Die Reichsbank 1876–1900, S. 228; Rhein- und Wied-Zeitung, 6.2.1886.

[353] In Koblenz bestand seit 1856 eine zunächst vom Bankkontor in Köln abhängige, seit 1867 selbständige Kommandite der Preußischen Bank. Mit deren Umwandlung in die Reichsbank – 1.1.1876 – wurde das Koblenzer Haus selbständige Reichsbankanstalt („Reichsbankstelle" i.S. § 37 ReichsbankG). Die genannten Nebenstellen stammen aus der Zeit der Preußischen Bank (1869, 1872, 1874). Auf Neuwied folgten Traben (1894) und Andernach (1899). 1885 gab es 219 Zweiganstalten der Reichsbank, 1886 wurden neun weitere gegründet, sämtlich Nebenstellen. Die Reichsbank 1876–1900, S. 238 u. 267; Von der Bank-Commandite Coblenz ..., S. 12; ungenau Milkereit, S. 277.

[354] Knut Borchardt: Währung und Wirtschaft (scl. „von der Reichsgründung bis zum I. Weltkrieg"). In: Währung und Wirtschaft in Deutschland 1876–1975. Hrsg. Deutsche Bundesbank, Frankfurt 1976, S. 3 ff., 42.

[355] Über die Einbeziehungen der Nebenstellen in den Giroverkehr: Die Reichsbank 1876–1900, S. 59 f.

[356] Zur Förderung des Wechselverkehrs durch die Einrichtung des Reichsbank-Filialnetzes, insbes. der Nebenstellen, ebd., S. 84.

[357] Rhein- und Wied-Zeitung, Linz, 6.2.1886. Hier auch die Bemerkung: „Ausgeschlossen von der Diskontierung bleiben jedoch Wechsel auf Neuwied (linkes Rheinufer) und Neuwied-Weißenthurm".

[358] StadtA Neuwied 1 Nr. 819, Bl. 3 verso; NZ, 28.11.1885.

[359] Zahl der Inhaber von Girokonten (Acta LZB Koblenz):

1896	47
1905	71
1913	70

Zehn Jahre nach Gründung war die Zahl also noch nicht über die der Petenten hinausgewachsen. S. a. Wysocki, Untersuchungen, S. 115.

[360] Acta LZB. Kaufpreis 30.000 M. AG Neuwied, Grundakten zum Grundbuch Neuwied, Bd. XVII, Art. 808, Bl. 133. Hermann von Dechend (1814–1890) hatte – damals Präsident der Preußischen Bank – an der Versammlung von Vertre-

tern der Kreditgenossenschaften und Sparkassen sowie interessierter Persönlichkeiten teilgenommen, die am 24.5.1869 in Neuwied stattfand, und zwar „in seiner Eigenschaft als Vorsitzender des Verwaltungsrates des Bonner Kreditvereins". Bericht bei SEELMANN-EGGEBERT, S. 229 ff., 233 f.; s. S. . Allgemein: ALBRECHT SOMMER: Die Reichsbank unter Hermann von Dechend, Berlin 1931.

[361] Gesamtabrechnung in StadtA Neuwied 1 Nr. 819, Bl. 36 f.

[362] Der Neuwieder Credit-Verein hatte bereits 1870 eine „schwere Krisis" zu überstehen. Über eine Revision kam es zu Differenzen, die den Austritt von 28 zum Teil führenden Mitgliedern zur Folge hatten (u. a. von Bibra, Bürgermeister Waldeyer). Die Öffentlichkeit nahm über die NZ lebhaften Anteil. NZ, 15., 17., 26. u. 29.6. sowie 3. u. 10.7.1870. Der Jahresabschluß für 1879, NZ, 1.4.1880, zeigt beachtliche Volumina (u. a. TM 730 Einlagen sowie Wechsel- und Kontokorrentkredite). Seither war die Mitgliederzahl um 169 auf 333 zurückgegangen. AG Neuwied, Grundakten zum Grundbuch Neuwied, Bd. XVII Art. 802, Blatt 14 f., Prot. 135. General Versammlung.

[363] Ebd., S. 14 u. 15; Bericht der NZ, 25.11.1885. Bekanntmachung der Auflösung durch Liquidation, 26.11.1885 in NZ, 28. u. 30.11. sowie 1.12.1885. Zur Mittelbindung in Grundstücken Bestandsverzeichnis des Grundbuchs des Credit-Vereins Neuwied, Bd. III Art. 104. Zur Geschäftspolitik Grundbuch Neuwied, Bd. III Art. 101 Nr. 5 sowie 6–16. Versteigerung von Grundstücken und Empfehlung des Mobilienlagers des Credit-Vereins in zahlreichen Ausgaben der NZ von Dezember 1885.

[364] Mitteilung von Carl Reichard (s. Anm. 349) auf der 135. GV des Credit-Vereins. AG Neuwied, Grundakten zum Grundbuch Neuwied, Bd. XVII Art. 802, Blatt 14 f., Prot. 135. General Versammlung. Eins der Grundstücke konnte an die Reichsbank zunächst vermietet, dann verkauft werden (s. Anm. 360); Korrespondenz Credit-Verein „in Liqu."/ Reichsbank in Acta LZB Koblenz.

[365] Subskriptionseinladung zur Gründung einer Bank zu Neuwied, NZ, 26.11.1885; AG Neuwied, Gesellschaftsregister R 226, Eintragung, 9.12.1885 (später Übertragung in das Handelsregister, Bd. I HRB 9); Bekanntmachung des Amtsgerichts, 9.12.1885. NZ, 14.12.1885; Geschäfts-Bericht pro 1886, NZ, 29.4.1887.

[366] 1850–1907, Inhaber von F.W. Erbes, Destillerie und Liqueurfabrik, in Neuwied. 150 Jahre 'Ewig-Jung', Düsseldorf 1968; s. Anm. 349; Grab auf dem Alten Friedhof.

[367] S. Anm. 349.

[368] 1840–1926, Druckereibesitzer, Herausgeber der Neuwieder Zeitung; Grab auf dem Alten Friedhof; s. Anm. 82.

[369] 1830–1897, Inhaber der Holzhandlung J.H. Reinhard Sohn, Neuwied, Stadtverordneter, Grab auf dem Alten Friedhof. INGEBORG BERNINGER: 100 Jahre J.H. Reinhard Sohn KG, Neuwied/Rhein, Neuwied 1962.

[370] Lukas Z. s. S. 26 f.; Leo Z., Sohn von Lukas Z., s. S. 40.

[371] AG Neuwied, Grundakten zum Grundbuch Neuwied, Bd. XVII Art. 802, Urkunde des Rechtsanwalts und Notars Justizrat von Mittelstaedt, Reg. Nr. 21, 15.1.1886, dort auch Prot. GV, 6.2.1886. Die ersten Geschäfte wurden bereits Anfang Dezember 1885 getätigt, im Hause „Marktstraße 9 eine Treppe hoch ... von 12 ½ bis 3 Uhr". NZ wiederholt zwischen dem 7. und 21.12.1885.

[372] Von „H.M. aus C." in H.K.: De Schorsch of Besoch ... en Näiwid. Originelle Schilderungen aus dem Neuwieder Leben, Neuwied 1901. ND Bad Honnef 1984, S. 58 f. In den Zeitungen waren zunächst beruhigende Stellungnahmen erschienen: NZ, 25.11.1885; Rhein- und Wied-Zeitung, 5.12.1885.

[373] Geschäftsbericht pro 1886 in NZ, 29.4.1887; auch schon in der Subskriptionseinladung (s. Anm. 365).

[374] Von den ersten, kurzlebigen Zentralinstituten Raiffeisens abgesehen.

[375] Das Verhältnis war daher nicht ungetrübt. Bericht, 16.12.1902, in Acta LZB Koblenz. Trotzdem kam der Bankverein an einer Kontoverbindung zur Reichsbank natürlich nicht vorbei. Geschäftsbericht pro 1886, NZ, 29.4.1887, und Schlußbilanz pro 31.12.1904, NZ, 5.4.1905.

[376] Mit Ausnahme von Zakrzewski jun. waren alle Aktionäre bereits 1878 Mitglieder der Casino-Gesellschaft. MAIER, S. 61. Leo Zakrzewski wurde am 5.1.1886 Mitglied. Ebd., S. 94.

[377] NZ, 7.12.1885. S. z. B. auch Adreßbuch von 1899, S. 100 (Branchenverzeichnis) und 58 (Inserat).

[378] Der Titel ist für Z. jun. zu belegen z. B. durch die Eintragung zu seinen Gunsten im AG Neuwied, Grundbuch Neuwied, Bd. II Art. 83 III 3 aus 1902. Raiffeisen, der gelegentlich als Bankdirektor zeichnete, blieb „Herr Bürgermeister".

[379] De Schorsch of Besoch, S. 49.

[380] Ebd., S. 84 f. S. a. Adreßbuch von 1899, S. 100.

[381] Bericht der Reichsbank Neuwied, 29.1.1900. Acta LZB.

[382] Tabelle 16.

[383] Zur Lage in Neuwied 1901 Berichte des Bürgermeisters an den Regierungspräsidenten, 16.11.1901 („gedrückt") und 16.11.1902 („Niedergang") StadtA Neuwied Best. 1 Nr. 632 sowie Berichte der Reichsbank Neuwied, 29.3.1901– 27.2.1903, Acta LZB Koblenz. 1907 Berichte des Bürgermeisters, 14.11.1908 und 19.11.1909 („Tiefpunkt überschritten"), StadtA Neuwied, sowie Berichte der Reichsbank, 18.11.1907 („augenblickliche Geldknappheit"), 24.3.1908 und 13.3.1909. Zu den konjunkturellen Störungen für das Rheinland allgemein WALTER DÄBRITZ: Die konjunkturellen Bedingungen des rheinisch-westfälischen Wirtschaftslebens. In: Wirtschaftskunde für Rheinland und Westfalen. Hrsg. Otto Most u. a., Berlin 1931, S. 73 ff., 85; zu den Bankjahren allgemein POHL, Konzentration, S. 161 ff.

[384] Tabellen 17 bis 23 sowie 12 und 14.

[385] Zit. nach REUTHER, S. 29. Gemeint waren Spareinlagen.

[386] Sitz der Kreissparkasse war nach wie vor das noch nicht eingemeindete Heddesdorf. Das Darlehen belief sich auf 30.000,– M zu vier Prozent p. a. REUTHER. Eine Neuwieder Raiffeisen Spar- und Darlehenskasse bestand von 1902 bis 1932 und hatte geringe Bedeutung. ZEITZ, Eine Idee, S. 34.

[387] Zum Folgenden: LEMCKE, S. 58 ff., 93 u. 97; FAUST, S. 371 ff.; GEORG DRAHEIM: Spitzenorganisationen im genossenschaftlichen Kreditwesen. Systematische Untersuchung über das Problem der Gestaltung, insbesondere der Vereinheitlichung, Diss. Berlin, Charlottenburg, o.J., S. 73 ff. Die Reichsbank betrachtete die Qualität des von der Zentral-Darlehnskasse angebotenen Wechselmaterials skeptisch (erhielt es freilich meist nicht, da die Wechselankaufssätze der Preußenkasse attraktiver waren). Bericht der Reichsbank Neuwied, 30.1.1901, Acta LZB. Zu den verlustbringenden Engagements gehörten Raiffeisen & Co. (Warengeschäft) und Unitas chemische Fabrik (Dünger), beide mit Sitz in Neuwied, letztere mit der Produktionsstätte in Lommel, Belgien, Provinz Limburg.

[388] Der Platz Neuwied mußte mit dem Verbleib der Raiffeisendruckerei zufrieden sein, die noch heute besteht. Bericht der Reichsbank Neuwied, 26.10.1910, Acta LZB

[389] Bericht der Reichsbank Neuwied, 27.4.1900, Acta LZB. „Soergel-Bank" 1864 unter Mitwirkung von Schulze-Delitzsch gegründet, 1904 mit der Dresdner Bank fusioniert. 100 Jahre WGZ, S. 21 f.

[390] Tabellen 11 bis 14. Konkurrenz zu Großbank-Filialen gab es damals noch nicht (zu ZEITZ, Eine Idee, S. 34).

[391] Domizil Luisenstraße 33. Adreßbuch 1896, S. 99. Das Institut warb mit einem breiten Dienstleistungsangebot einschließlich Wechsel- und Wertpapiergeschäft, z. B. NZ, 22.3.1894. Konkurseröffnung am 20.5.1902. NZ, 22.5.1902; s. a. NZ, 2.5. sowie 3. u. 30.7.1902. Im Adreßbuch von 1902, S. 100, ist die Volksbank nicht mehr verzeichnet.

[392] Bericht der Reichsbank Neuwied, 3.4.1905, Acta LZB. Zum folgenden Tabelle 22 und die dort angegebenen Quellen.

[393] Die erste Kapitalerhöhung um 100.000,– M auf 300.000,– M hatte bereits 1889 stattgefunden. Einladung zur Subskription NZ, 31.3.1890. Die hier genannten drei Kapitalerhöhungen 1897 auf 500.000,– M, 1899 auf 700.000,– M, 1903 auf 1.000.000,– M (1897 und 1899 verteilt sich die Einzahlung jeweils auf zwei, 1903 auf drei Jahre). In heutiger Kaufkraft etwa das Zehnfache. Mitteilung der Deutschen Bundesbank.

[394] Sechs Prozent auf das Kapital von einer Mio. M = 60.000,– M; der Reingewinn pro 1904 wird in der G + V mit 62.317,31 M ausgewiesen. NZ, 5.4.1905.

[395] AG Neuwied, Handelsregister, Bd. I HRB 9. Bericht der Reichsbank Neuwied, 26.1.1906, Acta LZB; KÄHLER, Tabelle S. 535; BRÄUTIGAM, S. 73 u. 119 mit Anlage 6. Zur Rheinisch-Westfälischen Disconto-Gesellschaft FRIEDRICH BREMEN: Aachener Disconto-Gesellschaft. Rheinische Disconto-Gesellschaft. Rheinisch-Westfälische Diskonto-Gesellschaft. Eine Bank in Aachen in der Zeit zwischen 1872 und 1917. Ein Beitrag zur Wirtschaftsgeschichte des Aachener Raumes, Aachen 1978, maschinenschriftlich, insbes. S. 116 u. 200. StadtA Aachen Best. CA 57; SEIDENZAHL, 100 Jahre Deutsche Bank, S. 427; KÄHLER, S. 536 ff. Am Nachbarplatz Koblenz hatte sie 1897 das Bankhaus Schmer & Co., 1901 die Coblenzer Bank (früher R.J. Goldschmidt) übernommen. KÄHLER, S. 535; MILKEREIT, S. 276.

[396] POHL, Konzentration, insbes. S. 161 ff., 232 ff., 235 f.

[397] Zum folgenden H.H. SPOO: 75 Jahre Deutsche Bank Neuwied 1911–1986, unveröffentlicht, StadtA Neuwied.

[398] 1875–1955, Justizrat.

[399] S. z. B. KRÜGER, S. 49 ff.; A. Schaaffhausen'scher Bankverein A.-G., Köln, 1848–1928. Den Freunden unseres Instituts anläßlich der internationalen Presseausstellung Köln 1928 überreicht, Köln 1928; BERNHARD HILGERMANN: Das Werden und Vergehen einer bedeutenden Provinzbank. A. Schaaffhausen'scher Bankverein AG 1848–1929, Köln 1973/74; CHRISTOPHER KOPPER, MANFRED POHL, ANGELIKA RAAB-REBENTISCH: Stationen, Frankfurt a. M. 1995, S. 15 ff.

[400] Berichte des Bürgermeisters an den Regierungspräsidenten betreffend die Lage der Industrie, 14.10.1910 („Aussichten zufriedenstellend") und 14.11.1911 („recht befriedigend"). StadtA Neuwied 1441. Zum Aufschwung der Neuwieder Blechindustrie SCHMITZ, 300 Jahre, S. 452 f. Die Industriekundschaft in Stadt und Kreis unterhielt trotz hoher Investitionen Guthaben. Friedrich Boesner, Hilgers AG, Chemische Hönningen, Basalt AG. Bericht der Reichsbank für 1911, 16.1.1912, Acta LZB. Bedeutende Firmengründungen jener Zeit: Furnierwerk Gustav Hobraeck 1911; Papierwerk Paul Reuther 1912; Gockelwerke (Waggonbau) und Winkler & Dünnebier (Kuvertmaschinen) 1913. S. a. WICK: Boesner, S. 43 ff. Allgemein WILHELM JANSSEN: Kleine rheinische Geschichte, Düsseldorf 1997, S. 345.

[401] Geschäftsbericht des A. Schaaffhausen'schen Bankvereins für 1911, S. 13: „... eine neue Geschäftsstelle in Neuwied errichtet, von der wir eine befriedigende Entwicklung erwarten dürfen".

[402] Kaufvertrag, 26.1.1911. AG Neuwied, Eintragung in das Grundbuch Neuwied, Bd. III Art. 118 am 22.2.1911, Grundakten Bl. 52 ff. Eintragung in das Handelsregister Bd. II HRB 56 S. 31, 38, 24.5.1911. NZ u. Rhein- und Wied-Zeitung, 3.4.1911. Mit diesem Jahr läßt die Deutsche Bank Neuwied als Rechtsnachfolgerin ihre Tradition beginnen (s. Anm. 397).

[403] NZ, 15.4.1911 (erstes und drittes Blatt).

[404] Die Pleite des benachbarten Hotels Hohenzollern gibt der „Näiwidder Schniß" die Gelegenheit zum „Reinfall bei Schaaffhausen".

[405] POHL, Konzentration, S. 185 f.

[406] AG Neuwied, Handelsregister, Bd. II HRB 72, S. 147, 18.6.1914; KÄHLER, S. 536 f.; SEIDENZAHL, S. 309 f.; GALL, Die Deutsche Bank, S. 44 f.

[407] AG Neuwied, Handelsregister, Bd. I HRB 33. Seit 1917 rechnet die Dresdner Bank das Bestehen ihrer Filiale Neuwied. Rhein-Zeitung, 10.9.1992. S. a. BREMEN, S. 137 ff., 142 ff.; BRÄUTIGAM, S. 68 f.; POHL, Konzentration, S. 316 f.;

Bankenfusion vor 50 Jahren. Dresdner Bank übernahm Rhein.-Westf. Disconto. In: Börsenzeitung, 6.9.1967; Dresdner Bank, gegründet 1872. HANS G. MEYEN: 120 Jahre Dresdner Bank. Unternehmens-Chronik 1872 bis 1992, Frankfurt a. M. 1992, S. 24 ff.

[408] Tabelle 19 und 20.

[409] Tabelle 16.

[410] S. Anm. 321; dazu die Berichte 30.1.1901, 25.1.1908 (in dem schwierigen Bankjahr 1907 reichte die Zentral-Darlehnskasse wieder verstärkt Wechsel ein) und Januar 1913. Zum Geschäft mit der Kreissparkasse Bericht 29.1.1903, Acta LZB.

[411] Andernach wurde 1899 gegründet, Höhr nach der Jahrhundertwende.

[412] Bericht 30.1.1902, Acta LZB. Verbindungen des Postscheckamts Köln zur Industrie in Neuwied und Umgebung s. Tabelle 16.

[413] Berichte 26.1.1906 und 25.1.1908, Acta LZB. Im Geschäftsjahr 1914 war größter Wechseleinreicher der Rasselstein im direkten, zweitgrößter die Rhein.-Westf. Disconto im indirekten Geschäft, Bericht 28.1.1915.

[414] Tabellen 7 und 9. Nachweisung über die Schulden der Stadt Neuwied nach dem Stande am 1.1.1915. LHA Best. 441, Nr. 21882, S. 183 ff. Entwicklung der Infrastruktur und Wohnhausbau bei MEINHARDT, 300 Jahre, S. 231 ff.; dort auch „Statistische Diagramme und Schaubilder", S. 559 ff., 562.

[415] Anm. 244. Die Reichsbank berichtete am 30.1.1901, das Anlagegeschäft mit der Kreissparkasse gehe zurück, Acta LZB.

[416] Gemessen am Geschäftsvolumen. Einlagen: LHA Best. 403, Nr. 10012, S. 461 u. 325; Ausleihungen: ebd., S. 465 u. 329. Gemessen an der Ausstattung mit eigenen Mitteln (Reservefonds) war die Stadtsparkasse am Vorabend des Weltkrieges noch das stärkere Institut. Ebd., S. 587. Das Institut der Stadt seit Satzung von 1901 „Sparkasse zu Neuwied", seit Satzung von 1911 „Städtische Sparkasse zu Neuwied". Archiv Sparkasse, General-Akten der Stadt Neuwied betreffend Statut der Sparkassen.

[417] Tabellen 6 bis 10.

[418] Tabelle 6 bis 10. Ab 1905 weichen die Zahlen der Stadtsparkasse vom Branchendurchschnitt in Preußen und dem Schwesterinstitut negativ ab. Der Stadtverordnete Schneidermeister Sulzbacher aus der Perspektive von 1928: „Etwa um 1908 begann der Niedergang". Rhein- und Wied-Zeitung, 6.12.1928.

[419] 1905 unterhielten bei der Stadtsparkasse ca. 45 % der Einwohner der Stadt Neuwied Sparkonten, bei der Kreissparkasse aber nur ca. sieben Prozent der Einwohner des Kreises (ohne die Städte Neuwied und Linz). Für die Rechnung wurde die Zahl der Sparbücher (Tabellen 11 und 13) um fünf Prozent – willkürlich – bereinigt, um Sparer mit zwei oder mehreren Konten zu berücksichtigen. Marktgebiet überschreitendes Sparen wurde nicht bereinigt, weil es sich vermutlich ohnehin kompensierte. Ew. Neuwied 18.000, Linz 5.000, Kreis im übrigen 65.000. GRAAFEN, S. 163 u. 168; s. a. 300 Jahre, S. 561.

[420] Rendant von 1890–1918. 125 Jahre SSK, S. 133. 1911 wurde Beck vorgeworfen, er habe seine Amtspflichten „dauernd in gröblicher Weise vernachlässigt". Disziplinarstrafverfügung des Regierungspräsidenten, Zurückweisung der Beschwerde durch den Oberpräsidenten, LAH 441 Nr. 21865, S. 323–517; Urteil des Oberverwaltungsgerichts in Berlin gegen Beck LHA Best. 441, Nr. 21882, S. 5 ff.; Sulzbacher in: Rhein- und Wied-Zeitung, 6.12.1928. Bereits 1908 wurde eine Änderung der Wertstellung von Spareinlagen mit „dem Vorgehen der Kreissparkasse hierselbst" begründet. LHA Best. 41, Nr. 21865, S. 167.

[421] RGBl. 1908 Nr. 12, S. 71 ff.

[422] Die Zunahme des bargeldlosen Verkehrs wurde von der Reichsbank Neuwied in ihrem Bericht über 1912 vom Januar 1913 ausdrücklich vermerkt. Acta LZB.

[423] 100 Jahre KSK, S. 82.

[424] Genehmigung, 31.10.1911, LHA Best. 403, Nr. 16496, S. 103; 100 Jahre KSK, S. 82. Kontokorrent- und Depositenverkehr pflegten 1912 13 % der preußischen Sparkassen. ASHAUER, Übersicht 50, S. 201.

[425] „Ausführungs-Bestimmungen über den Scheckverkehr auf Sparguthaben bei der städtischen Sparkasse zu Neuwied" in 125 Jahre SSK, S. 82 ff.; dazu allgemein WYSOCKI, Untersuchungen, S. 180 f.: „Zukunftsblindheit" u. a. aus schlechtem Gewissen wegen „bankmäßigen", d.h. risikoreicheren Geschäfts.

[426] Der Bürgermeister an den Regierungspräsidenten unter dem Betreff „Entwicklung der öffentlichen Sparkassen zu bankmäßigen Betrieben" am 4.5.1917: „Bisher ist aber die Einrichtung – scl. Scheckverkehr zu Lasten Spar – noch nicht durchgeführt". LHA Best. 441, Nr. 21882, S. 261 ff.

[427] KURT WÄCHTLER: 75 Jahre Städtische Sparkasse. In: NZ, 26.9.1925: „Leider geschah dies – scl. Einführung des Scheckverkehrs zu Lasten Kontokorrent – erst reichlich spät, was sich in der allgemeinen Entwicklung der Städtischen Sparkasse sehr zu ihrem Nachteil bemerkbar gemacht hat". W. war Rendant von 1920 – stv. – bzw. 1922 – ordentl. – bis 1927. 125 Jahre SSK, S. 133. In dem in Anm. 426 genannten Bericht des Bürgermeisters heißt es: „Größere Geschäftsleute werden auch der Sparkassen sich nicht bedienen, solange diese nicht bankmäßige Einrichtungen treffen", das sind Kontokorrent und -kredit sowie Wechselinkasso und -kredit. Zur positiven Entwicklung der Geschäfte nach Einführung des Scheckverkehrs bei der KSK: KROKE, 100 Jahre Kreissparkasse.

[428] Genehmigung, 20.8.1919, LHA Best. 403, Nr. 16613; 125 Jahre SSK, S. 87.

[429] 1913 stand unter den 13 KSK des Reg. Bez. Koblenz die KSK Neuwied bei Einlagen nach Altenkirchen und vor Simmern an zweiter, bei Ausleihungen nach Altenkirchen, Wetzlar, Simmern und vor Mayen an vierter Stelle. Die SSK Neuwied stand unter den neun SSK des Reg. Bez. in beiden Beziehungen nach Koblenz und vor Kreuznach an zweiter Stelle. Nachweisungen in LHA Best. 403, Nr. 10012.

[430] Lebendige Darstellungen der Verhältnisse in der Kreissparkasse geben zwei Berichte aus jener Zeit in 100 Jahre KSK, S. 73 ff. u. 79 ff.

[431] Heimatchronik, S. 277.

[432] 100 Jahre KSK, S. 79.

[433] 100 Jahre KSK, S. 80. Zur Konstanz der Geschäfte der Sparkassen bis zum Ersten Weltkrieg WYSOCKI, S. 79 f. u. 84 f.

[434] Tabellen 11 bis 14 sowie 17 und 18 zeigen die „kurzen Atempausen" von 1900/01 und 1907/08. DÄBRITZ, Die konjunkturellen Bedingungen, S. 85. S. Anm. 249.

[435] In den altwiedischen Gebieten des Kreises galt Nassau-Katzenelnbogisches Recht, in den ehemals Kurtrierischen und -kölnischen Teilen das des jeweiligen Erzstifts. Heimatchronik, S. 149; s. a. ALOIS THUL, insbes. S. 94 ff., 100, 123.

[436] RGBl. 1896 Bd. I Nr. 32.

[437] Landesbank s. Anm. 207, seit 1885 Bodenkreditinstitut, Rechtsvorgänger der Landesbank Rheinland-Pfalz; Kommunalkredit s. Nachweisung über Schulden der Stadt Neuwied nach dem Stande am 1.1.1915 Nr. 3 (Beginn der Tilgung 1897) und Nr. 40 (1912), s. Tabelle 24; Realkredit: AG Neuwied, Grundbuch Heddesdorf, Bd. I Art. 15 III 2 u. 3 von 1897 u. 1901 (heutiges DRK-Krankenhaus); Grundbuch Neuwied, Bd. II Art. 54 III 4 von 1905 und Bd. III Art. 142 III 2–4 von 1907, 1913 u. 1914. Preußische Pfandbrief-Bank Aktiengesellschaft, Berlin, gegründet 1862 (heute: Frankfurter Hypothekenbank Centralboden, Frankfurt a. M.) Nachweisung p.p. Nr. 34 u. 37. Preußische Central-Bodencredit-Actiengesellschaft, Berlin, gegründet 1870 (heute: Frankfurter Hypothekenbank Centralboden, Frankfurt a. M.) Nachweisung Nr. 39; Grundbuch Neuwied Bd. I Art. 35 III 5 und Bd. II Art. 76 III 7, beide von 1910; wohl auch Bd. I Art. 16 III 3 von 1905. Rheinisch-Westfälische Boden-Creditbank, Köln, gegründet 1894 (heute: Rheinboden Hypothekenbank AG, Köln) Grundbuch Neuwied, Bd. I Art. 6 III 8 von 1895 und Art. 22 III 2–4 von 1904.

[438] Adreßbücher von Neuwied 1896, Anzeigen S. 41, bis 1936, S. 202 u. 212; 1899 Anzeigen S. 50 erstmals Hypotheken-Bank-Vertretung. S. H. = Salomon Hirsch, 1829–1907, Mitglied der Synagogengemeinde, REGNERY, S. 460, mit Ehefrau Henriette geb. Mayer Eigentümer des Grundstücks Engerserstraße 4, Grundbuch Neuwied, Bd. II Art. 71 (angelegt 1875); Gräber auf dem jüdischen Friedhof in Neuwied-Niederbieber; um 1920 Leopold Loeb. REGNERY, S. 234. Genannt seien ferner Aron und Karl Lichtenstein (s. Anm. 128), Agentur der Rheinisch-Westfälischen Boden-Credit-Bank, Adreßbücher 1896, S. 98, bis 1905, S. 155, der Landesbank der Rheinprovinz, Adreßbuch 1909, S. 120, sowie Valentin Reisdorf, „Immobilien- und Hypothekengeschäft, Hauptvertretung erster deutscher ... Hypothekenbanken", Adreßbuch 1902, Anzeigen S. 60, s. a. S. 96 ff. u. 153 ff., u. a. der Preußischen Pfandbriefbank, NZ, 23.1. u. 6.2.1904.

[439] Die „alte LZB", Bahnhofstr. 15–19; das Grundstück Nr. 15 ist identisch mit der früheren Nr. 6, auf dem die Reichsbanknebenstelle seit ihrer Gründung saß. Adreßbücher 1902 Nr. 6; 1905 Nr. 15. Sie wurde in zwei Bauabschnitten nicht ohne kriegsbedingte Schwierigkeiten erbaut. LZB Koblenz, Acta der Reichsbankstelle in Coblenz betreffend Neubau Neuwied, 14. Mai 1915 – 15. November 1922.

[440] Berichte 30.7. u. 23.11.1914. Acta LZB; ASHAUER, S. 217.

[441] Berichte der Reichsbank Neuwied 25.1.1916 u. 27.1.1917, Acta LZB; Tabelle 25 und 28.

[442] Hierzu allgemein KONRAD ROESLER: Die Finanzpolitik des Deutschen Reiches im Ersten Weltkrieg, Berlin 1967; HEINZ HALLER: Die Rolle der Staatsfinanzen für den Inflationsprozeß. In: Währung und Wirtschaft in Deutschland, S. 115 ff. mit Tabellen S. 133 f. u. 172.

[443] Stadtsparkasse LHA Best. 441, Nr. 21882, S. 171, 197, 255, 251 265, 269, 279, 321. Kreissparkasse LHA Best. 441, Nr. 21860 für V.-VIII. Kriegsanleihe. Im Reich und in Preußen überwog dagegen der Kundenanteil. ASHAUER, S. 226.

[444] Die Bilanzen des A. Schaaffhausen'schen Bankvereins Neuwied für die Jahre 1914 bis 1918 enthalten keine Bestände an Kriegsanleihen. Archiv Deutsche Bank Neuwied.

[445] „Klein- und Sammelzeichnungen" bei der Stadtsparkasse, u. a. Haussammlungen, Schulzeichnungen, Kriegssparbücher, für Anleihen VI-IX. LHA Best. 441, Nr. 21883, S. 259, 271, 283, 319.

[446] NZ, 27.4.1916 zur V. u. 23.4.1918 zur VIII. Kriegsanleihe (17 %). Stimmungsbericht, 15.11.1916 zur VI. Kriegsanleihe: LHA Best. 441, Nr. 21860, S. 53 ff. (20 %).

[447] LHA Best. 441, Nr. 21860, S. 63. Ein Beispiel für den Einsatz des Landrats ist sein Werbebrief für die VIII. Anleihe an den Pfarrer von Feldkirchen, 18.3.1918 in BRUNO ZEITZ: Hüllenberg, 1986, S. 166.

[448] LHA Best. 441, Nr. 21860, S. 53 ff.

[449] Ebd., S. 101 ff.

[450] Brief des Ortsausschusses zur Förderung der VI. Kriegsanleihe an Julius Ransenberg, März 1917, abgedruckt bei REGNERY, S. 428 f.

[451] LHA Best. 441, Nr. 21860, S. 109 f. (erster Satz des Zitats im Original unterstrichen). Als Beispiel für aggressive Werbung Anzeige der Rhein.-Westf. Diskonto-Gesellschaft in NZ, 13.4.1917. Für die Zeichnung der letzten Kriegsanleihe – Zeichnungsfrist 21.9.-6.11.1918 – warb die Branche in der NZ, 25.9.-4.11. mit insgesamt 30 Anzeigen.

[452] Gesetz über die Ablösung öffentlicher Anleihen, 16.7.1925.

[453] Insgesamt 340.000,– M. Bericht der Reichsbank Neuwied, 25.1.1919, Acta LZB.

[454] Prot. der Aufsichtsratsitzung, 27.6.1919, ARAG, Protokollbuch des Aufsichtsrats der Rasselsteiner Eisenwerks-Gesellschaft mbH

[455] Aufruf des Preuß. Ministers des Innern 25.2.1915, zur eigenen Zeichnung auch gegen Lombardkredit. LHA Best. 441, Nr. 21858, S. 587. JOSEPH MUTH: Die öffentlichen Sparkassen. In: Jubiläumsausgabe der Rhein- und Wied-Zei-

tung, 26.9.1925, S. 7: „Die Beteiligungen an der Kriegsanleihe sind ein Ruhmesblatt in der vaterländischen Geschichte unseres Volkes".

[456] LHA Best. 441, Nr. 21882, S. 171, 197, 265. Preuß. Gesetzsammlung 1913 Nr. 2, S. 3 ff.

[457] Dazu allgemein ROESLER, S. 142.

[458] ROESLER, S. 81 f., 141 f. Zu 2) Stadtsparkasse Schreiben des Regierungspräsidenten, 25.3.1915, LHA Best. 441, Nr. 21882, S. 537 f., s. a. S. 543; Kreissparkasse Schreiben des Landrats und des Regierungspräsidenten, 18.3. u. 23.6.1915, Nr. 21858, S. 589 f. u. 603 ff., sowie 15.4.1916, S. 644. Dazu WILLIAM ALTHOFF: Die Tätigkeit der Landesbank der Rheinprovinz in und nach dem Kriege, Diss. Köln 1925, S. 16 u. S. 22; zu dem damit gegebenen Inflationspotential HALLER, S. 127, und ROESLER, S. 140.

[459] Zur subjektiven Seite immer noch MUTH 1925; „Ruhmesblatt" (Anm. 455). Nachdenklich 1938 Maximilian MÜL-LER-JABUSCH: Oskar Schlitter, zit. nach ND Krefeld 1955, S. 69: „Denn ... das heiße Begehren, Sieger zu sein, trübt den Blick und hindert die Überlegung, kalt und nüchtern zu bleiben. Aber auch der, der das Geschehen in seiner nackten Wirklichkeit erkennt, muß schweigen". (Schlitter war 1906 bis 1908 und 1912 bis 1932 Mitglied des Vorstandes der Deutschen Bank.)

[460] Bericht der Reichsbank Neuwied über das Geschäftsjahr 1918, 25.1.1919, Acta LZB.

[461] Nachweisung über den Geschäftsbetrieb und die Ergebnisse der Städtischen Sparkasse zu Neuwied für 1919, 25. April 1920, in Archiv Sparkasse, Special-Akten der Stadt Neuwied betreffend: Übersicht des Geschäfts-Verkehrs bei der Sparkasse.

[462] März 1918. Briefe des Vorsitzenden des Kreisausschusses, 27.4. u. 16.6.1925, sowie des Bürgermeisters, 2.6.1925, an den Regierungspräsidenten, LHA Best. 441, Nr. 21882, Bl. 551 ff.

[463] HALLER, S. 137 ff.

[464] Tabelle 18. Zur Inflation in Neuwied WOLFGANG DIETZ: Der Landkreis Neuwied. Weimarer Republik, Nationalsozialismus, Nachkriegszeit, Neuwied 1992, S. 84 ff.

[465] 100 Jahre KSK, S. 88. Die Angaben zu Schaaffhausen von dem damaligen Angestellten und späteren Prokuristen Siegfried Hinerasky, Neuwied.

[466] Berichte der Reichsbank Neuwied, 29.1. und 13.2.1923 (letzterer ein Hilferuf), Acta LZB.

[467] HANS DIETER HILDEBRANDT: Neuwieder Inflationsgeld 1917–1923, Koblenz 1978.

[468] Zu den Neuwieder Druckereien SCHMITZ, S. 463 f. Zu den Firmen Gockelwerke s. Anm 400 und 472; Friedrich Remy Nachf. s. WOLFRAM, S. 39 ff, Heimatchronik, S. 307 f., beide Neuwied (sie bestehen nicht mehr); Lüscher & Bömper, Fahr (heute: Lohmann KG, s. Anm. 3, Heimatchronik, S. 302 ff.), und Karl Wagner Beinwarenfabrik, Niederbieber (heute: Krila Knopffabrik Karl Wagner GmbH; u. Anm. 553); AUGUST WELKER, KARL-HEINZ SCHMELZER: 150 Jahre Amt Niederbieber-Segendorf 1817–1967, Neuwied 1967, S. 181 ff.

[469] Bericht der Reichsbank Neuwied, 29.1.1923, Acta LZB; Mitteilung von Paul Altmann, damals Angestellter der Dresdner Bank, später Leiter der Filiale der Deutschen Bank Neuwied.

[470] Der Leiter der Reichsbank hatte bereits in seinem Bericht, 29.1.1923, Gewaltmaßnahmen befürchtet, „denen der gehorsamst Unterzeichnete pflichtgemäß begegnen wird"; er war am 17.10.1923 noch in französischer Haft. S. a. Berichte 25.8. und 17.10.1923, Acta LZB; DIETZ, S. 102; MEINHARDT in: 300 Jahre, S. 253; MAIER, Casino S. 83. „Bankdirektor Förster" war Leiter der Filiale des Schaaffhausen'schen Bankvereins. P.H. Schrauth, Seifen- und Glyzerin-Fabrik, Brief bei den Acta LZB.

[471] Hermannshütte s. Anm. 342, zur Stillegung WOLFRAM, S. 35; MEINHARDT, in 300 Jahre, S. 231; STELZ, S. 65. 125 Jahre Rheinstahl Concordia-Hütte GmbH, Bendorf. In: Heimatkalender des Landkreises Neuwied 1964, S. 135 ff. S. a. WICK, Boesner, S. 47.

[472] S. Anm. 468; NZ, 6. u. 10.11. sowie 31.12.1925, 21. u. 25.1.; 1., 15., 16., 23. u. 27.2.; 23. u. 31.3. sowie 1. (Dresdner Bank im Gläubigerbeirat), 21. u. 24.4.1926; WOLFRAM, S. 31 f.; DIETZ, S. 130 f.

[473] NZ, 9.4.1926 ohne Hinweis auf den Zusammenhang mit den Gockelwerken: „... Dresdner Bank ..., deren gesteigertem Betrieb ein Platz wie Neuwied, zumal angesichts der schweren Wirtschaftskrise der heimischen Industrie und andererseits der in den letzten Jahren immer stärker hervorgetretenen Konkurrenz, mit seinen schwächeren Umsätzen nicht genügen konnte ..."; HILDEBRANDT, S. 8. Zwischen 1922 und 1926 zog sich die Dresdner Bank reichsweit von 122 auf 86 Plätze zurück. Chiffren, S. 285; MEYEN, 120 Jahre Dresdner Bank, S. 95 ff.

[474] S. S. 26 u. 32.

[475] An Dienstleistung gewöhnt, betrieb er später eine Pension bei Schalkenmehren/Eifel; dort gestorben 1948. Mitteilung der Verbandsgemeinde Daun.

[476] AG Neuwied, Handelsregister, Bd. II HRB 72, S. 153, 27.3.1926, u. S. 154, 24.4.1926; SPOO, 75 Jahre Deutsche Bank, S. 6. Die Direktoren Karl Schippel und Ewald Glaser waren Mitglieder des Casino-Gesellschaft. MAIER, S. 91, 93.

[477] MEINHARDT, in 300 Jahre, S. 258 ff.; 125 Jahre SSK, S. 100 f.; DIETZ, S. 128.

[478] Verwaltungsgebäude Moltke-(heute: Wilhelm Leuschner)-Straße, 1920 bezogen. 100 Jahre, S. 87; Foto in WALTER EGGERS: Neuwied, Ein Streifzug durch die Geschichte der Stadt, Neuwied 1982, S. 220. Landkarte des Kreises Neuwied mit den Zweigstellen in 100 Jahre, S. 90. S. a. ZEITZ, 150 Jahre Sparkasse Neuwied, S. 45 ff. Zu den schwierigen Geschäftsjahren 1923 und 1924 Personalakte Josef Muth II, 18.2.1926, Kreisverwaltung Neuwied. Unter 430 Sparkassen in der Rheinprovinz und in Westfalen stand sie an 27., im Regierungsbezirk Koblenz an erster Stelle. Statistik des Rhein.-Westf. Sparkassenverbandes, 30.6.1925, bei MUTH, S. 7.

[479] 1887 (Neuwied) – 1980. 1905–1918 bei der Kreissparkasse Neuwied; 1918–1924 Direktor der Linzer Stadtbank, Linz a.Rh.; 1924–1933 und 1945–1956 Direktor der Kreissparkasse Neuwied. Würdigung in Rhein-Zeitung, 3.4.1956.

[480] Der Zusammenhang wird im Bericht des Rhein.-Westf. Sparkassenverbandes über die Revision des Jahres 1932 hervorgehoben: „... daß der bankmäßige Ausbau (scl. der KSK) zum Teil zwangsläufig überstürzt wurde, durch den Ausfall der Großbanken (scl. der Dresdner), die seinerzeit von der Neuwieder Industrie abrückten" (entstammt der Plural der Argumentation der KSK, die angesichts des schlechten Revisionsergebnisses den Zwang der Lage übertrieb?). Das Zitat aus dem Revisionsbericht findet sich in der Anklageschrift der Staatsanwaltschaft im sog. Neuwieder Sparkassenprozeß, NRW HSTA Best. 21/119, Bl. 66, die insoweit als zuverlässige Quelle erscheint. Im Prozeß selbst wird der Zusammenhang Gegenstand der Verhandlung. Aussage des Vertreters des Sparkassenrevisionsverbandes Spies, NZ, 24.1.1934; im Schlußwort von Verhülsdonk betont: „Damals, als sich die Großbanken aus unserem Wirtschaftsbezirk zurückzogen, standen wir vor der Frage: Sollen wir Firmen fallen lassen und deren Arbeiter brotlos machen?" NZ, 1.2.1934; und auch im Urteil gewürdigt. DIETZ, S. 131. Übrigens findet sich der unzutreffende Plural noch bei ZEITZ, Eine Idee, S. 27.

[481] Urteil des Landesbankdirektors Schierjott, Köln, Geschäftsführer des Rhein.-Westf. Sparkassenverbandes, zit. in NZ, 21.12.1927. Das Hinterland war noch vorwiegend landwirtschaftlich orientiert. WALTHER FRONEBERG: Von Stadt und Kreis Neuwied. Adreßbuch für den Kreis Neuwied, Neuwied 1927, S. 3 ff., 9. Die Unternehmen des Kreises hatten ihren Sitz immer noch ganz überwiegend in der Stadt.

[482] NZ, 21.12.1927.

[483] Ebd. Ein Fall des Glaubens an die Scheinblüte nach Ansicht des Rechtsanwalts Kleefisch, Verteidiger des Vorstandsvorsitzenden Landrat Großmann, Anm. 524.

[484] Brief, 2.6.1925, an den Regierungspräsidenten, der den Vorgang daraufhin ad acta legte. LHA Best. 441, Nr. 21882, S. 551 ff. Die Stadtverordnetenversammlung hatte die Fusion bereits am 1.2.1922 mit einem Stimmenverhältnis von 26 zu 1 abgelehnt. Ebd. Zur Geschäftsentwicklung s. Tabelle 28.

[485] 125 Jahre, S. 128 u. 77. Diskussion und Beschluß der Stadtverordnetenversammlung in Rhein- und Wied-Zeitung, 6.12.1928. Foto 125 Jahre, S. 102; EGGERS, S. 47; Zeitz, 150 Jahre Sparkasse Neuwied, S. 51.

[486] Unter Hinweis auf die Schließung der Dresdner Bank und diese Einschätzung der nunmehr einzigen Privatbank am Platze beantragte die Kreissparkasse 1926 ihre Zulassung als Devisenbank. LHA Best. 441, Nr. 21860, S. 427 (Genehmigung S. 445); dazu MURA, S. 244 f. Die Einschätzung der Schaaffhausen'schen Filiale wird durch deren Zahlen bestätigt (Tabelle 37).

[487] Mannfeld 1894–1967. Schreiben der Zentrale des Schaaffhausen'schen Bankvereins, Köln, an die Filiale, 1.2.1927. Archiv Deutsche Bank Neuwied, Akte Personalia von 1927–1933; AG Neuwied, Handelsregister, Bd. 2 HRB 72 S. 154, 6.12.1928; Versetzung zur Deutschen Bank Metz 1941. Grab auf dem Friedhof an der Melsbacher Straße in Niederbieber, III 296 u. 297. Altmann 1902–1990, Leiter der Deutschen Bank Neuwied von 1941–1967. Handelsregister HRB 36 Bl. 2 verso; SPOO, 75 Jahre Deutsche Bank, S. 6. Grab auf dem Friedhof an der Elisabethstraße, IV 435 u. 436. Zu beiden Handelsregister, Bd. I HRB 34 S. 289, 5.6.1941.

[488] 1922 REUTHER, S. 31.

[489] Dierdorfer Straße 9. 125 Jahre Raiffeisenbank Neuwied, S. 16.

[490] Zum folgenden Aufsichtsratsprotokolle der Rhein- und Wied-Druckerei 22.9.1925 u. 1.10.1926 in nicht zugänglichem Privatbesitz. Im wesentlichen übereinstimmend die Darstellung in der Anklageschrift im sog. Neuwieder Sparkassenprozeß. NRW HSTA, Best. 21/119, Bl. 68 ff. S. a. den Schriftsatz der für E. Verhülsdonk auftretenden Rechtsanwälte Cullmann und Bockius, Mainz, 6.10.1933, S. 8, LHA Best. 700, 173, Nr. 7.

[491] 1919 gegründet, heute Johannesbund e.V. mit Hauptsitz in Leutesdorf bei Neuwied.

[492] Das entsprach ca. 380.000,– RM. Die Anleihe hatte eine Laufzeit von vermutlich zehn Jahren und war mit acht Prozent Zins und einem Prozent p. a. Provision ausgestattet. Mercantil-, Effecten-, Trust- en Administratie Bank N.V., 1924–1934. Kleineres Institut, das von der Niederlassung Nijmegen der Niederländischen Zentralbank zurückhaltend beurteilt wurde. Archief Nederlandse Bank, Amsterdam, 2.4 Metabank N.V.

[493] Rhein- und Wied-Zeitung gegründet 1875 in Linz, seit 1908 in Neuwied, in der Rhein- und Wied-Druckerei verlegt. Chefredakteur Eduard Verhülsdonk (seit 1911). Zur damaligen Situation 50 Jahre Rhein- und Wied-Zeitung in der Ausgabe 6.5.1925. Sie mußte 1937 ihr Erscheinen aufgrund einer Verfügung des Präsidenten der Reichspressekammer einstellen. Rechtsnachfolgerin ist die heutige Neuwieder Verlagsgesellschaft mbH, Neuwied. „Glückauf" Rheinische Bimsverwertungs-Gesellschaft mbH vorm. I. Weber, Neuwied-Weißenthurm.

[494] Am Rande sei das kleine Kölner Bankhaus Beissel erwähnt, das Mitte der zwanziger Jahre eine Neuwieder Filiale unterhielt. Werbeanzeige z. B. in der Fremdenliste des Luftkurorts Rengsdorf, 26.7.1924; Adreßbuch 1927 unter „Banken". Gemietete Geschäftsräume Engerser Straße 30 „Parterre rechts"; ein Foto im Besitz von Kurt Strasburger, Neuwied, zeigt das Gewerbe gewissermaßen an seinem unteren Ende. Beissel & Co. („Schecks und telegrafische Auszahlungen auf alle Hauptplätze der Erde stehen durch unser Kölner Haus zur Verfügung") war ein zwischen 1922 und 1924 gegründetes Bankhaus, das über das Bankgeschäft von Ernst Sicking Ursprung des Bankhauses C.M. Götte ist. Kölner Adreßbücher von 1922 zu Beissel, 1925 zu „Hof (am) 2 A" und Beissel; 1935 zu Beissel; 1943, 1950 und 1951 zu Sicking; Kölnische Rundschau, 2.7.1988. Karl Beissel, Bankdirektor, Köln, war a. o. Mitglied der Casino-Gesellschaft. MAIER, S. 95.

[495] AG Neuwied, Genossenschaftsregister, Bd. II Nr. 87, eingetragen am 18.1.1929, und die dazu gehörige Spezial-akte.

[496] In dem auch heute noch ansehnlichen Haus Marktstraße 62/66.

[497] Die „Danatbank" war 1922 aus der Vereinigung der 1853 in Darmstadt gegründeten Bank für Handel und Industrie und der 1920 durch Fusion entstandenen Nationalbank für Deutschland KG a.A. hervorgegangen. Chiffren, S. 286. Die Neuwieder Filiale wurde nicht ins Handelsregister eingetragen.

[498] Geschäftsbericht für 1928, S. 4. LHA Best. 441, Nr. 21860, S. 576. Dazu HERMANN KELLENBENZ: Deutsche Wirtschaftsgeschichte, Bd. 2, München 1981, S. 431 f. („Bankwelt allgemein von einem zu starken Optimismus erfüllt"). Zur Weltwirtschaftskrise in Neuwied DIETZ, S. 170 ff. '

[499] SEIDENZAHL, S. 312 ff., insbes. 317 f.; 431 f.; GERALD D. FELDMAN in: Die Deutsche Bank 1870–1995, München 1995, S. 258 ff. Die Deutsche Bank, 1870 gegründet, war bereits damals die führende deutsche Großbank. SEIDENZAHL, S. 316.

[500] SEIDENZAHL, S. 317. Natürlich wurde die Filiale unverzüglich – unter dem 11.11.1929 – nach Möglichkeiten des Personalabbaus gefragt, die durch die Fusion eröffnet wurden. Archiv Deutsche Bank Neuwied, Akte Personalia, 1.2.1927–28.2.1933.

[501] AG Neuwied, Handelsregister, Bd. II HRB 72 S. 155, 2.1.1930.

[502] AG Neuwied, Handelsregister, Bd. III HRB 200, 3.1.1930. Wegen der sehr engen Beziehungen zum Ruderverein der kaufmännischen Kreise der Stadt, der Neuwieder Rudergesellschaft (NRG), sagte man scherzhaft „Deutsche Bank und Rudergesellschaft". Zur NRG 100 Jahre Neuwieder Rudergesellschaft 1883–1983; im Verzeichnis der Vorsitzenden Mannfeld – 1930 -; unter „Deutsche Meister" Paul Altmann.

[503] „Das Deutsche Reich braucht hier (scl. bei der „DeDiBank" im Gegensatz zu den anderen Großbanken in der Bankenkrise) nicht zu intervenieren". Zitat bei SEIDENZAHL, S. 338. Immerhin mußten 35 % des Aktienkapitals bei der Deutschen Golddiskontbank, einer Tochter der Reichsbank, in Pension gegeben werden. KARL ERICH BORN: Die deutsche Bankenkrise 1931, Finanzen und Politik, München 1967, S. 170; SEIDENZAHL, S. 339, 360; FELDMAN in: Die Deutsche Bank 1870–1995, S. 309.

[504] AG Neuwied, Handelsregister, Bd. III, S. 200.

[505] BORN, Bankenkrise; ders.: Bankenkrisen der Zwischenkriegszeit. In: Ursachen, Anlässe und Überwindung von Bankenkrisen, BA, Bh. 17, S. 22 ff., 26; HEINRICH IRMLER: Bankenkrise und Vollbeschäftigungspolitik (1931–1936). In: Währung und Wirtschaft, S. 283 ff.

[506] BORN, Bankenkrise, S. 84, 97 f.; KELLENBENZ, in: Petri-Droege, S. 144; MILKEREIT, ebd., S. 279 f.; MURA, S. 95 mit Literatur in Anmerkungen; ASHAUER, S. 246 ff.

[507] Anfang 1932 berichtete Bürgermeister Krups dem Finanzausschuß des Stadtrats: „Die Sparkasse leidet unter der Illiquidität der Rheinischen Landesbank, wo die flüssigen Reserven angelegt waren, sowie unter dem allgemeinen Rückgang der Spareinlagen." NZ, 1.2.1932.

[508] BORN, Bankenkrise, insbes. S. 90 ff. u. 184 ff.; IRMLER, S. 286 (Folge zu starker Expansionspolitik). Telegramm der Geschäftsleitung an die Filialen, im Original abgedruckt bei MEYEN, S. 81.

[509] Verordnung des Reichspräsidenten über Bankfeiertage und Verordnung zur Durchführung jener Verordnung, beide 13.7.1931, RGBl. I 1931 Nr. 30.

[510] S. Anm. 507.

[511] BORN, Bankenkrise, S. 167 ff.; IRMLER, S. 295; MEYEN, S. 80 ff. Verschmelzung rückwirkend zum 1.1.1931.

[512] HILDEBRANDT, S. 8; Heimatchronik, S. 287 mit Foto.

[513] Wer „die anderen Kreditinstitute Neuwieds vergeblich abgegrast ...", fand hier Kredit. Bericht vor dem Gläubigerausschuß, in dem auch von „Bilanzakrobatik" die Rede ist. NZ, 30.1.1932.

[514] AG Neuwied, Handelsregister, Bd. II HRB 72, S. 154, 24.4.1926, u. S. 151, 29.9.1922, sowie S. 40 f. mit Anm. 476. Mitglied der Casino-Gesellschaft. MAIER, S. 91.

[515] AG Neuwied, Spezial-Akte zum Genossenschaftsregister, Bd. II Nr. 87, Bl. 1 u. 29. Urteil des Landgerichts Neuwied – 2 O. 135/32 –, 23.2.1933, bei den Grundakten zum Grundbuch Neuwied, Bd. 31 Bl. Nr. 1310 (S. 89), Bl. 97.

[516] NZ, 13.2. u. 3.3.1932.

[517] AG Neuwied, Spezial-Akte zum Genossenschaftsregister des Bd. II, Nr. 87, Bl. 40 u. 42., Az. 6 V N 2/32 u. 6 N 11/32. Max Bergheim, – 1941, Mitglied der Casino-Gesellschaft. MAIER, S. 90.

[518] Urteil Anm. 515.

[519] NZ sowie Rhein- und Wied-Zeitung, 16., 17. u. 18.3.1933; Chronik Engers, StadtA Neuwied 510 Nr. 2, S. 24 f. S. a. LHA Best. 700, 175, Nr. 1, 17.3.1933.

[520] Mitteilung von Dr. Hans Joachim Ulrich, Neuwied.

[521] Berichterstattung Neuwieder Firmen und des Vereins für Handel und Gewerbe, Neuwied, über die Geschäftsentwicklung in den Jahren 1928 bis Mitte 1932 sowie Bericht des Innungs-Ausschusses des Neuwieder Handwerks, 24.3.1930, an die Stadt Neuwied, StadtA Neuwied 1, 1467, Bl. 230–323; Dietz, S. 178 f.; WALTER GROSS: Die Zusammenschlußbewegung der rheinischen Bimsindustrie, ihre Ursachen, möglichen Formen und Wirkungen, Neuwied 1936, S. 24; 130 Jahre Rheinische Bimsindustrie. Hrsg. Verband Rheinischer Bims- und Leichtbetonwerke e.V., Neuwied 1981, S. 10 u. 21. Einer der Lieferanten der Branche, die 1928 gegründete Zementfabrik Wicking-Werke, Neuwied, überlebte dank der Fusion der Wicking AG, Münster i.W., mit der Dyckerhoff & Söhne GmbH, Amöneburg (heute Werk Neuwied der Dyckerhoff AG, Wiesbaden). NZ, 11. u. 13.6.1931; 300 Jahre, S. 459; Wolfgang MÜLLER-HAESELER: Die Dyckerhoffs. Eine Familie und ihr Werk, Kempten 1989, S. 94 ff.

[522] Urteil des Landgerichts Neuwied im sog. Neuwieder Sparkassenprozeß, Rhein- und Wied-Zeitung, 5.2.1934.

[523] Bericht der Filiale an die Hauptfiliale Köln zur Gewinn- und Verlustrechnung für 1932, 18.1.1933, Archiv Deutsche Bank Neuwied, Akte Revisionsvorschriften; s. a. Tabelle 26.

[524] Die damaligen Schwierigkeiten der Kreissparkasse wurden einer breiten Öffentlichkeit einige Jahre später durch den „Neuwieder Sparkassenprozeß" bekannt. Die Revisionen der Jahre 929–32 hatten zu Beanstandungen von Krediten geführt, die gravierend genug waren, der Aufsichtsbehörde zur Kenntnis gebracht zu werden. LHA Best. 441, Nr. 21860, S. 639, 13.11.1930; Aussage des Direktors Römer, Revisionsleiters des Rhein.-Westf. Sparkassenverbandes, NZ, 25.1.1934. Der Vertreter des Sparkassenrevisionsverbandes, Direktor Spies, sagte im Prozeß aus, Kredite und Überziehungen seien zugestanden worden wie in keiner anderen Sparkasse des Rheinlandes. NZ, 24.1.1934. Auch ein Fall des Glaubens an die Scheinblüte – so die Diagnose des Rechtsanwalts Kleefisch, Köln, Prozeßbevollmächtigter des Landrats Großmann. NZ, 30.1.1934. Ähnlich der Kommentar der mit der Geschäftsleitung jener Zeit sympathisierenden Rhein- und Wied-Zeitung „Unser Schlußwort" in der Ausgabe 5.2.1934). Aus der Sicht der Sparkassenleitung Protokolle der Vernehmungen von J. Muth durch den Oberstaatsanwalt, 29.4.1933 („Kreditgebahrung", S. 15 ff) und 9.5.1933, LHA Best. 700, 173, Nr. 7, S. 15 ff. Bei einem Rückblick auf den Bericht über die „Kreispressefahrt" der Kreissparkasse im Dezember 1927 meint man, eine Überdosis optimistischen Selbstbewußtseins wahrzunehmen, s. Anm. 483.

[525] Rechtsanwalt Tewes, Prozeßbevollmächtigter des Sparkassendirektors Muth, im „Neuwieder Sparkassenprozeß". NZ, 31.1.1934.

[526] Dem Konsortium gehörten neben der DeDiBank die Kölner Bankhäuser I.H. Stein und Delbrück von der Heydt & Co. an. Bericht betreffend Rasselsteiner Eisenwerks-Gesellschaft Aktiengesellschaft, 9.12.1933, RWWA 72–230–6; Kreditzusage, 11.10.1937, und „Entwurf", 20.5.1939: „langjährige freundschaftliche Verbindung zu ... unserem Banken-Konsortium", RWWA 72–225–11. Mitglieder des AR des Rasselstein Dr. Carl Wuppermann, DeDiBank, Konsul Dr. Heinrich von Stein, Mitinhaber I.H. Stein, und der bekannte Bankier Franz Koenigs, Amsterdam, später Dr. Arnold Frese, Delbrück. Protokolle des Aufsichtsrates der Rasselsteiner Eisenwerks-Gesellschaft mbH bzw. AG, ARAG. Auf der Belegschaftsversammlung 28.11.1933, die gegen die Geschäftspolitik der vergangenen Jahre protestierte, wurde u. a. formuliert: „Die Banken, die Gelder auf kurzfristige Kredite gegeben hatten, kündigten plötzlich die Kredite". NZ u. Nationalblatt, 29.11.1933. Dagegen verwahrten sich die drei Konsortialbanken (s. den vorgenannten Bericht, 9.12.1933). Nach den Aufzeichnungen des Vorstandsmitglieds A. Neizert (s. Anm. 528) hatte die Konsortialführerin „mit Kündigung der Kredite gedroht".

[527] Der AR setzte auf Vorschlag seines Mitglieds Wuppermann bereits in der Sitzung 31.5.1930 eine Kommission „zur Regelung der finanziellen Lage" ein. Protokollbuch des Aufsichtsrats, ARAG.

[528] Die Darstellung folgt einer „Historisches" überschriebenen Notiz aus dem Nachlaß von Albrecht Neizert, Mitglied des Vorstandes des Rasselstein von 1931–1945, im Besitz von Herbert Neizert, Neuwied. Im wesentlichen übereinstimmend Bericht des Vorstandes über das Geschäftsjahr 1931, 16.6.1932, RWWA 72–32–6 u. 72–231–13. Die Zahlung von Otto Wolff floß am 15.2.1931. In den AR-Protokollen (ARAG) wird auf die Sanierung nur in Einzelheiten eingegangen, die sich in die obige Darstellung einfügen. Sitzungen 9.4., 13.6. u. 10.11.1931 sowie 16.6.1932.

[529] Das Weißblech-Kartell bei dem Bankhaus H.J. Stein, Köln, war 1914 unter dem Eindruck des Kriegsausbruchs nicht verlängert worden. Es erübrigte sich infolge des Wegfalls der englischen Konkurrenz und der Beschlagnahme des Weißblechs durch das Kriegsministerium. Am 1.7.1916 gründete der Rasselstein und die Vereinigten Stahlwerke van der Zypen, Wissen/Sieg, ein Gemeinschaftsbüro zum Verkauf ihrer Blecherzeugnisse mit dem Stahlhändler Otto Wolff in Köln. Prot. der AR-Sitzung, 21.5.1916; OTTO BÖHMER: Die Rasselsteiner Eisenwerke. Ein Beitrag zum Studium der Entwicklung der rhein. Eisenindustrie, Diss. Würzburg 1922; WOLFRAM, S. 26 f.; SCHNORBUS, S. 34 ff.; dazu WALTHER HERRMANN: Otto Wolff (1881–1940). In: Rheinisch-Westfälische Wirtschaftsbiographien, Bd. 8, Münster 1962, S. 123 ff. Damit wurde der Grund für die bedeutende Position des Hauses Otto Wolff in Neuwied gelegt, die erst 1989 aufgegeben wurde.

[530] Einen amüsanten Einblick in das Innenleben einer Filialbank gewährt ein Aktenvermerk, 26.3.1940, mit dem Rudolf Siersleben, Teilhaber bei Otto Wolff, einen Besuch des damaligen Leiters der Kölner Filiale der Deutschen Bank, Jean Baptist Rath, festgehalten hat. Rath habe im Hinblick auf den gemeinsamen Standort angeregt, das Geschäft miteinander zu beleben, zumal die Filiale Köln über ihre Unterstelle Neuwied an dem Rasselstein-Konsortium beteiligt sei, nicht ohne zu bemerken, er habe von dort „gehört, daß die Rasselsteiner Herren mit der Deutschen Bank Düsseldorf häufig nicht zufrieden seien". Siersleben lehnte u. a. mit Rücksicht auf Raths Düsseldorfer Kollegen Wuppermann, Vorsitzenden des AR Rasselstein, ab. RWWA 72–225–11. Erst nach dem Krieg hat die Deutsche Bank Köln die Betreuung von Otto Wolff und damit auch die unmittelbare Verbindung zum Rasselstein übernommen. Zu Wuppermann, 1880–1973, Mitglied des AR des Rasselstein seit 1924 (erste Nennung Prot., 28.10.1924), Vorsitzender 1931 (Prot. 13.6.), unveröff. Autobiographie HADB; Die Deutsche Bank 1870–1995, S. 994. Zu Rath, später Vorstandsmitglied, ebd. S. 991.

[531] Zeit- und Ansatzpunkt kamen nicht von ungefähr. In so spannungsgeladenen Zeiten war kein Bereich der Gesellschaft vor Politisierung sicher. Sparkassen sind in besonderem Maße anfällig für Politik: Als Kreditinstitute öffentlichen Rechts sind sie Teil der res publica und damit Verwaltung und Volksvertretung anvertraut – aber auch ausgeliefert. Natürlich ist die privatrechtliche Verfassung keine Garantie gegen Bürokratie und Parteieneinfluß, private Institute sind ihnen aber doch weniger direkt ausgesetzt.

[532] Nationalblatt (Neuwieder Beobachter), 11.3.1932; Julius Strüder als Zeuge im Prozeß NZ, 23.1.1934.

[533] Zum folgenden umfangreiches Quellenmaterial, u. a. Schriftsätze der Anwälte in LHA Best. 700, 173, Nr. 7; EWALD THUL: Der Neuwieder Sparkassenprozeß. In: 150 Jahre Landgericht Koblenz, Boppard 1970, S. 74 ff.; KARL SABEL: Rückblick auf ein rheinisches Politiker-Leben. Der Reichs- und Landtagsabgeordnete Eduard Verhülsdonk 1884–1934, Koblenz 1984; DIETZ, S. 282 ff.; EDUARD VERHÜLSDONK: Erinnerungen an meinen Vater, den Reichs- und Landtagsabgeordneten Eduard Verhülsdonk (geb. 16.4.1884 in Krefeld, gest. 2.11.1934 in Neuwied), LHA Best. 700, 173, Nr. 1.

[534] Ergebnisse der Wahlen zum Reichstag vom 6.11.1932 und zum Preußischen Landtag vom 5.3.1933 in Kreis und Stadt Neuwied bei FRANZ-JOSEF HEYEN: Die Zeit des Dritten Reiches. In: 1816–1986 Landkreis Neuwied, S. 51 ff., 58 f.; DIETZ S. 149 ff.; Nationalblatt, 16.1.1934; Anklageschrift in NRW HSTA Best. 21/119.

[535] Schreiben des Oberstaatsanwalts an den Preußischen Justizminister, 27.3.1933 mit Anzeige und anonymem Schriftsatz in NRW HSTA, Bestand 21/119, 2 J 236/33, Bl. 1 ff.

[536] Muth s. ANM. 479. Verhülsdonk 1884–1934, seit 1911 Chefredakteur und Verlagsdirektor der Rhein- und Wied-Zeitung, Neuwied; Abgeordneter im Preußischen Landtag 1928–1933 und im Reichstag 1930–1933. Die Stadt hat eine Straße nach ihm benannt. Großmann 1884–1938, 1919–1933 Landrat des Kreises Neuwied. 300 Jahre, S. 174; Aktenvermerk, 26.2.-29.4.1933, LHA Best. 700, 175, Nr. 1.

[537] Gutachten, 28.3.1933, in NRW HSTA, Bestand 21/119, Bl. 6 ff. Dr. Fuchs, „Steuerberatung, Buchrevisionen, Sanierungen, Gesellsch.-Gründung. Haus- und Vermögensverwaltung", Adreßbuch 1931, S. 67. Die Inhaftierung von Verhülsdonk wurde als „Schutzhaft" auf die Verordnung des Reichspräsidenten „zum Schutz von Volk und Staat" vom 28.2.1933 gestützt. LHA Best. 700, 173, Nr. 5.

[538] Nationalblatt, 16.1.1934.

[539] Es handelte sich namentlich um die Kredite an die Rhein- und Wied-Zeitung sowie an die Firmen Peter Moskopf GmbH und Glückauf GmbH, sämtlich Neuwied. Zur Rhein- und Wied-Zeitung s. Anm. 493. Die beiden Firmen waren Hersteller von Mauersteinen aus Bims. Zu Moskopf Heimatchronik, S. 332. Bei beiden war auch die DeDiBank Neuwied engagiert. Wertberichtigungen und Abschreibungen in den Jahresabschlüssen der ersten dreißiger Jahre in den Bilanzunterlagen im Archiv Deutsche Bank Neuwied. Als Argument im Prozeß NZ, 19.1.1934.

[540] S. Anm. 519.

[541] Anklageschrift, Neuwied, 15.7.1933. NRW HSTA, Bestand 21/119, Bl. 25 ff.

[542] Prozeßakten sind nicht erhalten. HEYEN, S. 54,bezeichnet das Verfahren als „Scheinprozeß". Genau genommen würde das heißen, daß das Verfahren nur äußerlich als Strafprozeß wirkte, in Wirklichkeit aber anderer Natur war. Aber welcher? Eine Veranstaltung der Staatsgewalt oder der Partei, etwa im Stile der späteren Schauprozesse vor dem Volksgerichtshof? Dafür fehlt jeder Anhaltspunkt, dagegen spricht vor allem der Freispruch. Natürlich hatte das Verfahren aus Sicht der NSDAP nur scheinbar den Zweck der Wiederherstellung des Rechts, in Wirklichkeit sollte es den politischen Gegner bloßstellen. Das Wort Scheinprozeß wäre damit zwar nicht gerechtfertigt, mag aber so gemeint gewesen sein.

[543] Wegen des ständig größer werdenden Zuschauerandrangs mußten Einlaßkarten ausgegeben werden. NZ, 26.1.1934, über den neunten Verhandlungstag.

[544] Dies gilt sowohl für die Rhein- und Wied-Zeitung, deren Sympathien für die Angeklagten natürlich sind, als auch für die traditionell liberale Neuwieder Zeitung. Die Nationalzeitung dagegen verfolgte den Prozeß mit barbarischer Parteilichkeit.

[545] Im Zickzack durch Neuwied – etwas Humor im Kreissparkassenprozeß – ein alter Kämpe schlägt sich, von „Schreifritz". NZ, 20.1.1934.

[546] Ebd.

[547] NZ, 5.2.1934. Die Revision wurde Ende 1935 zurückgenommen. Mitteilung der Oberstaatsanwaltschaft Koblenz an den Reichsminister der Justiz, 25.11.1935, NRW HSTA, Bestand 21/119.

[548] In Betracht kamen die Satzungen von 1923 §§ 25 ff. und von 1929 §§ 24 ff. LHA Best. 441, Nr. 21860, S. 323 ff., S. 539 ff.

[549] Der Anteil der bankmäßigen Geschäfte der KSK wurde bei 60 % angesetzt. Die Würdigung dieses „sparkassenfremden", von Natur aus risikoreicheren Geschäfts folgte im wesentlichen den Argumenten der Angeklagten. Rechtsanwalt Tewes, Prozeßbevollmächtigter von Muth: Die Sparkassen sind in diese Geschäfte „geradezu hineingetrieben" worden. NZ, 31.1.1934. Bei den Gutachtern des Sparkassenverbandes und -revisionsverbandes fand der „bankmäßige Ausbau wegen des Ausfalls anderer Banken volles Verständnis". NZ, 24. u. 25.1.1934; s. Anm. 524; zur Argumentation mit der Arbeitslosigkeit Verhülsdonk s. Anm. 480; Großmann NZ, 25.1.1934; FELDMAN. In: Die Deutsche Bank 1870–1995, S. 138 ff., 308.

[550] In diese Richtung zielte das Argument Muths, auch die DeDiBank habe beim Konkurs der Peter Moskopf GmbH Geld verloren, NZ, 19.1.1934, was sachlich zutraf (siehe Anm. 539).

[551] Zum folgenden s. Anm. 490, das unveröffentlichte Urteil des Reichsgerichts in Sachen Kreissparkasse Neuwied gegen Krings, Mehlis, Wester – VI 3/1935 –, 24.6.1935, Sammlung sämtlicher Erkenntnisse des Reichsgerichts VI. Zivilsenat 1935 2. Vierteljahr, Bibliothek des Bundesgerichtshofs, sowie der Brief J. Muth an KSK, 26.8.1933, LHA Best. 700, 173, Nr. 7, S. 519.

[552] Prot. AR Sitzung, 3.10.1930 (s. Anm. 490). Die Gesellschaft hatte in den Jahren 1925 bis 1929 kräftig investiert und mußte im Krisen-Geschäftsjahr 1930/31 (30.6.) einen Verlust von ca. 115.000,– RM hinnehmen (nach 5.214,– RM i.V. Prot. AR, 3.10.1930 u. 1.6.1931). Hierzu auch SABEL, S. 22 f., und LHA Best. 700, 173, Nr. 7.

[553] Liste der Bürgen NRW-HStA, Best. 21/119, Bl. 7. U. a. Michael Krings, 1861–1939, pers. haftender Ges. der Karl Wagner Beinwarenfabrik (der heutigen Krila Knopffabrik GmbH, die sich unverändert im Besitz der Familie Krings befindet), ehem. Reichstagsabgeordneter (Zentrum). Beschlußbuch Prot. GV, 29.9.1932 (s. Anm. 490); Eugen Mehlis, Apotheker in Linz; Peter Wester, Druckereibesitzer, Andernach.

[554] Unterlagen zum Restitutionsprozeß Neuwieder Verlagsgesellschaft mbH gegen die oHG in Firma Gustav Nising, Wissen a.d. Sieg – 7 Or 473/49 des Landgerichts Koblenz – im Besitz von Erwin Krings, Neuwied-Niederbieber (Urteil, 2.8.1950). S. a. DIETZ, S. 262 ff.

[555] Prot. GV, 24.4.1934 S. 16 ff., 21; der Bürge Rudolf Buse, Unkel, hatte sich bereits 1932 aus seiner Bürgschaftsverpflichtung durch Zahlung befreit. SABEL, S. 23 f.

[556] Zum Kern des Rechtsstreits: In der Bürgschaftsurkunde: „Die Unterzeichneten übernehmen ... eine Ausfallbürgschaft in Höhe von 150.000,– RM ...". In dem Brief der KSK an die Rhein- und Wied-Druckerei, 6.10.1930, mit dem der Entwurf der Bürgschaftsurkunde übermittelt wurde, heißt es am Ende: „Sollte sich die Notwendigkeit ergeben, die Unterzeichner der Bürgschaft in Anspruch zu nehmen, so wird dies repartierlich, d.h. auf die Unterzeichner verhältnismäßig verteilt geschehen". In der AR-Sitzung der Rhein- und Wied-Druckerei vom 10.10.1930 wurde die Bürgschaft unterzeichnet. Prot. im Beschlußbuch, dort auch Abschrift des Briefes 6.10.1930. Gemäß § 769 BGB verpflichten sich mehrere Bürgen grundsätzlich als Gesamtschuldner; abweichende Vereinbarungen werden dadurch aber nach schon damals herrschender Auffassung nicht ausgeschlossen. Eine Abweichung von der gesamtschuldnerischen Verpflichtung, nämlich eine solche nach Kopfteilen, erkannten Berufungs- und Revisionsgericht auf der Basis des Briefes 6.10.1930.

[557] Urteil des Landgerichts zwischen dem 24.4. u. 21.7.1934. Prot. GV, 24.4.1934, sowie Brief Dr. Heinrich Krings an Rechtsanwalt Erwin Menken, in den in Anm. 554 genannten Unterlagen.

[558] Urteil des Oberlandesgerichtes zu Köln, 30.11.1934 (s. Tenor des Urteils des Reichsgerichts).

[559] PETERS, 100 Jahre KSK, S. 94. S. a. HAROLD JAMES: Die Deutsche Bank und die Diktatur. In: Die Deutsche Bank 1870–1995, S. 315.

[560] S. Tabelle 37 und 40.

[561] 130 Jahre Rheinische Bimsindustrie, Neuwied 1981, S. 10, 22. S. a. DIETZ, S. 497 ff.

[562] SEIDENZAHL, S. 362 ff., insbes. 364.

[563] Im Bilanzbericht an die Kopfstelle Köln für 1938, 3.2.1939, wird geklagt: „Wir haben ... uns sehr darum bemüht, unseren Avalbestand zu erhöhen. Viele Firmen sind jedoch dazu übergegangen, unsere Bürgschaft durch Hinterlegung gezeichneter Reichsschatzanweisungen zu ersetzen". Archiv Deutsche Bank Neuwied, Akte Bilanz 1938, Bl. 51 f. S. a. Tabelle 26. 1940 empfiehlt die Deutsche Bank als Konsortialführerin des Rasselstein, mit einer Teilstreichung des Kreditrahmens einverstanden zu sein; sie verwendet dabei das Argument, das Unternehmen könne die Kosten der Offenhaltung des Rahmens, die Bereitstellungsprovision, sparen in einer Zeit, in der es sich der Einräumung neuer Kredite infolge anhaltender Verflüssigung der Banken ohnehin sicher sein dürfe. Aktenvermerk, 7.5.1940, über ein Gespräch Siedersleben/Dr. Karl Kimmich (1880–1945, Mitglied des Vorstandes der Bank), RWWA 72–225–11. Die Bereitstellungsprovision betrug ein Prozent p. a. auf den Kreditrahmen im voraus und war, soweit der Kredit in Anspruch genommen wurde, auf die Kredit- bzw. Acceptprovision anrechenbar (Kreditzusagen 10.6.1939 u. 23.10.1937).

[564] Tabelle 39.

[565] „Ein damaliges Vorstandsmitglied" der Deutschen Bank, zit. bei SEIDENZAHL, S. 369.

[566] Wie er sogleich nach der Machtübernahme im „Neuwieder Sparkassenprozeß" erhoben worden war. „Begriffsvorstellungen einer liberalistischen Wirtschaftsführung mußten über Bord geworfen werden ...". Die Kreissparkasse Neuwied nach fünf Jahren aktiver Wirtschaftspolitik unter nationalsozialistischer Führung. In: Heimatkalender für den Kreis Neuwied 1939, Koblenz 1938, S. 20 ff.

[567] Ob und wie Neuwieder Kreditinstitute bei der Liquidation jüdischer Geschäfte und Vermögen mitgewirkt haben, ist nicht bekannt. Keine Hinweise bei REGNERY, insbes. nicht S. 221 ff.; BEATE ESCH: Die jüdische Bevölkerung im Kreis Neuwied. In: 1816–1986 Landkreis Neuwied, S. 144 ff., DOROTHEA ELISABETH DEETERS: Sie lebten mit uns. Zur Geschichte der Wied-Neuwiedischen Landjuden 1817–1942, dargestellt an Dorf- und Synagogenbezirk Oberbieber. Hrsg. Ev. Kirchengemeinde Neuwied-Oberbieber, dort 1983. DIETZ, S. 402: „Bei der Überwachung des Wirtschaftslebens bzw. aller Transaktionen und Geschäfte jüdischer Kaufleute, Händler usw. bedienten sich Verwaltung und Gestapo, z.T. auch die Partei ganz gezielt der Erkenntnisse und Informationen der Kreditinstitute ...". Er stützt sich auf einen Vorgang in StadtA Neuwied, II 10.00–13.06. Ebd., S. 407, Anm. 136. Der jüdische Kaufmann Dr. Max Loeb, Bürstenversand und Export, Neuwied, hatte die Verlängerung seines Reisepasses beantragt. Die zuständige Paßbehörde ersuchte die Reichsbank Neuwied um Auskunft, ob Loeb als Exportkaufmann bekannt sei. In dem zitierten Schreiben vom 7.4.1937 antwortete die Reichsbank im wesentlichen, daß Loeb „nach unseren Aufzeichnungen seit Oktober 1936 exportiert". Dieser – materiell harmlose – Einzelfall reicht als Beleg für die weitgehende Aussage (u. a. „der Kreditinstitute") nicht aus. Übrigens enthält die genannte Akte – Paßsachen von Ende 1931 bis August 1938 – keine weiteren Bankauskünfte.

[568] Zitat aus einem zur 75–Jahrfeier der KSK 1943 vorbereiteten, auf die Jahre seit 1933 zurückblickenden Artikel in 100 Jahre KSK, S. 95. Rhein- und Wied-Zeitung, 3.2.1936. Dr. Rudolf Reppert, 1881–1968, Landrat des Kreises Neuwied von 1933–1945. 1816–1986. Landkreis Neuwied, S. 33.

[569] ZEITZ, Eine Idee, S. 42.

[570] Aussagen von Siegfried Hinerasky, damals Prokurist, und Paul Altmann, damals zunächst Prokurist und später Leiter der Filiale. Beide wurden nach dem Zusammenbruch des NS-Regimes sowohl von der US-amerikanischen als auch der französischen Besatzungsmacht in ihren Positionen bestätigt, ebenso wie der Leiter der Stadtsparkasse, Dr. Max Gasper. 125 Jahre SSK, S. 133.

[571] Brief Siedersleben an Otto Wolff, 8.6.1939, S. 3, und Kreditzusage, 10.6.1939. RWWA 72–225–11.

[572] RUDOLF STUCKEN: Deutsche Geld- und Kreditpolitik 1914–1953, 2. Aufl., Tübingen 1953; KARL-HEINRICH HANSMEYER und ROLF CÄSAR: Kriegswirtschaft und Inflation (1936–1948). In: Währung und Wirtschaft in Deutschland 1876–1975, S. 367 ff., 403.

[573] Zur Stadtsparkasse Tabelle 40. Allgemein HAROLD JAMES. In: Die Deutsche Bank 1870–1995, S. 390 f.

[574] MEINHARDT. In: 300 Jahre, S. 293, 295; SPOO, 75 Jahre Deutsche Bank Neuwied, S. 8. Lediglich der Tresor blieb erhalten, dessen Betonkonstruktion mehreren Menschen das Leben rettete.

[575] MEINHARDT. In 300 Jahre, S. 282 (Sparkassengebäude) und 295 (Dresdner Bank in der Kategorie 20–50 %); 100 Jahre KSK, S. 96, mit Fotos.

[576] Bericht der Reichsbank Neuwied an die Reichsbank Koblenz, 12.4.1946. Akten LZB. Bericht der Deutschen Bank Neuwied an das Gouvernement Militaire Neuwied, 31.10.1945, S. 1. Archiv Deutsche Bank Neuwied, Akte Military Government jetzt: Gouvernement Militaire Neuwied. Die Unterlagen der KSK aus dieser Zeit sind vernichtet. 100 Jahre, S. 97. S. a. DIETZ, S. 584 ff.

[577] Die Deutsche Bank berief sich bereits am 26.3.1945 auf die Genehmigung. Brief an Military Gouvernement Office, Engers. Archiv Deutsche Bank Neuwied, Akte Military Government jetzt: Gouvernement Militaire Neuwied.

[578] Aufruf 4.5.1945 und Schreiben 12.5.1945. Ebd.

[579] Bericht der Reichsbank Neuwied an die Reichsbank Koblenz, 12.4.1946. Akten LZB; WICK, Boesner, S. 60.

[580] JAKOB WEILER: Die Besatzungszeit nach dem Zweiten Weltkrieg. In: 1816–1986 Landkreis Neuwied, S. 65 ff., 68 ff.

[581] Schreiben des Kommandeurs des Militärregierungsamtes des Regierungsbezirks Koblenz an den Direktor der Reichsbank mit Durchschlag „an alle Ämter des Reg. Bez. Koblenz, einbegriffen Neuwied ...“, 18.7.1945. Archiv Deutsche Bank Neuwied, Akte Military Government jetzt: Gouvernement Militaire Neuwied.

[582] Bericht der Deutschen Bank Neuwied, 31.10.1945, S. 1. S. Anm. 576.

[583] Ebensowenig H. KROKE: 100 Jahre Kreissparkasse Neuwied. Erst ZEITZ, 150 Jahre Sparkasse Neuwied, erwähnt das „massive Eingreifen“ der NS-Machthaber und würdigt Muth sowie Verhülsdonk durch Abbildungen, S. 27 f.

[584] 100 Jahre KSK, S. 79; sein Nachfolger Kehren wird namentlich genannt auf S. 112.

[585] Ebd., S. 1. Im Unterschied dazu enthält die Biografie Eduard Verhülsdonks auch kritische Passagen der Urteilsgründe. SABEL, S. 70.

[586] KLÄS, S. 14. Prot. VS Sitzung, 5.1.1859, KOCH, S. 51 ff nach Ziff. 21.

[587] Zum Hintergrund CARL LUDWIG HOLTFRERICH: Die Deutsche Bank vom Zweiten Weltkrieg über die Besatzungsherrschaft zur Rekonstruktion 1945–1957. In: Die Deutsche Bank 1870–1995, S. 450 f. Dr. Max Gasper, 1889–1949, Grab auf dem Friedhof an der Elisabethstraße, I Nr. 148 u. 149. 125 Jahre SSK, S. 133. Zu Altmann AG Neuwied, Handelsregister, Bd. I HRB 34, S. 289, 5.6.1941; DIETZ, Interview, 5.11.1986, S. 684. Er hatte 1940/41 die Nachfolge von Bernhard Mannfeld angetreten, der zum Leiter der Deutschen Bank in dem gerade eroberten Metz ernannt worden war. Es entbehrt nicht der Tragik, daß Mannfeld, der in Lothringen einen guten Ruf hinterlassen hatte, nach dem Kriege bei den Nachfolgeinstituten der Deutschen Bank nicht sogleich eine angemessene Aufgabe erhielt. Nach Neuwied zurückgekehrt, trat er in die Geschäftsleitung der Friedr. Boesner GmbH, Neuwied, ein. Ihm verdankt das Bankhaus Delbrück & Co., Köln, einige z.T. heute noch bestehende Geschäftsverbindungen in Neuwied.

[588] Rhein-Zeitung, 3.4.1956.

[589] Mitteilung von Rudolf Junghans, späterem Leiter der Filiale. AG Neuwied, Handelsregister HRB 548.

[590] Hierzu und zum folgenden Archiv Deutsche Bank Neuwied, Akte Military Government ... Die genannten Unternehmen bestehen noch: Textron Verbindungstechnik GmbH & Co. KG, Neuwied; Papierwerke Halstrick GmbH Werk Hedwigsthal, Raubach/Westerwald.

[591] Abschrift einer Erklärung des Officiers du Finances des Dèt(achement) F(rançais), 30.7.1945: „Il reste bien entendu, que seuls sont bloqués et restent bloqués les comptes des nazis (loi 52). Les comptes dits libres, ne sont soumis à aucune autre restriction, sauf celles prévus par les dispositions allemandes limitant les retraits, décidés par le comité des Banquiers. Pour ce dernier cas, il s'agit uniquement de politique bancaire, dans laquelle le Gouvernement Militaire ne veut pas avoir à s'immiscer et pour laquelle il exerce simplement son contrôle“. Archiv Deutsche Bank Neuwied, Akte Military Government ...

[592] Vermögenssperren aufgrund des Gesetzes Nr. 52 der Militärregierung; sie betrafen insgesamt 165 natürliche Personen, davon 122 aus dem Kreis Neuwied. Hiervon waren neun Kunden der Deutschen Bank. Darüber hinaus wurden die Konten von zwei Firmen gesperrt: Siegert & Cie GmbH und Joh. Gottfr. Siegert & Sohn A.G., beide Neuwied, die im Zusammenhang mit der Sperre des Kontos von Dr. Jost Henkel, Düsseldorf/Rengsdorf, standen, dessen Haus an den genannten Firmen beteiligt war. Declaration of Assets and Obligations pursuant to Article II Military Government Law No. 53 Foreign Exchange Control. Archiv Deutsche Bank Neuwied, Akte Military Government ...

[593] Anforderung über die Reichsbank Neuwied. Der französischen Militärregierung wurden am 27.10.1945 elf ausgefüllte Fragebogen über die Angestellten der Deutschen Bank übergeben. Ebd., auch der folgende Bericht.

[594] Im wesentlichen übereinstimmend Bericht der Reichsbank Neuwied an die Reichsbank Koblenz, 12.4.1946. Akten LZB. S. a. CARTON u. a., S. 59 ff.; ERICH P. SCHMITZ: Die Lage der Neuwieder Industrie nach dem zweiten Weltkrieg. In: 300 Jahre, S. 465 ff.

[595] Zur Rheinischen Girozentrale und Provinzialbank, Düsseldorf, s. Anm. 207 und 612; MURA, S. 39 Ziff. 5 u. 6, S. 40 Ziff. 32, 41 Ziff. 47. Die Sparkassen der Regierungsbezirke Koblenz und Trier, also auch die Neuwieder Institute, blieben zwar Mitglieder des Rheinischen Sparkassen- und Giroverbandes, Düsseldorf, der die Geschäfte jedoch durch eine für diesen Bereich zuständige, am 1.10.1945 gegründete besondere Geschäftsstelle führen lassen mußte, die ihren Sitz zuerst in St. Goar, später in Neuwied und zuletzt in Koblenz hatte. Sparkassen- und Giroverband Rheinland-Pfalz, Jahresbericht, 1967 S. 14.

[596] SEIDENZAHL, S. 375. Andererseits bot sich der Neuwieder Filiale der Deutschen Bank Gelegenheit, dem Vorstand Beistand zu leisten: Sie stellte Hermann Josef Abs unter anderem Sekretariatsdienste zur Verfügung, während er auf seinem Gut Bentgerhof bei Remagen lebte. Auskunft von Hanni Reips geb. Lehmann, Neuwied; dazu allgemein MANFRED POHL: Hermann J. Abs. Eine Bildbiographie, Mainz 1981, S. 52 ff.

[597] MANFRED POHL: Die Entwicklung des privaten Bankwesens nach 1945. In: Deutsche Bankengeschichte, Bd. 3, Frankfurt 1983, S. 205 ff., 232.

[598] Deutsche Bank AG Neuwied, Handelsregister, Bd. I HRB 34, S. 291, 20.4.1948; Bild im Besitz der Bank. Vorgeordnete Stelle war die Filiale Koblenz, dazu allgemein SEIDENZAHL, S. 378 ff. Dresdner Bank Heimatchronik, S. 287; MEYEN, 120 Jahre Dresdner Bank, S. 149.

[599] „Diese nämlich (scl. die Politik der französischen Besatzungsmacht) hatte die Isolierung der Zone zu einem Dogma erhoben." ALFRED GROSSER: Geschichte Deutschlands seit 1945. Eine Bilanz, 2. Aufl., München 1984, S. 83.

[600] Verordnung Nr. 57 des Oberkommandierenden der französischen Besatzungszone, 30.8.1946, Journal Officiel S. 292, abgedruckt in: Zeugnisse rheinischer Geschichte. Urkunden, Akten und Bilder aus der Geschichte der Rheinlande. Eine Festschrift zum 150. Jahrestag der Einrichtung der staatlichen Archive in Düsseldorf und Koblenz. Hrsg. Rheinischer Verein für Denkmalpflege und Landschaftsschutz, Neuss 1982/83, S. 159.

[601] Zur Zeit von 1945–1948 PETERS, in 125 Jahre SSK, S. 104 ff., und in 100 Jahre KSK, S. 97.

[602] S. Anm. 594.

[603] Nach einer Mitteilung von Erwin Vormehr, Neuwied, damals Angestellter, dann Prokurist der Deutschen Bank Neuwied, später Leiter der Deutschen Bank Andernach.

[604] Gesetz über den Niederlassungsbereich von Kreditinstituten vom 29.3.1952 und Gesetz zur Aufhebung der Beschränkungen des Niederlassungsbereichs von Kreditinstituten vom 24.12.1956, letzteres BGBl. Teil I, S. 1073.

[605] AG Neuwied, Handelsregister, Bd. II, HRB 79, S. 145, 5.11.1952; Bild in 300 Jahre, nach S. 464; SEIDENZAHL, S. 380 ff.

[606] AG Neuwied, Handelsregister, Bd. II, HRB 79, S. 149, 18.10.1957; SEIDENZAHL, S. 387 ff.

[607] Heimatchronik, S. 287; Chiffren einer Epoche, S. 289 f.; MEYEN, 120 Jahre Dresdner Bank, S. 155.

[608] Entgegengesetzte Befürchtungen brachten vor allem die Industrie- und Handelskammern in der nördlichen Rheinprovinz, aber auch die Industrie- und Handelskammer zu Koblenz zum Ausdruck. RWWA 3–148–1 u. 2 mit einer Stellungnahme der IHK zu Koblenz, Geschäftsstelle Neuwied, 11.11.1948. Diese waren aber beim Erscheinen der Denkschrift des RWWA, Die wirtschaftliche Verbundenheit der früheren Süd-Rheinprovinz mit dem Lande Nordrhein-Westfalen, Köln 1951, schon nicht mehr aktuell (so die IHK zu Koblenz mit Schreiben 28. u. 30.11.1951).

[609] Auswärtiges Kapital kam ganz überwiegend aus Nordrhein-Westfalen. Beispiele: Das bis 1989 dauernde Engagement des Hauses Otto Wolff am Platz, bei der Rasselstein AG und der Boesner GmbH; die Interessen von Thyssen beim Rasselstein und von Werhahn in der Industrie der Steine und Erden (u. a. Basalt AG, Linz). Auch zugezogene Unternehmer in Stadt und Kreis kamen von dort, z. B. die Familien Halstrick (Papierfabrik Hedwigsthal, Raubach/Westerwald), Schiffer (Dr. Boy, M + C Schiffer, beide Neustadt a.d. Wied), Wegener/Hafner (Neuwieder Couvertfabrik). Von Süden kam das Kapital für das Werk Neuwied der Dyckerhoff AG, Wiesbaden; von Westen für die Hilgers AG, Rheinbrohl (früher Gebr. Stumm, Neunkirchen/Saar, später ARBED, Luxemburg, dann Usinor Sacilor, jetzt Dillinger Stahlbau, Saarlouis). Seit den achtziger Jahren dieses Jahrhunderts engagierten sich verstärkt ausländische Unternehmen, u. a. beim Luchterhand-Verlag (Wolters Kluwer, Amsterdam) und bei Boesner, jetzt Textron Verbindungstechnik (Textron Inc., Providence R. I., USA).

[610] In der Anm. 608 genannten Denkschrift des RWWA wurde dieser Hintergrund noch einmal beschworen: „Man kann sagen, daß die Finanzierung der früheren Süd-Rheinprovinz von Köln aus erfolgte, ... zeigt vor allem die Verbundenheit der früheren Süd-Rheinprovinz mit dem nordrhein-westfälischen Bezirk. Das von Köln abhängige p r i v a t e B a n k g e w e r b e ist am Mittelrhein u. an der Mosel mit einem bedeutenden Geschäft vertreten. In der straffen Organisation der früheren Deutschen Bank ... zum Beispiel gehörten die zahlreichen Filialen des Koblenzer u. Trierer Bezirks zum Filialkreis Köln ... Auch die Privatbanken Bonns spielten ... eine größere Rolle... dass die S p a r k a s s e n o r g a n i s a t i o n dieses Gebietes der Girozentrale Düsseldorf angeschlossen ist" (Sperrungen wie im Original).

[611] Die LZB von Rheinland-Pfalz, damals noch mit Sitz in Kaiserslautern, ab 1949 in Mainz, hatte am 1.3.1947 ihre Tätigkeit aufgenommen. Entstehung u. Entwicklung der Landeszentralbank. Sonderaufsatz im Geschäftsbericht der LZB für 1984, S. 49 ff., S. 52. 50 Jahre Landeszentralbank. Notenbankgeschichte in Rheinland-Pfalz und im Saarland 1947–1997. Hrsg. Landeszentralbank Rheinlands-Pfalz und im Saarland, Mainz 1997, S. 11 ff.

[612] Grundlage für die Neuordnung des Sparkassenwesens in Rheinland-Pfalz war das Landessparkassengesetz vom 1.4.1958. Danach wurden gegründet: 1. der Sparkassen- und Giroverband Rheinland-Pfalz, Mainz, dessen Mitglieder ipsa lege die Sparkassen des Landes waren; 2. die Landesbank und Girozentrale Rheinland-Pfalz (mit dem Verband zu 1. als hälftigem Anteilseigner u. Gewährträger), die mit Wirkung vom 1.7.1958 das Girozentralgeschäft der für die Regierungsbezirke Koblenz u. Trier bis dahin zuständigen Zweigstelle Koblenz der Rheinischen Girozentrale u. Provinzialbank, Düsseldorf, übernahm. Neuregelung des Sparkassenrechts in Rheinland-Pfalz, Jahresbericht 1958 des Sparkassen- und Giroverbandes in Rheinland-Pfalz, S. 7 f. Zur Geschichte der Sparkassen u. der Sparkassenorganisation in Rheinland-Pfalz, Jahresbericht 1967 des Verbandes, S. 12 ff.; 20 Jahre Sparkassen- u. Giroverband Rheinland-Pfalz, Jahresbericht des Verbandes 1977, S. 5 ff.; MURA, mit Literatur, S. 124, Anm. 65. Mit Wirkung vom 1.1.1993 hat das Land Rheinland-Pfalz seine Beteiligung an die WestLB (37,5 %) und die SüdwestLB (12,5 %) übertragen. Geschäftsbericht 1992, S. 5.

[613] Dieser, damals noch in Ludwigshafen, trat 1949 der im Jahr zuvor gegründeten Arbeitsgemeinschaft der Verbände des Privaten Bankgewerbes, Frankfurt a. M., bei, die 1951 in den Bundesverband des Privaten Bankgewerbes mit Sitz in Köln umgewandelt und 1968 in Bundesverband Deutscher Banken umbenannt wurde. Jahresbericht 1951 des Bundesverbandes, S. 9; KURT WAGNER: Stationen Deutscher Bankgeschichte – 75 Jahre Bankenverband, Köln 1976, S. 50. GOTTFRIED HUFF: Die Geschichte des Verbandes, in: 50 Jahre Bankenverband Rheinland-Pfalz 1948–1998, Thür/Mayen 1998, S. 7 ff.

[614] Die Genossenschaftsbanken des gewerblichen Bereichs in der südlichen Rheinprovinz – früher nach Köln orientiert – sind seit 1946 der heutigen SGZ Bank Südwestdeutsche Genossenschafts-Zentralbank AG angeschlossen und Mitglieder des heutigen Genossenschaftsverbandes Hessen/Rheinland-Pfalz/Thüringen e.V., beide Frankfurt a. M.; so auch die Bank für Wirtschaft u. Verkehr Volksbank Niederlassung Neuwied; allgemein 100 Jahre WGZ, S. 74; ENDRIK KOSFELD: Das genossenschaftliche Zentralbankwesen im südwestlichen Deutschland in historischer Sicht. In: Aspekte bankwirtschaftlicher Forschung u. Praxis. Hrsg. Helmut Guthardt u. a., Frankfurt a. M. 1985, S. 397 ff., 405. Die Genossenschaftsbanken des ländlichen Bereichs in der südlichen Rheinprovinz (also auch die Neuwieder Raiffeisenbanken), vor wie nach dem Krieg unter dem Dach der Koblenzer Zentralbank, gingen mit dieser 1968 zur Genossenschaftlichen Zentralbank Rheinland eGmbH, Köln, und mit dieser 1970 zur heutigen Westdeutschen Genossenschafts-Zentralbank eG (WGZ-Bank), Düsseldorf. Verband: Genossenschaftsverband Rheinland e.V., Köln. 100 Jahre WGZ, S. 67 f., 82 ff.

[615] „Wir im Land Rheinland-Pfalz kamen uns nach der Trennung von Köln in dem neuen Gebilde Rheinische Kreditbank stets sehr verwaist vor. ... wir wurden dem süddeutschen Raum zugewiesen u. tragen den Namen 'SÜDDEUTSCHE BANK' ..., was hier am Mittelrhein... etwas sonderbar klingt...". Paul Altmann, Leiter der Filiale Neuwied, in einer unveröffentlichten Rede auf dem Betriebsfest in Linz am Rhein am 11.10.1952. Besitz der Familie Altmann, Neuwied. S. a. Geschäftsbericht der Landesbank u. Girozentrale Rheinland-Pfalz für 1962, „Ein Rückblick", S. 8 ff., 12.

[616] Zum folgenden: Kreissparkasse Neuwied 1947–1956. 10 Jahre erfolgreicher Wiederaufbauarbeit. In: 10 Jahre Wiederaufbau eines Landkreises. Rechenschaftsbericht des Landkreises Neuwied. Hrsg. Kreisausschuß, S. 219 ff.; K. L.: Renaissance des Abzahlungsgeschäfts. In: Neuwied. Industriezentrum am Mittelrhein. Wirtschaft am Rhein, Sh., S. 7 (StadtA Abt. Dha No 21).

[617] GRAAFEN, S. 159 ff., 169 f.

[618] JOST/NEUNAST: 130 Jahre Rheinische Bimsindustrie, S. 11 ff.

[619] Steuerbarer Umsatz (Mio. DM) 1990: Stadt Neuwied 4 905, Kreis Neuwied ohne Stadt 4 779. Strukturzahlen Kammerbezirk Koblenz für 1992. Hrsg. IHK zu Koblenz, S. 52.

[620] 1961–65 Bau des Rheinhafens und Erschließung des Industriegebiets Koblenz. Die Bruttowertschöpfung des warenproduzierenden Gewerbes im Kreis Neuwied lag 1986 deutlich über der des Stadtkreises Koblenz, der Vorsprung hat sich allerdings seit 1970 verringert. Der Kreis Mayen-Koblenz – von der Bereinigungskrise der alten Industrie vor allem in Andernach noch stärker betroffen, als der Kreis Neuwied – vermochte die Bruttowertschöpfung in Handel u. Verkehr wesentlich stärker zu erhöhen, vor allem dank des Gewerbegebietes Mülheim-Kärlich. Tabelle 30. Zu Andernach GEROLD KÜFFMANN: Andernach: Tor zur Eifel. Eine kleine Wirtschaftsgeschichte. In: Andernach. Geschichte einer rheinischen Stadt. Hrsg. Franz Josef Heyen, Andernach 1988, S. 469 ff., 472 ff.

[621] Das Bankhaus Sal. Oppenheim jr. & Cie, Köln, verkaufte 1978 seine Mehrheitsbeteiligung an Wilhelm Werhahn, Neuss, wo damit mehr als 75 % der Aktien vereinigt sind. STÜRMER/TEICHMANN/TREUE, Wägen u. Wagen, S. 479.

[622] Die Rheinstahl-Concordia Hütte GmbH, traditionell überwiegend nach Neuwied orientiert (LZB, Deutsche Bank), wurde 1972 auf die Rheinstahl AG, Essen (Thyssen), umgewandelt. Die Streif AG (seit 1981 zu 100 % bei Hochtief) verlagerte ihren Firmensitz 1987 von Vettelschoß nach Prüm-Weinsheim/Eifel. Rasselstein AG s. Anm. 23 u. 710.

[623] JOST/NEUNAST, S. 14 ff. (zu 1974); Verwaltungsberichte der Kreissparkasse Neuwied für 1973, S. 7; 1974, S. 5; 1980, S. 5, u. 1981, S. 7.

[624] Tabelle 41 und 42. WICK, Boesner, S. 76 ff.

[625] Tabelle 41 und 42.

[626] „..., daß ... mehr Kaufkraft in die Stadt hereinkommt als hinausgeht". Peter Lindemann unter Berufung auf den Inhaber des Kaufhauses Claus, Vors. des Einzelhandelsverbandes im Reg.-Bez. Koblenz Stadtverband Neuwied, in Rheinland Pfalz Tag 93, Rhein-Zeitung, Sonderbeil., 3.6.1993, S. 28.

627 Der große Städtetest. Bunte (scl. Illustrierte), Nr. 49–52 Nov./Dez. 1981, zeigt Neuwied unter 50 deutschen Mittelstädten auf Platz 2. Zu den wirtschaftsbezogenen Kriterien: Arbeitsbedingungen Platz 1, Einkaufsmöglichkeiten Platz 2, Verkehrsnetz Platz 6/7, Wohnverhältnisse Platz 12. Der Test basiert auf einer Beurteilung der Städte durch eine Auswahl jeweils eigener Einwohner und ist daher nur in der Tendenz von Wert. Haus- und Wohnungseigentum in Prozent der bewohnten Wohnungen sowie Haushalte in Haus- und Wohnungseigentum in Prozent der Haushalte insgesamt liegen im Kreis über dem Durchschnitt von Rheinland-Pfalz, in der Stadt darunter, aber immerhin über dem Durchschnitt der Bundesrepublik (alte Bundesländer). Angaben des Statistischen Landesamtes in Rheinland-Pfalz, Bad Ems, auf der Basis der Volkszählung von 1987. Marktskizze: Neuwied. Ein Magnet für die gesamte Umgebung, FAZ, 16.4.1993, S. 41.

628 Arbeitsmarktberichte des Arbeitsamts Neuwied; Nach dem Berlinbeschluß. Ein Umzug zieht Kreise, Konsequenzen u. Positionen des Landkreises Neuwied. Hrsg. Kreisverwaltung, Neuwied 1992, S. 8.

629 K. L.: „Renaissance des Abzahlungsgeschäfts", S. 7.

630 Besondere Erwähnung verdienen Afflerbach Bödenpresserei GmbH & Co. KG, Puderbach; Dr. Boy GmbH, Neustadt-Fernthal (Spritzgießmaschinen); Kern GmbH (Technische Kunststoffteile und Halbzeuge), Großmaischeid; JK – Josef Kratz GmbH, Bad Honnef/Rottbitze (Solargeräte); Meusch Wohn-Bad- u. Freizeit GmbH, Linz; das Werk Hedwigsthal der Papierwerke Halstrick GmbH, Raubach (Hygienepapiere); M. + C. Schiffer GmbH Zahnbürstenfabrik, Neustadt/Wied; Willi Stürtz Maschinenbaugesellschaft mbH, Rott; Wirtgen GmbH, Windhagen (Maschinen insbes. für den Straßenbau).

631 Spoo, Deutsche Bank, S. 12.

632 Verwaltungsberichte der Kreissparkasse für 1961, S. 13; 1962, S. 9; 1963, S. 13.

633 Als Beleg für die Seite der Sparkassen: Kreissparkasse Neuwied 1947–1956. 10 Jahre erfolgreiche Wiederaufbauarbeit. Sparkasse u. Bank zugleich ... . In: 10 Jahre Wiederaufbau eines Landkreises ..., S. 219 ff.; s. a. Mura, Entwicklungslinien, S. 34. Für die Genossenschaften bis 1957 Raiffeisenkasse, seither -bank Engers. 125 Jahre, S. 28.

634 Zu den Pools s. z. B. Wick, Boesner, S. 81; Hilgers AG Rheinbrohl. Bericht über das Geschäftsjahr 1990, S. 21 (beide Pools wurden inzwischen aufgelöst und die Sicherheiten freigegeben). Wertberichtigungen u. Abschreibungen der Kreissparkasse s. Tabelle 32.

635 Tabelle 43.

636 Bilanzberichte der Deutschen Bank Neuwied an den Vorstand für 1986, 29.1.1987, u. für 1987, 29.1.1988, Archiv Deutsche Bank Neuwied.

637 Geschäftsberichte der Kreissparkasse für 1988, S. 5, u. 1990, S. 6, sowie der Sparkasse für 1991, S. 11.

638 1954. 125 Jahre, S. 111 mit Bild u. 128 f.; Stadtsparkasse. Seit 140 Jahren verläßlicher Partner in allen Geldangelegenheiten. Baugeschichte als Spiegelbild einer erfolgreichen Entwicklung. Rhein-Zeitung, 17./18.9.1988. Zeitz, 150 Jahre Sparkasse Neuwied, S. 50 ff., mit Abbildungen.

639 Hermannstr. 18–22. Verwaltungsbericht für 1973, S. 16 mit Anhang; Rhein-Zeitung, 7./8.7.1983; Zeitz, 150 Jahre Sparkasse Neuwied, S. 50 ff., mit Abbildungen.

640 Zur Verwaltungsreform Meinhardt, Neuwied Einst u. Heute, S. 25 f. Von der Eingemeindung betroffen waren die Zweigstellen der Kreissparkasse in Irlich (1969), Engers, Feldkirchen, Gladbach, Heimbach-Weis, Niederbieber-Segendorf, Oberbieber und Torney (1970).

641 Stadtsparkasse. Seit 140 Jahren ... . In: Rhein-Zeitung, 17./18.9.1988.

642 Meist war im Kreistag und im Stadtrat von Linz die CDU stärkste Fraktion, im Stadtrat von Neuwied die SPD.

643 Sie firmierte seit 1950 mit dem Zusatz „in Neuwied". Reuther, S. 31.

644 S. S. 25.

645 Das Warengeschäft wurde von der Landwirtschaftlichen Hauptgenossenschaft Koblenz übernommen, 125 Jahre, S. 6 u. 16, und in Neuwied-Niederbieber zusammengefaßt.

646 Raiffeisenbank Neuwied seit 1970. 125 Jahre, S. 16.

647 1959 Umzug in das seitherige Domizil Dierdorfer Straße 74.

648 Zweigstellen in den Vororten Irlich, Feldkirchen, Oberbieber und Segendorf sowie den Nachbargemeinden Leutesdorf und Melsbach. Karte in 125 Jahre, S. 13.

649 S. S. 24 u. 42.

650 125 Jahre, S. 18, 28.

651 Meinhardt, Neuwied Einst u. Heute, S. 102.

652 125 Jahre, S. 28, 34 ff.

653 Spoo, Deutsche Bank, S. 10. Neuwied seit 75 Jahren am selben Platz. In: db-aktuell. Mitteilungen für die Angehörigen der Deutschen Bank AG, 4/1986, S. 37 ff.

654 AG Neuwied, Grundbuch Neuwied, Bd. 32, Bl. 1356 sowie Urkunden 22.4.1955 u. 15.2.1956 bei den Grundakten.

655 Rhein-Zeitung, 14.4.1975, mit Foto.

656 Reinhard Gilles: Weißenthurm. Geschichte der Stadt, Horb 1988, S. 58 ff., 76 ff., 116 ff.

657 Bruno Zeitz: Neuwied und seine Brücken, Neuwied 1991, S. 12 mit Lit. in Anm. 40 u. 41. Zum Problem des Bargeldtransportes mit der Gierponte anfangs des 19. Jahrhunderts Rasselstein, S. 23. Die Reichsbank hatte um die Jahrhundertwende drei Kunden links des Rheins. Bericht, 29.7.1904, Acta LZB.

[658] Wertberichtigung des Engagements bei „Glückauf" Rheinische Bimsverwertungs-GmbH vorm. I. Weber, Neuwied-Weißenthurm.

[659] Spoo, Deutsche Bank, S. 10.

[660] Gegründet vor 1920 als Zweigstelle der Disconto-Gesellschaft, seit 1929 Deutsche Bank und Disconto-Gesellschaft, seit 1937 Deutsche Bank Filiale Andernach. Mitteilung des Hauses.

[661] Gegründet 1968. Lokal Anzeiger-Wochenspiegel Mayen, 30.4.1991, S. 49.

[662] Konzentration von Zahlungsverkehr, Rechnungswesen und Revision, später auch von Auslandsgeschäft sowie Personalwesen und Organisation.

[663] Beiderseits des Rheins arbeiten vor allem Baustoffindustrie und Rasselstein AG, neuerdings auch die Lohmann-Gruppe.

[664] Rhein-Zeitung, 14.10.1987. Mitteilung von Günter Otto, Leiter der Dresdner Bank Neuwied.

[665] In Andernach zahlbar gestellte Wechsel blieben gleichwohl rediskontfähig: „Andernach gilt als Teil des Bankplatzes Neuwied." Die Bankplätze der Deutschen Bundesbank, in Geschäftsbedingungen der Deutschen Bundesbank, Frankfurt a. M. 50 Jahre Landeszentralbank, S. 45.

[666] Dazu allgemein Entstehung und Entwicklung der Landeszentralbank, S. 62. Ein Spitzenausgleich unter den angeschlossenen Kreditinstituten in der Form der gesetzlichen Abrechnung fand bei der Reichsbanknebenstelle Neuwied 1933 nicht statt (in Koblenz 1927; in Trier und Bonn 1928). Wahrscheinlich gab es aber damals schon das Platzeinziehungsverfahren, die sogenannte „Kleine Abrechnung", „die sich bei den meisten Reichsbankanstalten einschl. der Reichsbanknebenstellen" bereits 1933 findet. Fünfzig Jahre Abrechnungsstellen der Reichsbank. Hrsg. Reichsbank, Berlin 1933.

[667] Eröffnung 15.11.1985. Rhein-Zeitung, 16./17.11.1985. Größte Tresoranlage im nördlichen Rheinland-Pfalz.

[668] 1870–1970. 100 Jahre Commerzbank. Hrsg. Commerzbank Düsseldorf, Frankfurt a. M. 1970, Anhang „Die Entwicklung des Geschäftsstellennetzes"; dazu Hans Kurzrock: Aus der Geschichte der Commerzbank, ebd., S. 39 ff., 130.

[669] Das 1900 gegründete Institut war Zweigniederlassung des von 1873 datierenden Bankvereins zu Mayen, den die Commerz- und Credit-Bank AG, Frankfurt a. M. (Zwischeninstitut von 1952–57) übernahm. Pohl, Konzentration, S. 513 u. 665; 100 Jahre Commerzbank, S. 83; Hans Schüller. In: Mayen. Hrsg. ders. u. Franz-Josef Heyen, Mayen 1991, S. 421.

[670] Rhein-Zeitung, 22.9.1960; AG Neuwied, Handelsregister HRB 64.

[671] AG Neuwied, Handelsregister HRB 915.

[672] Zunächst an der Marktstraße, seit 1969 am Luisenplatz; Niederbieber 1973 und Heddesdorf 1974. Mitteilungen des Hauses und von Erich Janotta, Winningen, damals Vorstand des aufnehmenden Instituts. Als Niederlassung der BWV im Genossenschaftsregister des AG Neuwied eingetragen am 22.7.1970.

[673] Seit 1991 Übernahme der KKB durch die US-amerikanische Citycorp. City-Bank Neuwied. Mitteilung des Hauses.

[674] Sparda-Bank Mainz e.G., als Spar- und Darlehenskasse für Bedienstete der Eisenbahn im Direktionsbezirk Mainz 1899 gegründet. Mitteilung des Hauses.

[675] Diesen Eindruck hat der Autor bei einem Vergleich des heutigen Firmenkundengeschäfts mit dem der Zeit vor dem Ersten Weltkrieg (Tabelle 16). Vergleichbares Privatkundengeschäft gab es damals nicht.

[676] Bis 1958 Zweigstelle der Rheinischen Girozentrale und Provinzialbank Düsseldorf. S. Anm 612; Geschäftsbericht 1962 der Landesbank und Girozentrale Rheinland-Pfalz, „Ein Rückblick", S. 8 ff.

[677] Erstere gegründet 1835, letztere 1869, beide seit 1980 in Koblenz. Mitteilungen der Häuser. Die Pfalz war bis 1945 bayrisch.

[678] Die Raiffeisenkassen Rengsdorf und Horhausen/Kreis Altenkirchen fusionierten 1963 zur Raiffeisenbank Horhausen-Rengsdorf, Horhausen (1968 Gründung der Geschäftsstellen in Kurtscheid und Siebenmorgen, beide Kreis Neuwied), diese 1984 mit der Raiffeisenbank Altenkirchen zur Raiffeisenbank 2000, Altenkirchen. Albert Schäfer: 125/145 Jahre Raiffeisen-Genossenschaften (vom Flammersfelder Hülfsverein zur Raiffeisenbank 2000), Neuwied 1994, Tabelle nach S. 45; Mitteilung des Hauses. Dieses Institut fusionierte 1995 mit der Raiffeisenbank Westerwald eG, Puderbach, zur Raiffeisenbank 2000 Westerwald eG, Altenkirchen. Rhein-Zeitung, 19.5.1995.

[679] Die Volksbank Westerwald, Ransbach-Baumbach/Westerwaldkreis, seit 1971 in Dierdorf (heute Filiale), seit 1982 in Großmaischeid (heute deren Zweigstelle). 100 Jahre Volksbank Westerwald, 1975, S. 37; Mitteilung des Hauses.

[680] Anknüpfung an eine Bemerkung Hans Ulrich-Wehlers, Max Webers Klassentheorie und die neuere Sozialgeschichte. In: Aus der Geschichte lernen?, München 1988, S. 152 ff., 156.

[681] Schätzung des Autors.

[682] Meinhardt, Neuwied. Einst und Heute, S. 47.

[683] Die Bankakademie, Frankfurt a. M., ist ein vom privaten Bankgewerbe getragenes Institut der beruflichen Weiterbildung. Die Initiative ging aus von Dr. Dieter Boschert, 1936–1989, Leiter der Deutschen Bank Neuwied von 1974–1979, und wurde mitgetragen von der Industrie- und Handelskammer zu Koblenz. Erster Studiengang 1975.

[684] Schätzung des Autors.

[685] Mitgliederliste und Satzung, Neuwied 1990. Als erster Leiter einer der Sparkassen war Mitglied Joseph Kehren, 1904–1968, Vorstand der KSK von 1954–65.

[686] Der Anteil der Provisionen und Bonifikationen an den regulären Erträgen der Deutschen Bank, 1980 26 %, überschritt 1984 erstmals 30 %, 1988 erstmals 40 %, fiel infolge gestiegenen Zinsüberschusses und zeitweise ruhigeren Aktiengeschäftes allerdings danach vorübergehend etwas zurück. Archiv Deutsche Bank Neuwied, Bilanzunterlagen.

[687] Frühester Beleg für Telefon Anzeige im Adreßbuch 1899, „Geschäftliche Empfehlungen" S. 58; s. a. S. 92 (unter Anschlüssen Nr. 1 u. 2 waren Einzelhandelsgeschäfte erreichbar, unter Nr. 4 das Bürgermeisteramt Heddesdorf). Beleg für Schreibmaschine Schreiben des Neuwieder Bankvereins, 29.6.1905. Acta LZB.

[688] Marke Borroughs. 100 Jahre, S. 80.

[689] Bericht über die „Kreispressefahrt" in NZ, 21.12.1927.

[690] IBM 360 Modell 20. 100 Jahre, S. 131.

[691] 125 Jahre, S. 122 zu 1969; ASHAUER, Übersicht 103, S. 322.

[692] 100 Jahre, S. 120 zu 1959; Auskunft von Sigurd Reinhard, Bingen, für die Deutsche Bank.

[693] Letzte Bilanz per 31.12.1989, seither Bilanz des Filialbezirks Mainz. – Ein Jahr vorher war die Zweigstelle Engers geschlossen worden. Archiv Deutsche Bank Neuwied, Brief an die Kundschaft der Zweigstelle, Januar 1988.

[694] Mitteilung des Hauses.

[695] HANS E. BÜSCHGEN. In: Die Deutsche Bank, S. 590.

[696] Neuwieder Rundschau, 17.11.1983; Rhein-Zeitung, 7./8.4.1990 („Interesse scheint nicht allzu groß"). In Rhein-Zeitung, 13.7.1990, aber schon: „Fusionsklima scheint günstig".

[697] Bezugnahme auf das im August 1989 erschienene Gutachten „Ausrichtung der Sparkassenorganisation auf den europäischen Binnenmarkt" in der Vorlage für Hauptausschuß und Stadtrat für die Sitzungen 18. u. 27.9.1990, Drucksache Nr. 0932/90, 10.9.1990; Rhein-Zeitung, 7./8.1990. Die Koblenzer Sparkasse an 145., die Bonner an 100. Stelle unter den deutschen Kreditinstituten. Die Bank, 1/92 S. 53; Stadt- und Kreissparkasse Koblenz fusionierten 1974; Fusion der beiden Bonner Sparkassen und der Stadtsparkasse Bad Godesberg 1971. Mitteilungen der Häuser. Dazu allgemein ULF BAXMANN: Daten zur Konzentration im Sparkassenwesen. Eine Europäische Studie für den Zeitraum 1970 bis 1990. In: Sparkasse 1991, S. 508 ff.

[698] Rhein-Zeitung, 22. u. 23.6.1989.

[699] Niederschriften über die öffentlichen Sitzungen des Rates der Stadt Neuwied, 29.11.1990, Drucksache 1046/90, und des Kreistages, 8.11.1990, Beschluß-Nr. 30/90.

[700] Rhein-Zeitung, 2./3.10. sowie 6. und 7.11.1990 – in der zuletzt genannten Ausgabe der Linzer Standpunkt; die Neuwieder Position im Bericht des Vorstandes der Kreissparkasse an den Verwaltungsrat, 24.10.1990, der – von diesem mit einstimmigem Placet versehen – am 26.10.1990 durch den Landrat an die Mitglieder des Kreistages weitergeleitet wurde. Unterlagen für dessen Sitzung am 8.11.1990.

[701] Rhein-Zeitung, 24.1. u. 18.4.1991; Stadtmagazin Leben in Neuwied, Mai 1991, S. 4 f. Die Vereinigung fand statt gemäß § 22 Abs. 1 Nr. 1 SparkassenG Rheinland-Pfalz. Gewährträger ist der Sparkassenzweckverband Neuwied mit Kreis und Stadt als Mitgliedern. Geschäftsbericht für 1991, S. 2.

[702] Einstellung der Konkurrenz in der in Anm. 700 genannten Beschlußvorlage; Schwächen der früheren Stadtsparkasse im Wertpapier- und Auslandsgeschäft Rhein-Zeitung, 28.9.1990. Die in der Öffentlichkeit vor allem herausgestellten Herausforderungen der Zukunft (zunehmende Ansprüche der Kunden, europäischer Binnenmarkt, „Electronic Banking") waren überzeugende Fusionsgründe doch wohl nur für die damalige Stadtsparkasse. Rhein-Zeitung, 16.8. u. 28.9.1990; s. a.: Der Beginn einer erfolgreichen Verbindung. Hrsg. Sparkasse Neuwied, 1991; Keine Personalentlassungen. In: Rhein-Zeitung, 16.8., 28.9. u. 26.10.1990.

[703] Nach der Sparkasse Koblenz und vor der Kreissparkasse Ahrweiler. Tabelle Sparkassen in Rheinland-Pfalz. In: Die Bank, 1/92, S. 51 ff., S. 64 ff.

[704] Rhein-Zeitung, 3.11.1994.

[705] Rhein-Zeitung, 19.6.1990; Geschäftsbericht 1990 der Raiffeisenbank Neuwied.

[706] Verschmelzungsvertrag, 2.5.1994. Vertreterversammlungen: Neuwied 6.5.1994, Mehrheit 75,23 % (erforderlich 75,0 %); Engers 22.6.1994, Mehrheit 98,57 %. Wirkung 30.6.1994. S. a. Rhein-Zeitung, 9.5. u. 24.6.1994. Eine Partnerschaft zum Wohle aller. Hrsg. Raiffeisenbank Neuwied, Neuwied (1995).

[707] Bekanntmachung der Landeszentralbank in Rheinland-Pfalz, 13.3.1992, in Rhein-Zeitung, 14./15.3.1992; 50 Jahre Landeszentralbank, S. 46, 53; Mitteilung von Hubert Kamphues, Leiter der LZB Neuwied.

[708] Mitteilung des in Anm. 707 Genannten.

[709] Rasselstein AG (Thyssen) und Krupp Hoesch Stahl AG, Dortmund, haben ihr Weißblechgeschäft mit Wirkung vom 1.7.1995 in die Rasselstein Hoesch GmbH, Neuwied, eingebracht (Beteiligungsverhältnis 74,5 : 25,5), deren Werk Andernach neben dem bisherigen Branchenführer an der Spitze der europäischen Weißblechindustrie steht. Geschäftsbericht der Rasselstein AG für 1994/95; Handelsblatt, 20.7.1995; Rasselstein Hoesch Info, 1/1195, Juli 1995.

[710] Die Kapitalgesellschaft Doughty Hanson & Co., London, schaltete das Bankhaus Trinkhaus und Burckhardt KgaA, Düsseldorf, ein.

[711] Das verarbeitende Gewerbe des Kreises Neuwied stand 1996 an der Spitze der Kreise im Bezirk der IHK zu Koblenz, vor dem Nachbarkreis Mayen-Koblenz: Betriebe, Beschäftigung und Umsatz 1996 nach Wirtschaftszweigen und kreisfreien Städten und Landkreisen (20 Beschäftigte und mehr), Statistisches Landesamt, Bad Ems.

712 Die Ertragsziffer (Kaufkraftkennziffer mal Passantenzählung – beide normiert –, geteilt durch Mietpreis) war für die Neuwieder Mittelstraße (1a-Lage) 1996 = 176,1; bei einem Vergleich mit 100 Mittel- sowie 184 Groß- und Mittelstädten lag die Stadt auf Rang 7 bzw. 13. Kemper´s Frequenz Analyse Verlag und Agentur GmbH. Bei einer Kaufkraftkennziffer von 102,39 lag der Einzelhandelsumsatz pro Einwohner 1995 an der Spitze der mittelrheinischen Städte, die Kaufkraftbindung entsprach mit 169 dem Koblenzer Wert. Bestandsanalyse der Planungsgemeinschaft Mittelrhein-Westerwald (Bezirksregierung Koblenz und Büro Kurt Lüthje, Plein) für das Modellprojekt Interkommunale Einzelhandelskonzeption im Raum Koblenz/Neuwied, 1997.

713 U. a. Lucas Kfz-Ausrüstung GmbH (Lucas, Varity, London), SAR Stahlservice GmbH (Usinor Gruppe, Paris).

714 Bevölkerungszuwachs (ganz überwiegend aus Zuwanderungen):

Stadt Neuwied	13,6 %
Kreis Neuwied ingesamt	13,4 %
VB Weißenthurm	13,0 %
Mittelrhein-Westerwald	10,0 %

Planungsgemeinschaft Mittelrhein-Westerwald (Bezirksregierung Koblenz). Orientierungswerte zum Bedarf an Bauflächen im Zeitraum von 1993–2008. Entwurf, Stand Mai 1995. Die Planungsregion umfaßt den Reg.-Bez. Koblenz ohne die Kreise Bad Neuenahr und Idar-Oberstein; Raumordungsprognose 2010 der Bundesforschungsanstalt für Landeskunde und Raumordnung. Auszug im „Immo.Real", Beil. der FAZ, 6/1995.

TABELLEN

Tabelle 1
Darlehenszinsen 1815 bis 1840 (in % p. a.)

Darlehnsnehmer	Fürstlich Wiedsche Rentkammer	Herrnhuter Brüdergemeine	H.W. Remy & Cons. „zu Rasselstein"
1815		ca. 4,0	
1816		ca. 4,0	
1817	5,0	ca. 4,0	
1818	5,0	ca. 4,0	
1819	4,5	ca. 4,0	
1820	4,5	3,5 – 4,0	
1821			
1822		4,0	
1823	4,75		5,0
1824	4,5	3,5 – 4,0	5,0
1825	4,5	3,5 – 4,0	5,0
1826	4,5		5,0
1827	4,0	3,5 – 4,0	5,0
1828			
1829	4,0	3,5	5,0
1830	4,0	3,0 – 3,5	5,0
1831	4,0	3,0 – 3,5	5,0
1832	4,0	3,0 – 3,5	5,0
1833	4,0	3,0 – 3,5	5,0
1834	4,0	3,0 – 3,5	5,0
1835		3,0 – 3,5	
1836	4,0		
1837	4,0		
1838	3,5[1]	3,0 – 3,5	
1839	3,5	3,0 – 3,5	
1840	3,5		

[1] Ablösung der Darlehn durch Wiedische Anleihe.

Tabelle 2
Stadtsparkasse Neuwied
Zinsen 1857 bis 1915 (in % p. a.)

Sollzinsen		Habenzinsen	
1857–1863	5,0	1857 und 1858	3,33
1864 und 1865	4,5	1859	3,5
1866–1869	4,25	1860–1877	3,33
1870–1877	4,0	1878	3,5
1878–1886	4,0 – 5,0	1879–1907	3,33
1887–1892	3,5 – 5,0	1908–1912	3,5
1893–1895	3,0 – 5,0	1913–1915	3,5 ; 4,0[1]
1896–1900	Unter 3,0 – 5,0		
1901	3,0 – über 5,0		
1902–1913	3,0 – 5,0		
1914 und 1915	3,0 – über 5,0		

[1] Einjährige Kündigungsfrist.

Q.: Acta des Ober-Präsidiums der Rheinprovinz, betreffend die Nachweisungen über den Geschäftsbetrieb und die Resultate der Sparkassen, LHA Best. 403 Nr. 10002–10012. Spezial-Acten der Stadt Neuwied betreffend: Uebersicht des Geschäfts-Verkehrs bei der Sparkasse, Archiv Sparkasse.

Tabelle 3
Hypothekenzinsen 1829 bis 1914
Diverse Darlehensgeber (in % p. a.)

1829	4,5	1866	5,0 ,5,0	1894	4,0 ; 4,0
1835	5,0	1868	5,0 ; 5,0	1895	4,5
1836	4,0 ; 4,0 ; 5,0	1869	4,5 ; 5,0 ; 5,0	1897	4,0 ; 4,0 ; 4,5
1841	4,5	1870	5,0 ; 5,0 ; 5,0	1899	5,0
1844	4,0	1871	5,0 ; 5,0	1900	4,5 ; 5,0
1845	4,0 ; 4,5 ; 4,5 ; 5,0	1872	5,0 ; 5,0 ; 5,0 ; 4,5	1901	4,0
1846	4,0 ; 4,5	1873	4,5 ; 4,5 ; 5,0 ; 5,0	1902	4,0 ; 4,0 ; 4,5 , 4,5
1847	4,5	1874	5,0 ; 5,0 ; 5,0 ; 5,0 ; 5,0	1903	4,5
1848	4,5 ; 5,0	1875	5,0 ; 5,0 ; 5,0 ; 5,0 ; 5,0	1904	4,0 ; 4,5 ; 4,5
1849	4,5 ; 5,0	1877	5,0 ; 5,0 ; 6,0	1906	4,0
1852	4,5 ; 5,0	1878	5,0 ; 5,0 ; 5,0 ; 5,0 ; 5,0 ; 5,0 ; 5,0	1907	4,0
1854	4,0 ; 4,5 ; 4,5	1879	5,0	1908	4,0
1855	5,0	1880	5,0 ; 5,0 ; 5,0	1909	4,5 ; 5,0
1856	4,0 ; 4,5	1881	5,0 ; 5,0 ; 6,0	1910	5,0
1857	4,0 ; 4,5	1882	5,0	1911	4,5 ; 5,0
1858	4,5 ; 4,5 ; 5,0	1883	4,5	1912	4,0 ; 4,0 ; 4,5
1859	4,5	1885	5,0	1913	4,0 ; 4,25 ; 5,0
1860	4,5 ; 5,0	1886	4,0 ; 4,5	1914	4,5 ; 4,5 ; 5,0 ; 5,0
1861	4,5 ; 5,0 ; 5,0	1887	4,0 ; 4,0 ; 4,0 ; 4,0 ; 4,0 ; 4,5		
1862	4,5	1888	4,0 ; 4,0 ; 4,0 ; 4,0 ; 4,5		
1863	4,5	1890	5,0 ; 5,0		
1864	4,5 ; 5,0	1891	4,0 ; 4,0		
1865	4,5 ; 5,0	1893	4,5		

Q.: u.a. Grundbücher von Neuwied und Heddesdorf, AG Neuwied, sowie Unterlagen der Familie Reusch im Besitz von Dr. Hüttenbach.

Tabelle 4
Auswärtige Banken in Neuwied 1815–1900

Firma und Sitz	Kunde	Zeit	Geschäfte	Anm.
Johann Mertens, Frankfurt	Herrnhuter Brüdergemeine	1818-1822	Kontokorrent	1
Chiron Sarasin & Co., Frankfurt	H.W. Remy & Cons. zu Rasselstein	1823/24 (länger?)	Kontokorrent, Zahlungsverkehr, Kontokorrent- und Diskontkredit, Auslandsgeschäft	2
	Fürstl. Wiedische Rentkammer	1824/25	Kurzfristiger Kredit	3
	Anton Neizert, Weinhändler	1823 (länger?)	Kontokorrent	4
Benjamin Metzler seel. Sohn & Co., Frankfurt	Fürstl. Wiedische Rentkammer	1818-1901 (länger?)	Zahlungsverkehr, Kontokorrent u. Kontokorrentkredit	5
	Herrnhuter Brüdergemeine	1821, 1823	Einzelgeschäfte	6
M.A. von Rothschild & Söhne, Frankfurt	Fürstl. Wiedische Rentkammer	1828-1901	Kontokorrent u. -kredit, Auflegung der Wiedschen Anleihe, Wertpapiergeschäfte, Kreditbriefe	7
	Florian Bianchi	1829	Kredit im Auftrage der Fürstl. Wiedischen Rentkammer	8
N.M. Rothschild & Sons, London	Fürst zu Wied	1840/50er Jahre	Kredit	9
D. & J. de Neufville, Frankfurt	Herrnhuter Brüdergemeine	1820-1892	Zahlungsverkehr, Kontokorrent	10
	Fürstl. Wiedische Rentkammer	1826/27	Kurzfristiger Kredit	11
Johann David Herstatt, Köln	H.W. Remy & Cons. zu Rasselstein	1823/24 (länger?)	Zahlungsverkehr, Kontokorrent u. -kredit, Bargeldbelieferung	12
Von Recklinghausen, Köln	Herrnhuter Brüdergemeine	1860-1875	Kontokorrent	13
A. Schaaffhausen'scher Bankverein, Köln	Christoph u. Julius Reusch	1830-1870 (länger)	Zahlungsverkehr	14
	H.W. Remy & Cons. zu Rasselstein	19. Jh.	Zahlungsverkehr	15
Bank für Rheinland & Westfalen, Köln	Herrnhuter Brüdergemeine	1877 - ca. 1900	Zahlungsverkehr, Kontokorrent	16
J.H. Stein, Köln	H.W. Remy & Cons. zu Rasselstein	1875-1877	Kontokorrent	17
Sal. Oppenheim jr. & Cie., Köln	Nassauischer Roheisenverein	1862-20. Jh.	Organ des Weißblech-Kartells, Kontokorrent	18
	Hilgers AG, Rheinbrohl	1851-1881	Kartellorgan (Concordia-Hütte Bendorf)	19
		1888-heute	Emission der Aktien, später umfassende Geschäftsverbindung	20
A. & L. Camphausen, Köln	Fürstl. Wiedische Rentkammer	1870	Darlehen gegen Effektendeckung	21
	Karl Wagner	1880er/90er Jahre	Darlehen	22
Jonas Cahn, Bonn	H.W. Remy & Cons. zu Rasselstein	1823/24 (länger?)	Zahlungsverkehr, Kontokorrent- und Diskontkredit, Bargeldbelieferung	23
Johann Heinrich Kehrmann, Koblenz	H.W. Remy & Cons. zu Rasselstein	1823/24 (länger?)	Zahlungsverkehr, Kontokorrent- und Diskontkredit, Bargeldbelieferung	24
Königliche Bank-Commandite, Koblenz	Fürstl. Wiedische Rentkammer	1856-1872	Darlehen gegen Effektendeckung	25
Disconto-Gesellschaft, Berlin	Herrnhuter Brüdergemeine	1875-1894	Zahlungsverkehr, Kontokorrent	26

[1] ABN Hauptbuch BA II 11, S. 201. Älteste Adresse des Frankfurter Bankgewerbes, Gründung 1605. Anfang dieses Jahrhunderts zur Mitteldeutschen Creditbank, Frankfurt a. Main, die 1929 von der Commerzbank übernommen wurde. ACHTERBERG, Bankplatz, S. 77 und 104. [2] Kopierbuch des Rasselstein von 1823/24, Inhaltsverzeichnis. Gründung 1785. Schon vor 1815 Geschäftsverbindung zum Fürsten zu Wied (FWA 57-11-19, insbes. Schuldurkunde von 1816 ad 22). Terminus ad quem für seine Präsenz in Neuwied 1847, da das Geschäft in Neuwied eingestellt wird. Rasselstein, insbes. S. 16 f.; ACHTERBERG, Bankplatz, S. 79, 134, 10; DIETZ, Handelsgeschichte, 4. Bd., T. 2, S. 690 f.; MUSHAKE/MUSHAKE, Frankfurt am Main, S. 18. [3] FWA Rentey Rechnung 1825, Interessen, S. 275, Nr. 2821. [4] Kopierbuch des Rasselstein. Zu Neizert FAUST, Beschreibung, S. 12. [5] Text S. 10 f. mit Anm. 123-126 und 136. Gegründet 1674, noch bestehend. ACHTERBERG, Bankplatz, S. 41 f.; LUTZ, Firma, S. 264 ff.; Rasselstein, S. 24, Anm. 169; VOELCKER, Geschichte. [6] ABN Hauptbuch BA II 11, S. 226. [7] Text S. 10 f. mit Anm. 127-136; Stammhaus der internationalen Bankiers. Gründung 1766; 1901 in Liquidation. Grundstock der Filiale Frankfurt der Disconto-Gesellschaft und damit der dortigen Deutschen Bank. SEIDENZAHL, S. 308; WILSON, Rothschild Dynastie, mit Literatur. [8] FWA 60-3-22 vom 25.5.1829. Florian Bianchi, Tabakfabrik, Neuwied. 300 Jahre, S. 465; NEMNICH. In: Bilder und Gestalten, S. 52. [9] FWA 60-5-1 und 4 vom 7.9.1849. Londoner Niederlassung gegründet kurz nach 1800. ACHTERBERG, Bankplatz, S. 64; CONTE CORTI, S. 120 ff. [10] Text S. 13 mit Anm 148. 1650 gegründetes Bankhaus, das 1924 liquidiert wurde. KLÖTZER, Integration, S.10. [11] Text S. 10 mit Anm 123; FWA Rentey Rechnung 1826, Nr. 2806, und 1827, S. 330, Nr. 3348 [12] Kopierbuch des Rasselstein von 1823/24, Inhaltsverzeichnis. 1720-1912. Zu Anfang des 19. Jahrhunderts führendes Kölner Bankhaus, VAN EYLL, Kölner Banken, S. 250 ff, 274 ff; KREÜGER, insbes. S. 44 ff; Rasselstein, insbes. S. 17; STEIMEL, Herstatt. [13] ABN Hauptbuch BA II 13 u. 14; Text S. 13 mit Anm. 149. Im 18. Jahrhundert bedeutende Kölner Bankiers, die sich Anfang des 19. Jahrhunderts allmählich aus dem Bankgeschäft weitgehend zurückzogen. HOPPE, Entwicklung, S. 5 ff.; POHL, Bankwesen, S. 27 f. [14] Text S. 6 und 8 mit Anm. 98 sowie S. 40 f. mit Anm. 365. In der ersten Hälfte des 18. Jahrhunderts gegründetes Handelshaus, das sich im Laufe des 19. Jahrhunderts zur führenden Bank Kölns entwickelte. VAN EYLL, Kölner Banken, insbes. S. 257 f.; 278. [15] Krüger, S. 54 (ohne Quellenangabe). [16] ABN Hauptbuch BA II 14; Anm. 150. [17] ABN Hauptbuch BA II 14, S. 116. Gegründet 1871; 1901 in der Rheinisch-Westfälischen Disconto-Gesellschaft aufgegangen und damit letzten Endes zur Dresdner Bank. KAHLER, S. 529. [18] Text S. 13 mit Anm 156 u. 157; 1790 gegründetes Handelshaus, das sich im Laufe des 19. Jahrhunderts zu einer der führenden Kölner Banken entwickelte. ECKERT, Stein; VAN EYLL, Kölner Banken; KREÜGER, S. 76; POHL, Konzentration, S. 519. [19] Text S. 13 mit Anm. 155; 1801 von Bonn nach Köln übergesiedelte, noch heute bestehende Privatbank. STÖRMER/TEICHMANN/TREUE, Wägen und Wagen. [20] Heimatchronik, S. 298 f., 300. [21] FWA 6-9-20. 1826 gegründete Firma, seit etwa 1840 Bankgeschäft, 1903 vom A. Schaaffhausen'schen Bankverein übernommen. VAN EYLL, Kölner Banken, S. 252 und 278; KREÜGER, S. 76; POHL, Konzentration, S. 519. [22] Brief Bank/Kunde v. 6.4.1892 (im Besitz der Fam. E. Krings); Text mit Anm. 432 u. 509. [23] Kopierbuch des Rasselstein von 1823/24, Inhaltsverzeichnis. Handels- und Bankhaus, 1772 bis Anfang des 19. Jahrhunderts, letzten Endes zur Deutschen Bank. „Das Bankhaus der Bonner Oberschicht". Rasselstein, insbes. S. 18; SCHULTE, Bonner Juden, S. 149 ff. [24] Kopierbuch des Rasselstein von 1823/24, Inhaltsverzeichnis. Handels- und Bankhaus, 1786 bis in die zweite Hälfte des 19. Jahrhunderts, zeitweise führendes Haus in Koblenz. BÄR, Aus der Geschichte, S. 8, 237, 251; DEMIAN, Darstellung; Rasselstein, insbes. S. 17 mit Anm. 107. [25] FWA 6-9-6, Anm. 320. 1856 gegründete Zweiganstalt der Preußischen Bank Berlin, Rechtsvorgängerin der heutigen LZB Koblenz. [26] FWA 6-9-6, Anm. 320, 14, S. 54, 150 f., 207 f., 246 f. 1850 gegründete, lange Zeit führende deutsche Großbank. 1929 Fusion mit der Deutschen Bank. SEIDENZAHL, S. 295 ff.; WOLFF, Disconto-Gesellschaft.

Tabelle 5
H.W. Remy & Cons. zu Rasselstein bei Neuwied
Zahlungsverkehr 1823 bis 1824 (Ausschnitt)

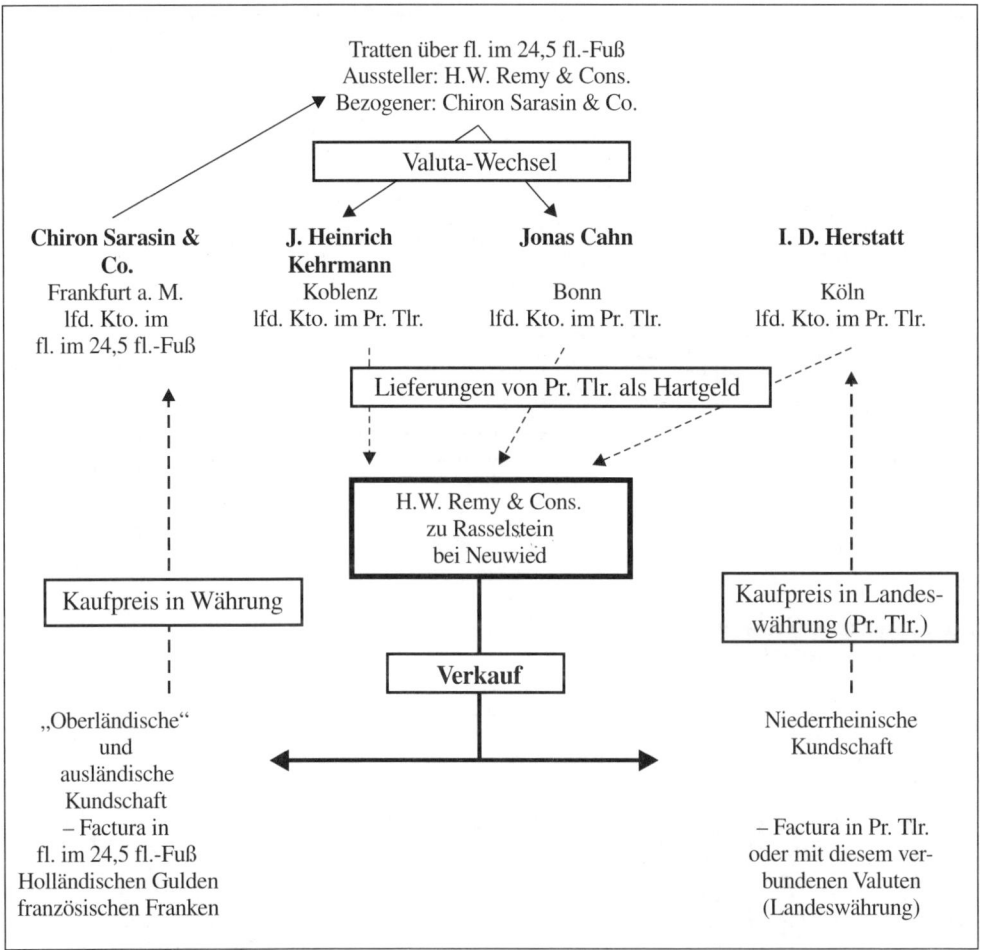

Tratten über fl. im 24,5 fl.-Fuß
Aussteller: H.W. Remy & Cons.
Bezogener: Chiron Sarasin & Co.

Valuta-Wechsel

Chiron Sarasin & Co.	J. Heinrich Kehrmann	Jonas Cahn	I. D. Herstatt
Frankfurt a. M. lfd. Kto. im fl. im 24,5 fl.-Fuß	Koblenz lfd. Kto. im Pr. Tlr.	Bonn lfd. Kto. im Pr. Tlr.	Köln lfd. Kto. im Pr. Tlr.

Lieferungen von Pr. Tlr. als Hartgeld

H.W. Remy & Cons.
zu Rasselstein
bei Neuwied

Kaufpreis in Währung

Kaufpreis in Landes-
währung (Pr. Tlr.)

Verkauf

„Oberländische"
und
ausländische
Kundschaft
– Factura in
fl. im 24,5 fl.-Fuß
Holländischen Gulden
französischen Franken

Niederrheinische
Kundschaft

– Factura in Pr. Tlr.
oder mit diesem ver-
bundenen Valuten
(Landeswährung)

Q.: Briefkopierbuch der Firma H.W. Remy & Cons., 1823–1824, ARAG; s.a. Rasselstein, S. 76 ff.

Tabelle 6
Stadtsparkasse Neuwied
Einlagen 1879 bis 1914 (in TM)

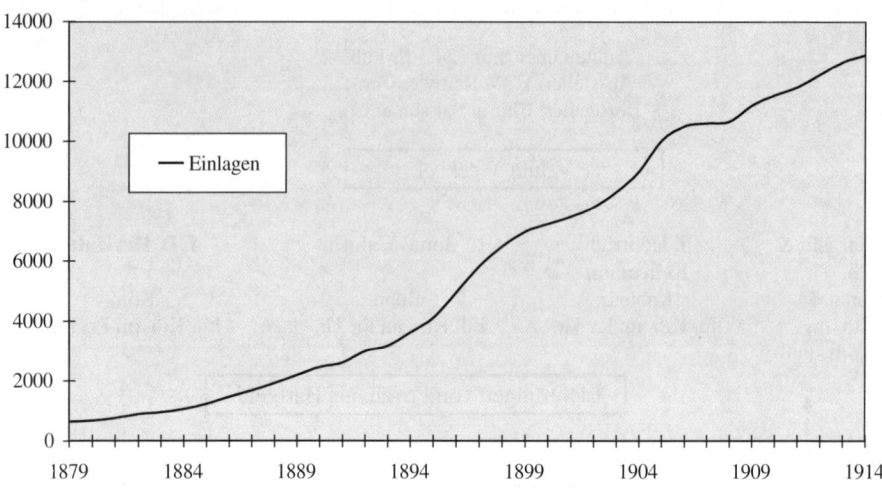

Tabelle 7
Stadtsparkasse Neuwied
Ausleihungen 1879 bis 1914 (in TM)

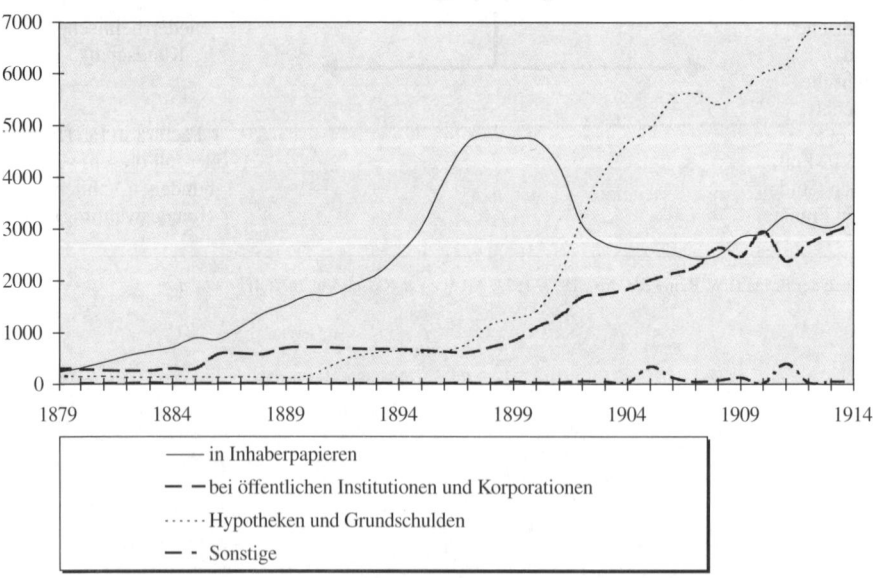

Quellen: Acta des Ober-Präsidiums der Rheinprovinz, betreffend die Nachweisungen über den Geschäftsbereich und die Resultate der Sparkassen, LHA Best. 403 Nr. 10002–10012; Spezial-Acten der Stadt Neuwied betreffend: Übersicht des Geschäfts-Verkehrs bei der Sparkasse, Archiv Sparkasse.

Tabelle 8
Kreissparkasse Neuwied
Einlagen 1887/88 bis 1913/14 (in TM)

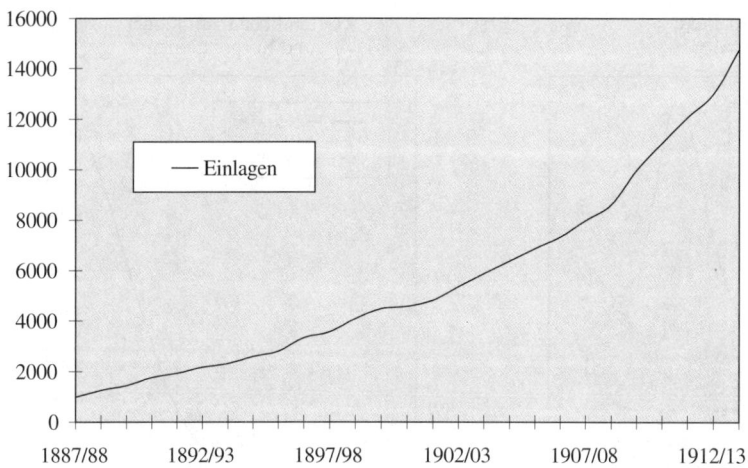

Tabelle 9
Kreissparkasse Neuwied
Ausleihungen 1887/88 bis 1913/14 (in TM)

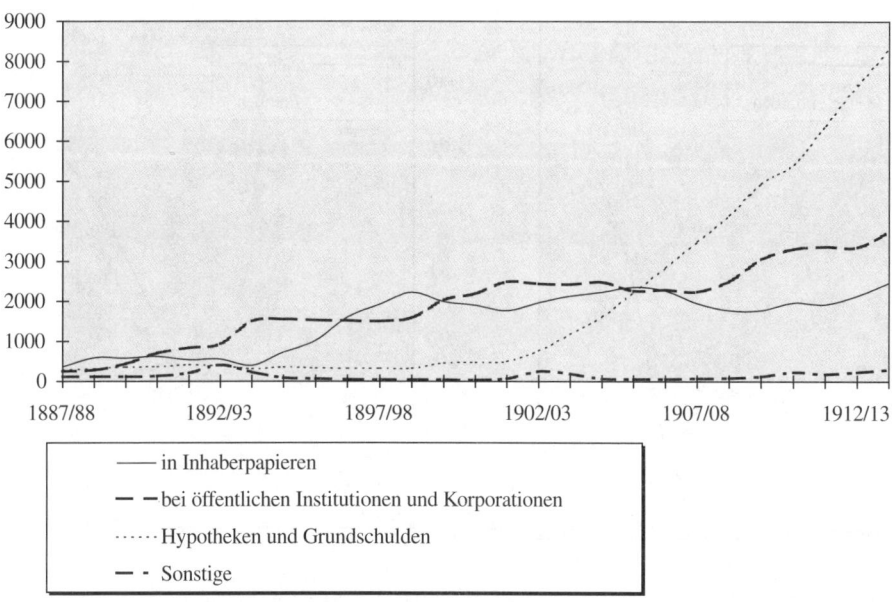

Q.: Acta des Ober-Präsidiums der Rheinprovinz, betreffend die Nachweisungen über den Geschäftsbetrieb und die Resultate der Sparkassen, LHA Best. 403 Nr. 10002–10012.

Tabelle 10
Vergleich der Stadtsparkasse Neuwied mit den preußischen Sparkassen insgesamt
Ausleihungen 1860 bis 1914 (Stadtsparkasse Neuwied in TM, Preußische Sparkassen in Mio. M)

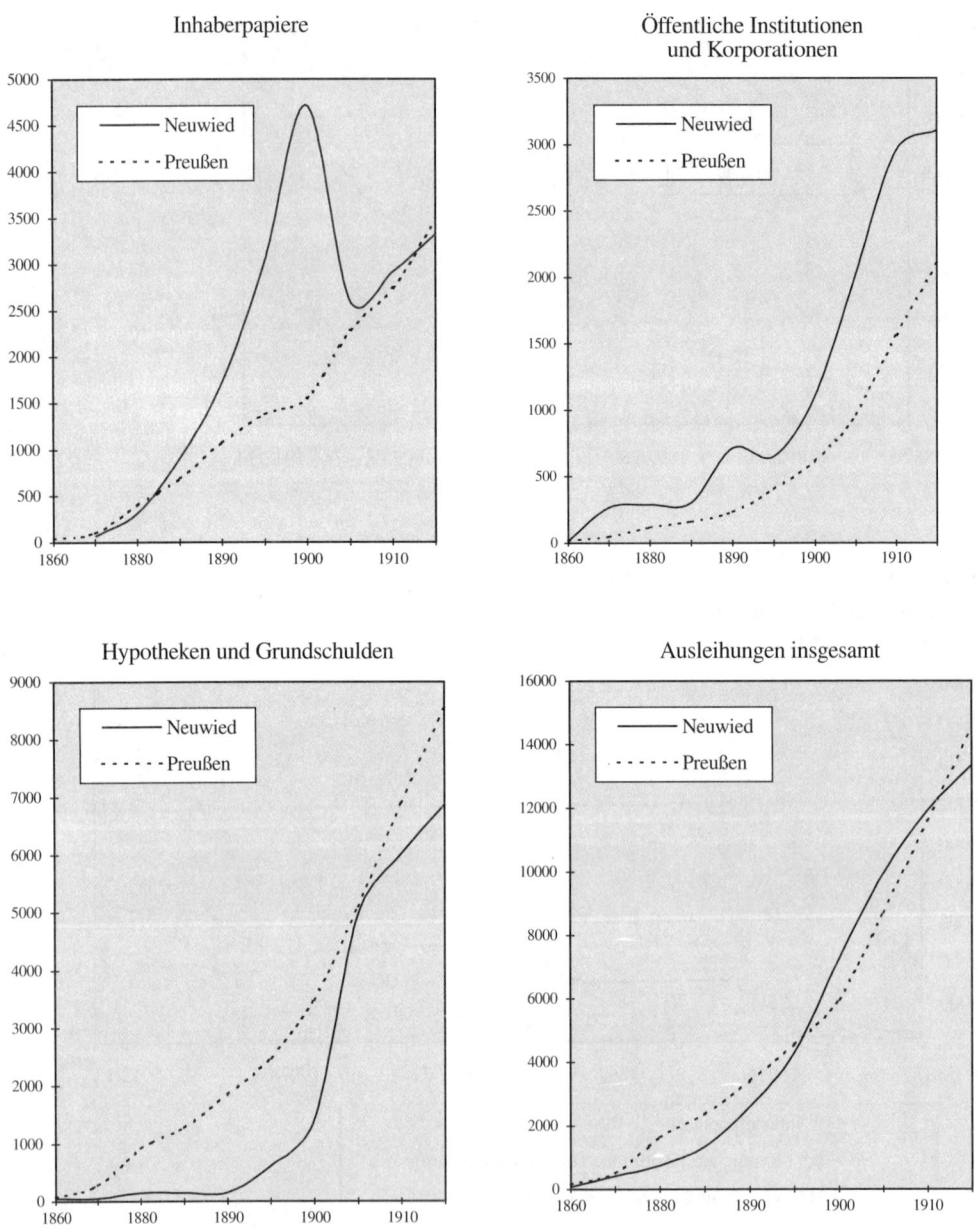

Q.: Deutsches Geld- und Bankwesen in Zahlen 1876–1975. Hrsg.: Deutsche Bundesbank, Frankfurt a.M. 1976, S. 64.

100

Tabelle 11
Stadtsparkasse Neuwied
Sparbücher 1857 bis 1915 (Anzahl und durchschnittliches Guthaben pro Sparbuch[1])

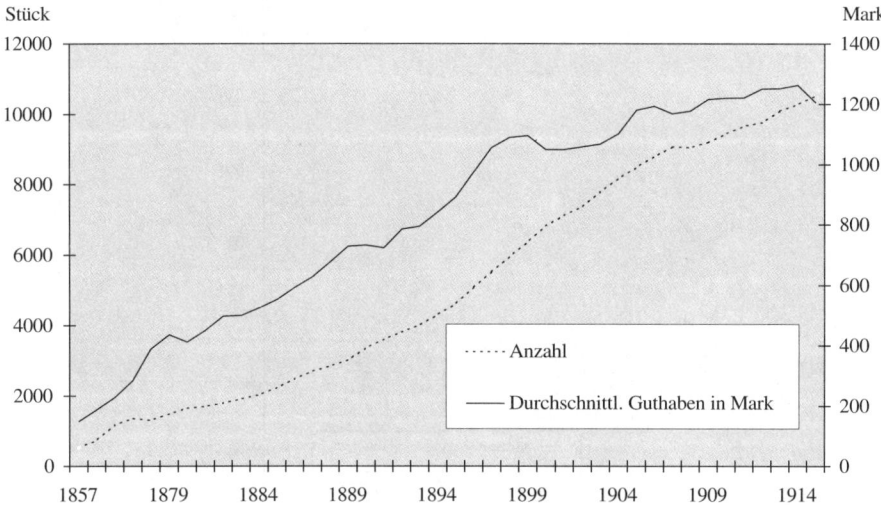

1 Der Betrag ergibt sich aus dem Quotienten von Guthaben und Anzahl.

Q.: s. Tabelle 7.

Tabelle 12
Stadtsparkasse Neuwied
Ausgegebene und zurückgenommene Sparbücher 1879 bis 1915

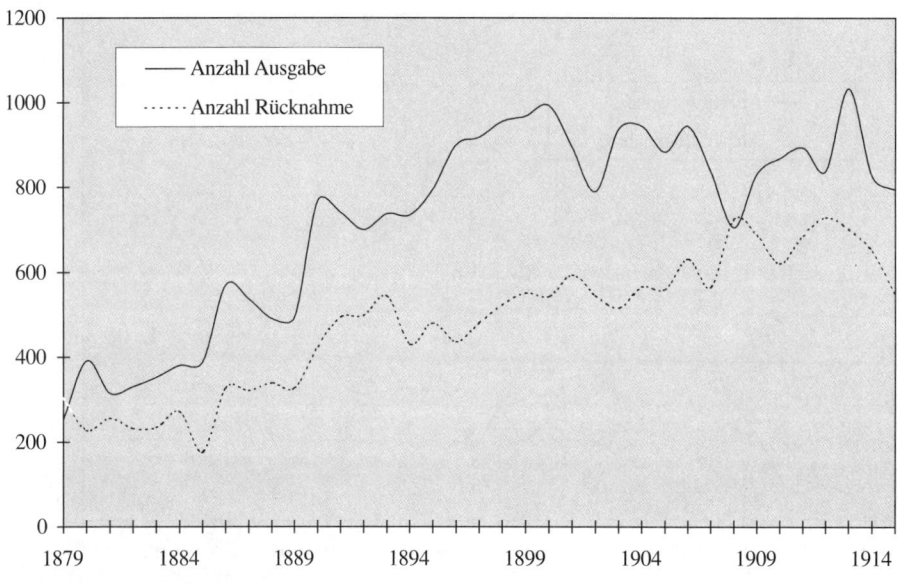

Q.: s. Tabelle 7.

Tabelle 13
Kreissparkasse Neuwied
Sparbücher 1879/80 bis 1913/14 (Anzahl und durchschnittliches Guthaben pro Sparbuch[1])

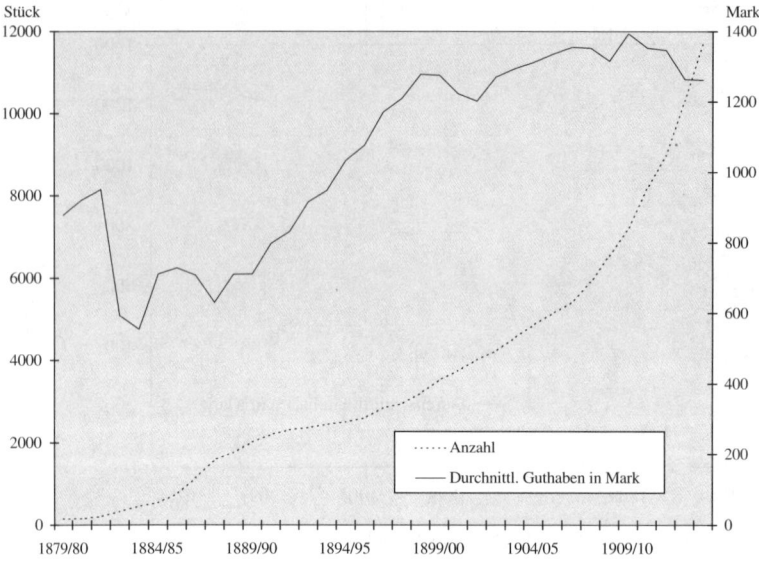

1 Der Betrag ergibt sich aus dem Quotienten von Guthaben und Anzahl.

Q.: s. Tabelle 9.

Tabelle 14
Kreissparkasse Neuwied
Ausgegebene und zurückgenommene Sparbücher 1879/80 (31.3.) bis 1913/14 (31.3.)

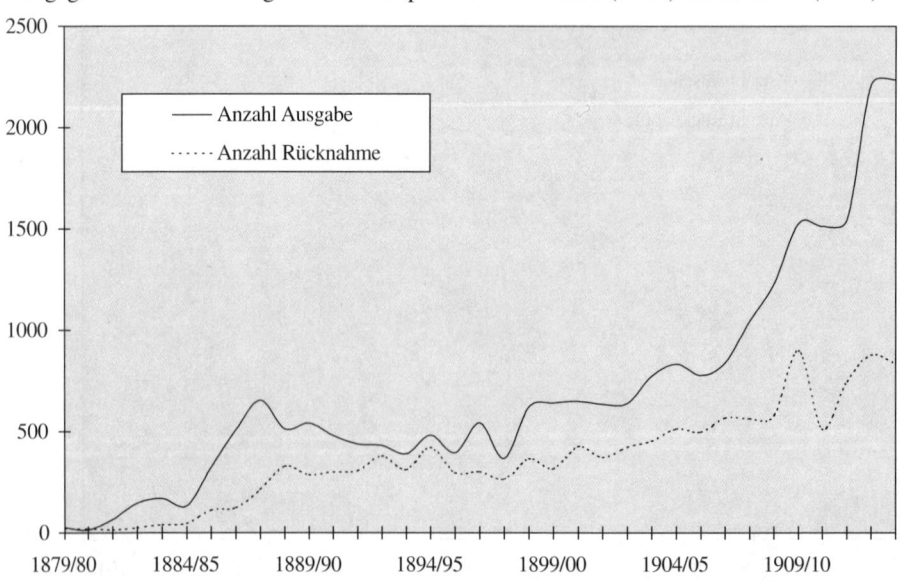

Q.: s. Tabelle 9.

Tabelle 15
Heddesdorfer Wohlthätigkeits-Verein

Jahr	Einwohnerzahl des Vereinsbezirks	Stiftungsjahr des Vereins	Gewährte Vorschüsse a. Summe derselben (Thlr.)	b. Anzahl der einzelnen Posten	c. Minimal und Maximalsatz derselben (Thlr.)	Fristen, auf welche die Vorschüsse gewährt werden	Fuß des Zinses und der Provision zusammen auf das Jahr	Einnahmen a. Provision u. b. Zinsüberschüssen (Thlr.)	(Sgr.)	(Pf.)	Geschäfts-Unkosten an Verwaltungskosten (Thlr.)	(Sgr.)	(Pf.)	sonstige Vereins-Unkosten (Thlr.)	(Sgr.)	(Pf.)	Verluste	Reingewinn als Reservecapital (Thlr.)	Passiva (angeliehene Capitalien) (Thlr.)	Activa a. Kassenbestand am Jahresschlusse (Thlr.)	b. Geschäftsausstände am Jahresrechnungsschlusse (Thlr.)	Namen des Vorstandes a. des Vereinsvorstehers	b. des Kassirers
1855	7385	1854	2265,5	80	6-50	1. bis 10. Jahr.	6,5 % auf 10 Jahre	188	25	2	11	1	2	50	8	8	keine	127	1825	92	1864		Hüttenbesitzer
1856	7385		2702,5	92	5,5-70	1. bis 10. Jahr.	7,5 % auf 5 Jahre	246	11	7	13	12	9	1	10	0	keine	232	3832	423	3740		Alb. Remy
1857	7385		2883,0	88	6-70	1. bis 10. Jahr.	7,5 % auf 5 Jahre	154	25	1	14	12	4	2	5	0	keine	138	5984	1202	5280		zu Rasselstein
1858	7385		3710,5	107	5-200	1. bis 10. Jahr.	7,5 % auf 5 Jahre	174	18	3	18	16	7	3	0	0	keine	153	7514	1110	7054	Bürgrmstr.	
1859	7385		5488,0	146	5-200	1. bis 10. Jahr.	7,5 % auf 5 Jahre	257	2	1	26	13	2	21	23	5	keine	209	9577	730	9724	Raiffeisen	Lehrer Lauf
1860	7385		7876,0	207	5-250	1. bis 10. Jahr.	7,5 % auf 5 Jahre	392	1	4	38	19	11	39	29	10	keine	313	15699	3298	13592	in Heddesdorf	in Heddesdorf
1861	7385		9417,0	258	4-200	1. bis 10. Jahr.	7,5 % auf 5 Jahre	473	11	1	46	10	1	53	5	0	keine	374	18185	734	18015		
1862	7385		9941,0	253	6-255	1. bis 10. Jahr.	7,5 % auf 5 Jahre	528	27	2	78	12	4	20	4	0	keine	430	23291	2401	21287		
1863	7385		7672,5	172	6-316	1. bis 10. Jahr.	7,5 % auf 5 Jahre	326	2	11	88	10	10	91	11	9	keine	147	26671	2426	21161		
1864	7385		2491,0	64	4-226	1. bis 10. Jahr.	7,5 % auf 5 Jahre	596	16	5	133	23	3	111	1	0	keine	352	0	0	0		
			54447,0	1467				3338	21	1	469	12	5	394	8	8		2475					

Q.: Walter Koch: Die Protokolle des Heddesdorfer Wohlthätigkeits-Vereins 1854–1865. Bd. 1, T. 1: Das Protokollbuch des Aufsichtsraths, St. Wolfgang 1989, nach S. 40.

Tabelle 16
**Bankverbindungen von Unternehmen in Stadt und Kreis Neuwied
sowie in Bendorf und Weissenthurm**
1895 bis 1914

Unternehmen			Banken	Anmerkungen
64				
davon 29			Reichsbanknebenstelle Neuwied	
5			Neuwieder Bankverein	bis 1905
13			Rhein.-Westf. Disconto-Ges. Neuwied	ab 1905
1			Neuwieder Volksbank	1900
	48		**Örtliche Banken insgesamt**	
6			A. Schaaffhausen'scher Bankverein	bis 1911 Köln, dann Neuwied
10			Banken in Koblenz	überwieg. Bendorfer Firmen
19			sonstige auswärtige Banken	
	35		**Auswärtige Banken insgesamt**	
		83	**Banken insgesamt**	
13			Postscheckamt	Köln, ab 1909
9			Ohne Bankverbindung	

Q.: Briefbögen von 75 Unternehmen.

Tabelle 17
Stadtsparkasse Neuwied
Zinsüberschuß und Verwaltungskosten 1879 bis 1914 (in TM)

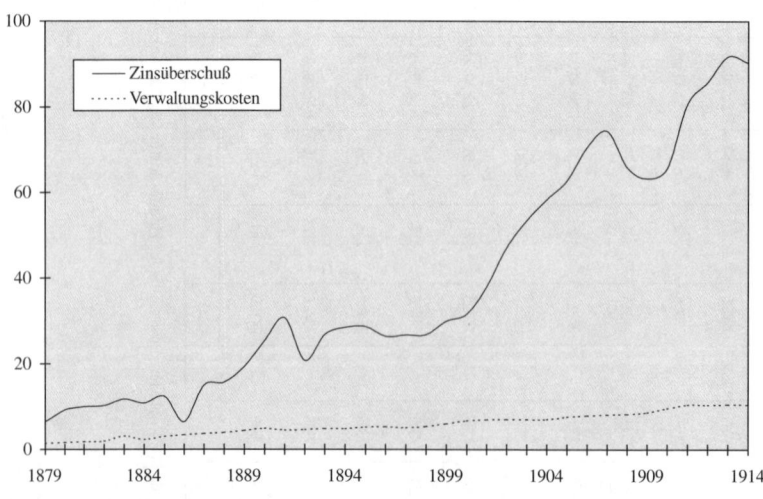

Q.: s. Tabelle 6 und 7.

Tabelle 18
Kreissparkasse Neuwied
Zinsüberschuß und Verwaltungskosten 1890/91 bis 1913/14 (in TM)

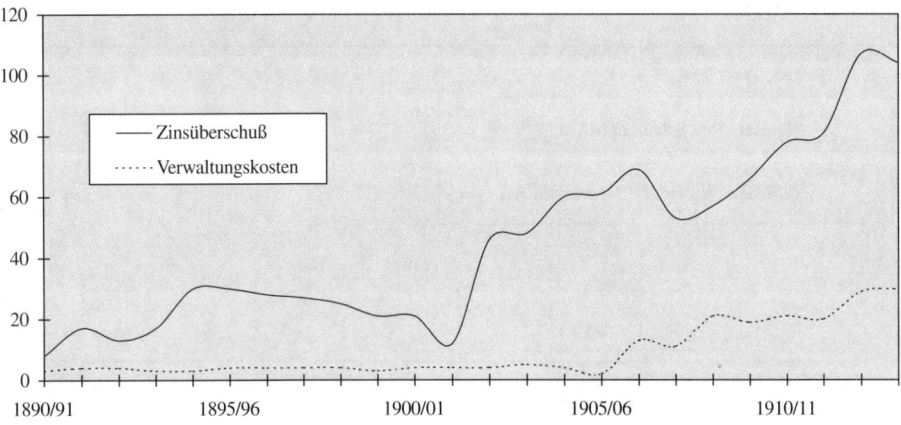

Q.: s. Tabelle 8 und 9.

Tabelle 19
Vergleich Reichsbanknebenstelle Neuwied und Neuwieder Bankverein AG
1886 bis 1904/14
Bruttogewinn/Betriebsergebnis (in TM)

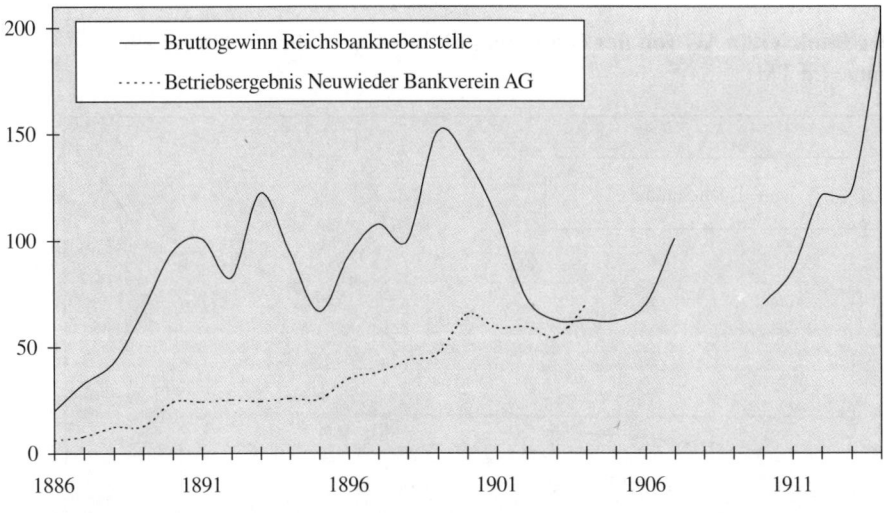

Q.: s. Tabelle 20.

Tabelle 20
Vergleich Reichsbanknebenstelle Neuwied und Neuwieder Bankverein AG
1886 bis 1904/14
Umsatz (in Mio. Mark)

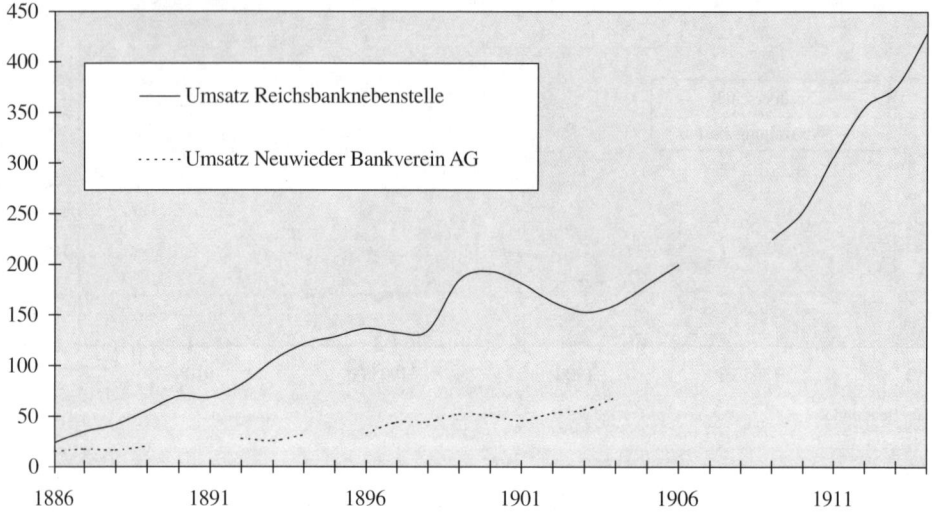

Q,: Acta der Reichsbankstelle zu Coblenz betreffend Errichtung der Reichsbanknebenstelle Neuwied (1885–1898) und betreffend Reichsbanknebenstelle Neuwied (1898–1923), Archiv LZB Koblenz. Veröffentlichungen der Jahresabschlüsse des Neuwieder Bankvereins, NZ, meist Ende März oder April, gelegentlich früher.

Tabelle 21
Neuwieder Bankverein AG von der Gründung bis zur Übernahme 1886 bis 1904
Bilanzsumme (in TM)

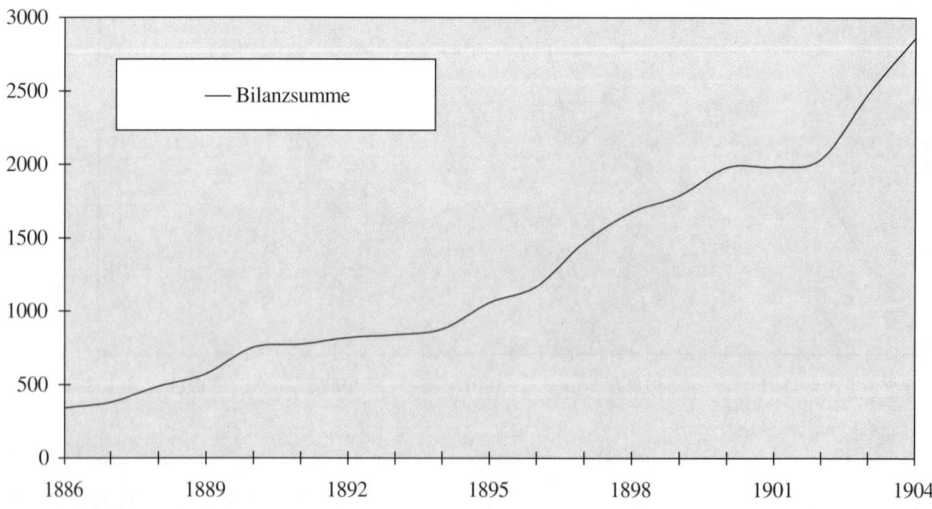

Q.: s. Tabelle 23.

Tabelle 22

Neuwieder Bankverein AG von der Gründung bis zur Übernahme 1886 bis 1904

Kapital[1], Einlagen[2] und sonstige Passiva (in TM)

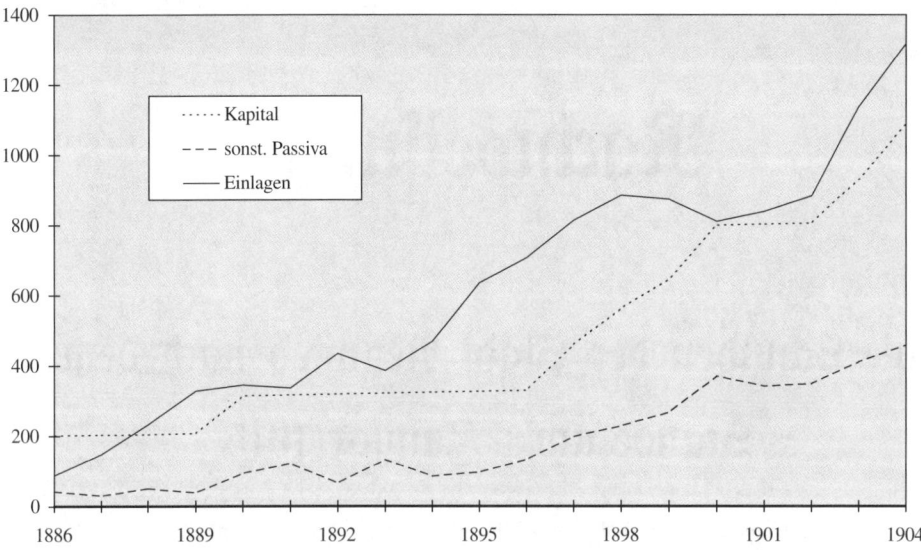

1 Grundkapital und Reservefonds
  1890: Erhöhung des Grundkapitals um TM 100 auf TM 300
  1897: Erhöhung des Grundkapitals um TM 200 auf TM 500, davon TM 100 eingezahlt
  1898: Volleinzahlung auf vorjährige Kapitalerhöhung
  1899: Erhöhung des Grundkapitals um TM 200 auf TM 700, davon TM 50 eingezahlt
  1900: Volleinzahlung des Grundkapitals auf vorjährige Kapitalerhöhung
  1903: Erhöhung des Grundkapitals um TM 300 auf 1 Mio. M, davon TM 75 eingezahlt
2 Konto-Korrent-Creditoren (ohne Banken), Einlagen-Konto bzw. Depositen-Konten I und II, Check-Konten

Q.: s. Tabelle 23.

Tabelle 23

Neuwieder Bankverein AG von der Gründung bis zur Übernahme 1886 bis 1904

Einlagen[1] und Kredite[2] (in TM)

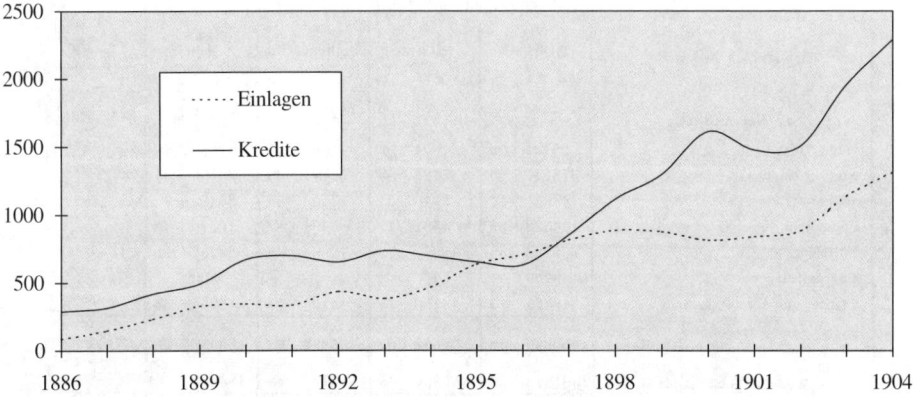

1 Konto-Korrent-Creditoren (ohne Banken), Einlagen-Konto bzw. Depositen-Konten I und II, Check-Konten
2 Konto-Korrent-Debitoren (ohne Banken) und Wechsel.Konto (Wechsel im Portefeuille)

Q.: Veröffentlichungen der Jahresabschlüsse des Neuwieder Bankvereins, NZ, meist Ende März oder April, gelegentlich früher.

107

Tabelle 24
Nachweisung über die Schulden der Stadt Neuwied nach dem Stande am 1. Januar 1915

Nachweisung

über

die Schulden der Stadt Neuwied nach dem Stande am 1. Januar 1915

mit Angabe der auf die gewerblichen Anstalten, den Schlachthof, die

Badeanstalt, das Lyzeum und Oberlyzeum, die Volksschulkasse und die Stadthauptkasse

entfallenden Anteile nach den genehmigten Schuldentilgungsplänen.

Die nachstehend nachgewiesenen Schulden-, Zinsen- und Tilgungsbeträge entfallen auf die einzelnen Kassen wie folgt:

Nr.	Bezeichnung der Kasse	Restschuld ℳ	₰	Zinsen ℳ	₰	Tilgungsbetrag ℳ	₰	Zusammen Zinsen und Tilgung ℳ	₰	Nicht zu ... ℳ
	a. Nebenkassen:									
1	Gaswerk	25121	28	1004	86	825	75	1830	61	825 75
2	Elektrizitätswerk	376347	50	15129	—	51611	35	66740	35	43 964 52
3	Wasserwerke	148651	11	5946	05	27553	85	33499	90	— —
4	Schlachthof	114528	08	4581	12	5438	82	10019	94	— —
5	Volksschulen	405782	39	16367	73	12864	38	29232	11	8 168 84
6	Badeanstalt	188200	—	5520	—	—	—	5520	—	— —
7	Lyzeum und Oberlyzeum . . .	342335	13	14150	25	5105	58	19255	83	— —
	Zus. Nebenkassen	1600965	49	62699	01	103399	73	166098	74	52 959 11
	b. Stadthauptkasse:	2501273	53	99959	48	83730	68	183690	16	48 647 34
	Ueberhaupt	4102239	02	162658	49	187130	41	349788	90	101 606 45

Q.: LHA Best. 441, Nr. 21882.

Laufende	des Gläubigers	Für welchen Zweck die Schuld aufgenommen ist	... Schuld ℳ	%	%	der Tilgung a von b bis	1. Januar 1915	an Zinsen	an Tilgung	zusammen (Sp. 9 u. 10)	[Kämmerei] Zinsen	Tilgung	[Gaswerk] Zinsen	Tilgung	Elektrizitätswerk Zinsen	Tilgung	Wasserwerke Zinsen	Tilgung	Schlachthof Zinsen	Tilgung	Wohlfahrtsschulen Zinsen	Tilgung
1	2	3	4	5	6	7	8	9	10	11	12	13	14	15	16	17	18	19	20	21	22	23
1	Städt. Sparkasse, hier	Erwerb des Wasserwerks, Grundstücksankauf	300000	4	2	a 1887 b 1915	18000	720	18000	18720							720	18000				
2	desgl.	Erbauung des Schlachthofes, Grundstücksankauf	160000 / 31000	4	1	a 1889 b 1930	118500	4740	5200	9940	709,94	779							4020,06	4421		
3	Landesbank der Rheinprovinz Düsseldorf	Erweiterung und Kanalisation / Tilgung und Kanalisation / Von der Restschuld (Sp. 8) entfallen auf: a. die Stadt 172145,40 ℳ b. den Schlachthof 100731,80 ℳ / Kanalisation	400000	3½	2	a 1897 b 1931	251656,65	9059,64	11340,36	20400	9059,64	11340,36										
4	Städt. Sparkasse, hier	Kanalisation und Straßenpflasterung	400000	4	2	a 1909 b 1929	259600	10384	12900	23284	10384	12900										
5	desgl.	Erbauung des Elektrizitätswerkes	118000	4	2	a 1900 b 1917	31000	1264	8200	9464					1264	8200						
6	desgl.	Kanalisation, Straßenbau und Erhöhung des Rheinwerftes	182000	4	2	a 1900 b 1932	131000	5264	4800	10064	5264	4800										
7	desgl.	Erweiterung des Elektrizitätswerkes	130000	4	2	a 1901 b 1918	42800	1712	8700	10412					1712	8700						
8	desgl.	Straßenpflasterung	320000	4	1½	a 1901 b 1933	239900	9596	8000	17596	9596	8000										
9	desgl.	Straßenpflasterung	170000	4	2	a 1903 b 1931	124736,19	4989,45	5697,39	10086,84	4989,45	5697,39										
10	desgl.	Erweiterung des Elektrizitätswerkes	110000	4	6	a 1903 b 1916	22134,98	885,40	9895,94	10781,34					885,40	9895,94						
11	desgl.	Erweiterung d. Gasrohrnetzes	5000	4	2	a 1904 b 1933	3828,15	153,13	141,01	294,14			153,13	141,01								
12	desgl.	Erbauung des Wasserleitungsrohrnetzes	5000	4	2	a 1903 b 1933	3687,14	147,49	145,95	293,44							147,49	145,95				
13	desgl.	Erbauung eines Schulhauses in der Bahnhofstraße	44000	4	2	a 1889 b 1916	7050	282	2300	2582											282	2300
14	desgl.	Erweiterung des Schulhauses in der Bahnhofstraße	14000	4	2	a 1888 b 1928	7670	306,80	400	706,80											306,80	400
15	desgl.	Darlehn, ruhend auf dem kath. Schulgrundstück Flur 2 Nr. 808/195, 806/195 u. 212	29400	4	2	a 1911 b 1932	25575,90	1023,04	298,96	1320											1023,04	298,96
16	Städt. Armenfonds (Sommerscheidter Legat), hier	Darlehn, ruhend auf dem Hause Hermannstraße 51	19000	3¾	—	—	19000	712,50		712,50	712,50											
17	Städt. Sparkasse, hier	Bau der israelitischen Schule	32100	4	1½	a 1892 b 1925	10062,46	642,50	1079,47	1721,97											642,50	1079,47
18	desgl.	desgl.	8000	4	2	a 1893 b 1934	5560	222,40	170	392,40											222,40	170
19	Kreis-Sparkasse, hier	Ankauf von Straßenland	12300	4	2	a 1895 b 1923	4974,98	199	589	738	199	589										
20	desgl.	desgl.	42000	4	2	a 1896 b 1915	583,16	23,33	583,16	606,49	23,33	583,16										
21	Kreis-Sparkasse, hier	Seminarübungsschule	60000	4	2	a 1899 b 1927	33810,68	1352,42	2247,58	3600											1352,42	2247,58
22	desgl.	Anlage einer Wasserleitung	195000	4	2	a 1896 b 1923	87052,20	3483,29	8216,71	11700							3483,29	8216,71				
23	desgl.	Ankauf der Abdeckerei	25000	4	1	a 1897 b 1937	18588,64	743,55	506,45	1250							743,55	506,45				
24	Städt. Sparkasse, hier	Kanalanlagen	30000	4	2	a 1896 b 1924	14612,74	584,51	1215,49	1800	584,51	1215,49										
		Zu übertragen	2847800				1488613,77	58490,45	109975,47	168465,92	41352,37	43934,40	153,13	141,01	3861,40	26795,94	5094,33	26869,11	4020,06	4421	3829,16	6494,01

Fortsetzung des Gläubigers

Laufende Nummer	Bezeichnung des Gläubigers	Angabe, für welchen Zweck die Schuld aufgenommen ist	Ursprüngliche Schuld	Zins bis %	davon sind getilgt	Restschuld am 1. Januar 1915	Es sind zu zahlen pro 1915		Zusammen	Von der Betrage in Spalten 9 und 10 entfallen auf:

(Table continues with columns: die Stadt, das Gaswerk, das Elektrizitätswerk, die Wasserwerke, den Schlachthof, die Kanalisation, die Straßenbahn, das Leihamt u. Oberlyzeum, Bemerkungen — each divided into Zinsen and Tilgung)

25	Kreis-Sparkasse, hier	Uebertrag	2847600			14890413.77			14686463.92	
26	Städt. Sparkasse, hier	Bismarckschen und Wirtschaftsgebäude	340000	4	2	13183.54	607.34		29440	
27	desgl.	Verschiedene Zwecke	300000	4	2	4104458.14	16379.28	13166.08	295847.42	
28	desgl.	Lustschlosserie	350000	4	8	9655.29	386.21		4073.27	
29	desgl.	Erweiterung des elektrischen Arbeitsgasausgaben	200000	4	4	125758.66	510.35	1033.45	1503.80	
30	desgl.	Umbau auf dem städt. Schlachthofe	200000	4		13572.48	551.06	1017.82	1368.88	
31	desgl.	Erbauung des Schulhauses in der Mittelstraße	100000	4		91501	3665.64	1004	4662.64	
32	desgl.	desgl. in der Kirchstraße	200000	4		290163.82	1162.54	337.46	1500	
33	Rentner Julius Renn, hier	Erbauung der städtischen Badeanstalt	116000	4	2 1/2	116000	4640		4640	
34	Preußische Pfandbriefbank, Berlin	Waltenbatterie	225000	4	2	225000			840	
35	desgl.	Ankauf von Grundstücken, Umbau und Kanalisierung von Straßen, Schulhausbau	5400000	4 1/2	1 3/4	454751.11	18758.48	10199.85	29958.33	
36	Städt. Sparkasse, hier	Erweiterung des Elektrizitätswerkes (Elektrobatterie, Dampfkessel, Freileitungen rc.)	1000000	4 1/2	6	69076.80	2478.17	7646.83	10125	
37	Preußische Pfandbriefbank, Berlin	desgl.	1250000	4	6	932689.91	3730.60	8689.08	12420.08	
38	desgl.	Straßenbau	1000000	4	2 1/2	809384.84	3575.35	100	6500	
39	Preuß. Zentral-Bodenkredit-A.G., Berlin	Kanalisation	3000000	4	2 1/2	2743521.22	109980.85	2019.15	18000	
40	Landesbank der Rheinprovinz, Düsseldorf	Neubau des Lyzeums und Oberlyzeums	2900000	4 1/4	1 1/2	2729080	109914.40	3785.80	14700	
41	Städt. Sparkasse, hier	Kanalisation	2900000	4	2	1875601.28	7685.55	4512.45	12200	
42	desgl.	Straßenbau	1500000	4	2 1/2	1469250	5850	3900	9750	
43	desgl.		1000000	4	2 1/2	975000	3900	2600	6500	
44	desgl.	Verhüttung und Erweiterung der elektr. Speiseleitungen	500000	4	4	500000	2000	2900	4900	
45	desgl.	Ausführung von Gewerbeträgern an die Einwohner der ehem. Gemeinde Hobbesdorf Speiseleitungen	931709.37	4	1	931709.37	1875.99	1875.99	5627.96	
—		Lyzeums-Neubau	24000	4	1	24000	1080	300	1380	
		Zusammen	68075909.37			41022239	1468558	1871130	58497269	

Tabelle 25
Stadtsparkasse Neuwied 1914 bis 1922
Ausleihungen (in TM)

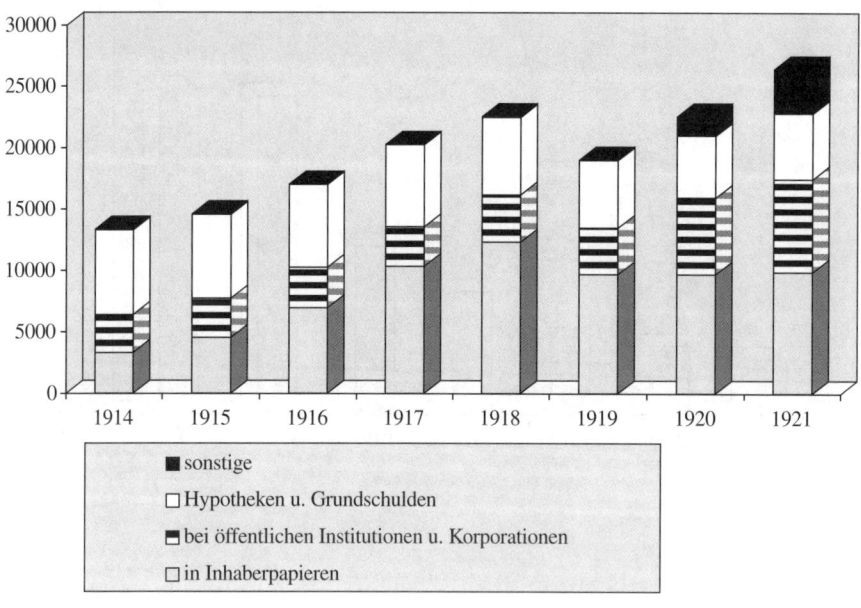

Q.: s. Tabelle 28.

Tabelle 26
Stadtsparkasse Neuwied 1914 bis 1922
Fremde Mittel (in TM)

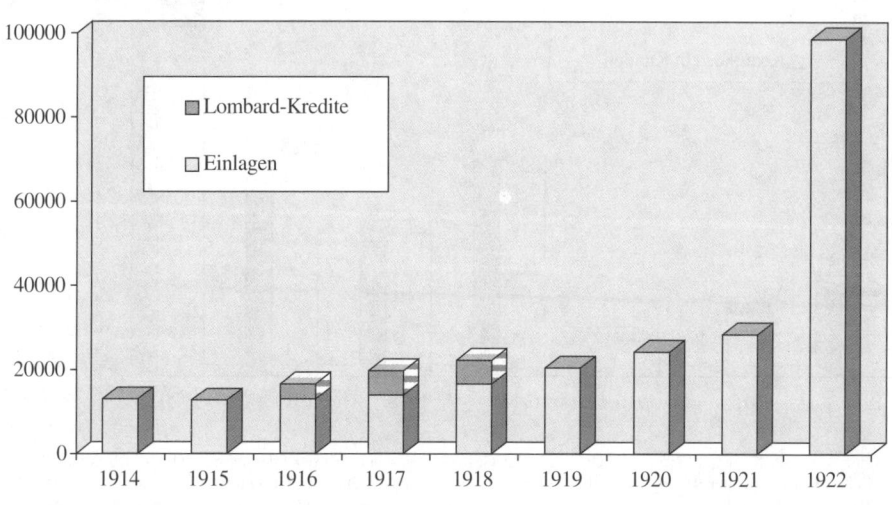

Q.: s. Tabelle 28.

Tabelle 27
A. Schaaffhausen'scher Bankverein Geschäftsstelle Neuwied
Einlagen 1914 bis 1921 (in TM)

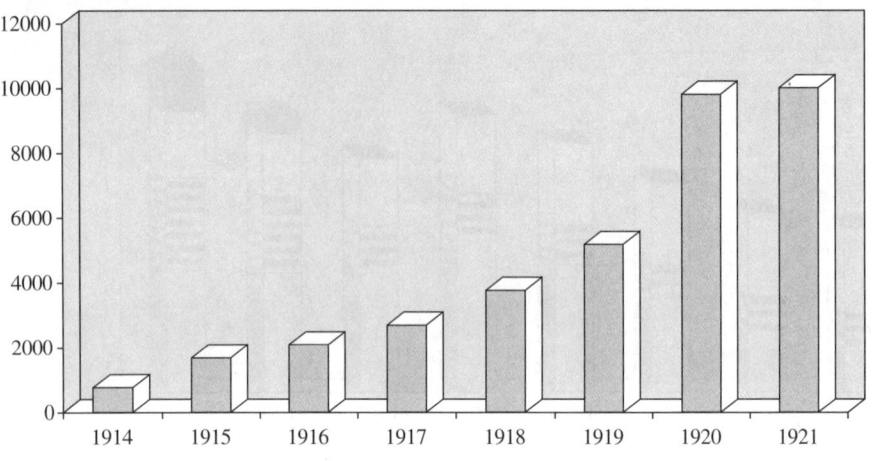

Q.: s. Tabelle 28.

Tabelle 28
A. Schaaffhausen'scher Bankverein Geschäftsstelle Neuwied
Kredite 1914 bis 1920 (in TM)

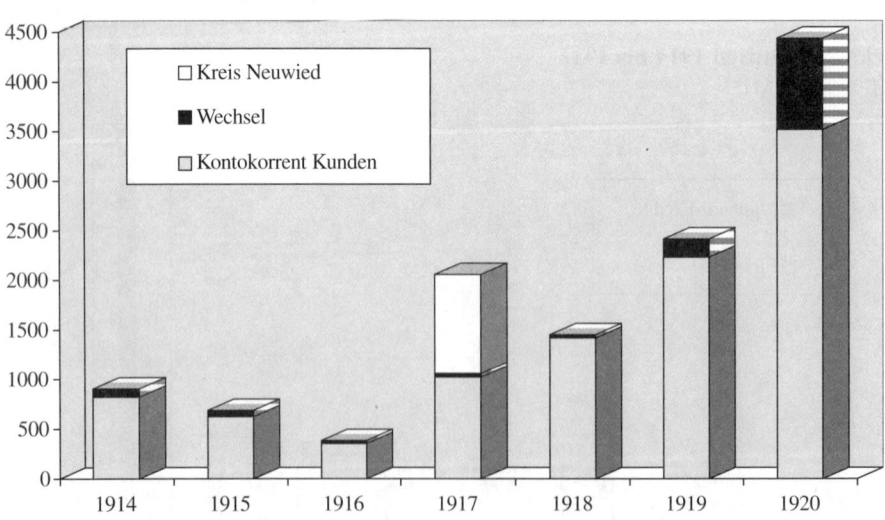

Q.: Spezial-Acten der Stadt Neuwied betreffend: Übersicht des Geschäfts-Verkehrs bei der Sparkasse, Archiv der Sparkasse Neuwied; Acta des Ober-Präsidiums der Rheinprovinz, betreffend die Nachweisungen über den Geschäftsbetrieb und die Resultate der Sparkassen, LHA Best. 403 Nr. 10012; Jahresabschlüsse des A. Schaaffhausen'schen Bankvereins Filiale Neuwied im Archiv der Deutschen Bank Neuwied.

Tabelle 29
Kriegsanleihen
Zeichnungsergebnisse im Bereich der Reichsbanknebenstelle Neuwied[1,2]
Beträge in TM

Kriegsanleihen Nr.	I	II	III	IV	V	VI	VII	VIII	IX	I-IX
Monat und Jahr der Emission	Sept. 14	März 15	Sept. 15	März 16	Sept. 16	März 17	Sept 17	März 18	Sept. 18	
Quelle: Neuwieder Zeitung vom	21.9.14	20./ 22.3.15	23.9.15	23.3.16	9.10.16	27.4.17	24.10.17	23.4.18	7.11.18	
Zeichnung bei:										
Reichsbanknebenstelle (direkt)	905,3	1.259,3	2.011,3	858,0	1.600,0	2.550,0	1.937,7	1.484,9	896,0	13.502,5
Kreissparkasse Neuwied[3]	893,4	2.600,0	4.550,0	5.250,0	5.300,0	6.500,0	6.000,0	6.500,0	6.500,0	44.093,4
Stadtsparkasse Neuwied[3]	404,5[4]	1.086,0	2.149,7	2.006,5	2.110,0	2.500,0	2.500,0	2.500,0	2.000,0	17.256,7
Stadtsparkasse Linz	615,9	*1.000,0*	*1.200,0*	*1.000,0*	*1.000,0*	1.150,0	1.000,0	1.000,0	800,0	8.765,9
Rhein.-Westf. Disconto-Ges. ab Nr. VIII Dresdner Bank	700,0	1.170,0	2.000,0	1.565,4	1.728,0	2.130,8	2.323,1	2.475,8	1.435,4	15.528,5
A. Schaaffhausen'scher BV	266,6	440,0	630,0	950,0	1.034,0	1.057,0	802,4	1.308,7	847,9	7.336,6
Darlehnskassen-Vereine	*100,0*	*200,0*	*400,0*	*400,0*	*400,0* 500,0	659,0[5]	805,4	1.222,9	*1.000,0*	5.187,3
Post, sonst. Institute	*1.000,0*	*2.100,0*	*3.300,0*	*2.900,0*	*3.600,0*	4.466,3[5]	4.649,2	4.315,1	*3.000,0*	29.330,6
Zeichnungen von Zeichnern aus dem Bereich der Reichsbanknebenstelle Neuwied	3.588,6 *4.885,7*	7.800,0 *9.855,3*	12.364,0 *16.241,0*	10.637,5 *14.929,9*	13.272,0 *16.772,0*	21.013,1[5]	20.017,8	20.807,4	16.479,3	141.001,5
Zeichnungen im Deutschen Reich (in Mio M)[6]	4.351,0	8.920,9	11.980,8	10.502,4	10.403,9	12.790,3	12.252,6	14.635,1	10.118,8	96.929,0
Verhältnis der Zeichnungen aus dem Bereich Neuwied zu den Zeichnungen im Dt. Reich (in ‰)	1,1 *1,1*	1,1	1,3	1,5	1,61	1,65	1,63	1,42	1,62	1,45
Anteil der Bevölkerung im Bereich der Reichsbanknebenstelle Neuwied an der des Reichs in ‰										1,5

1 Die Reichsbank war alleinige Zeichnungsstelle; bei ihr konnte direkt oder durch Vermittlung der anderen Institute gezeichnet werden. Reichsbanknebenstelle (direkt) Nr. I – IV Acte LZB Koblenz.
2 Die kursiv dargestellten Zahlen sind Schätzungen des Verfassers.
3 Die Zahlen stimmen – zum Teil mit relativ geringen Differenzen – überein mit den amtlichen Nachweisungen über die Zeichnungen auf Kriegsanleihen Nr. V – IX bei der Stadtsparkasse Neuwied (LHA 441 Nr. 21.882, S. 251 f., 255 f., 269 f., 279 f., 321 f.) und bei der Kreissparkasse Nr. VI – VIII (LHA 441Nr. 21.860, S. 45 f, 65 f, 97 f, 109f. – s. auch S. 185f.).
4 Die Zahl wurde korrigiert aufgrund der Angaben in der NZ vom 20.3.1915; sie dürfte sich zusammensetzen aus TM 204,5 Zeichnungen für Kunden und TM 200,0 für eigene Rechnung (LHA 441 Nr. 21.882 S. 171); s. auch 125 Jahre, S. 89.
5 Ab Anleihe VI sind die Beträge belegt, die Zeichner aus dem Bezirk der Reichsbanknebenstelle Neuwied bei auswärtigen Instituten gezeichnet haben; zu Anleihe V auch NZ, 09.10.1916. Die Addition der Zeichnungsbeträge enthält einen Fehler – Plusdifferenz TM 100,9 – der korrigiert wurde.
6 WALTHER LOTZ: Die Deutsche Staatsfinanzwirtschaft im Kriege, Stuttgart u. a. 1927, S. 120; s. auch ROESLER, S. 206.

Tabelle 30
Kriegsanleihen
Zeichnungsergebnisse im Bereich der Reichsbanknebenstelle Neuwied
Zahl der Zeichnungen (Stück)[1]

Kriegsanleihen Nr. [2]	V	VI	VII	VIII	V - VIII
Monat und Jahr der Emission	**16. Sept. 1916**	**17. März 1917**	**17. Sept. 1917**	**18. März 1918**	
Quelle: Neuwieder Zeitung vom	9.10.16	27.4.17	24.10.17	23.4.18	
Zeichnung bei:					
Reichsbanknebenstelle (direkt)	84	219	90	234	627
Kreissparkasse Neuwied [3]	10.890	9.206	9.100	12.034	41.230
Stadtsparkasse Neuwied [4]	1.218	2.310	2.265	2.171	7.964
Stadtsparkasse Linz	567	773	549	856	2.835
Rhein.-Westf. Disconto-Ges. ab Nr. VIII Dresdner Bank	252	771	658	637	2.318
A. Schaaffhausen'scher BV	125	179	113	165	582
Darlehnskassen-Vereine	} 800[5]	815	748	1.239	} 5.009[5]
Post, sonst. Institute		615	308	484	
Zeichnungen von Zeichnern aus dem Bereich der Reichsbankneben- stelle Neuwied	14.026	14.888	13.831	17.820	60.565
Zeichnungen im Deutschen Reich (in Tausend Stück) [5]	3.810	7.063	5.530	6.870	23.273
Verhältnis der Zeichnungen aus dem Bereich der Reichsbankneben- stelle Neuwied zu den Zeichnungen im Dt. Reich (in ‰)	3,7	2,1	2,5	2,6	2,6
Anteil der Bevölkerung im Bereich der Reichsbanknebenstelle Neuwied an der des Reichs in ‰					1,5

1 Q. siehe Tab. 29. Die Presseverlautbarungen des Landrats sprechen von „Zeichnern", während die Angaben in den Nachweisungen der Sparkassen unter der Rubrik „Sparer" aufgeführt werden. Die Zahlen weichen nicht wesentlich von einander ab. Die Sparkassen haben jeden Zeichner als „Sparer"geführt, da er „in Kriegsanleihen sparte", unabhängig davon, ob er ein Sparkonto unterhielt oder nicht(indem er z.B. als Nichtkunde bei ihnen zeichnete). Der Begriff „Zeichner" ist eindeutiger. Da aber Mehrfachbezeichnungen ein und desselben Zeichners kaum bereinigt worden sein dürften., ziehen wir es vor, von „Zeichnungen" zu sprechen.
2 Die Angaben für die Anleihen I-IV sind sehr lückenhaft; die I. Anleihe wurde von 1.308 Zeichnern gezeichnet (NZ vom 21.9.14). Für Anleihe IX keine Angaben.
3 Anm. 3 zu Tab. 29.
4 Die Angaben zu Anleihe V wurden geringfügig, die zu VII u. VIII stärker korrigiert aufgrund der Nachweisungen LHA 441 Nr.21.882, S. 251 f., 255 f. und 279 f.
5 In diesen Zahlen sind nicht enthalten die Zeichnungen der Anleihe V bei auswärtigen Institutionen, die aber – wie bei den folgenden Anleihen – nicht hoch gewesen sein dürften.
6 Verwaltungsbericht der Reichsbank für 1918, S. 11; ROESLER S. 207.

Tabelle 31
Kriegsanleihen
Verhältnis von Zeichnungen[1] zu Einwohnern im Kreis Neuwied[2]

Anleihe Nr.	Angaben des Landrats		unsere Schätzung
	%	Quelle	%
I		keine Veröffentlichung	1,4
V	17	NZ, 27.4.1916	16
VI	20	LHA 441.21860, S. 53, 15.11.1916	17
VII		Keine Veröffentlichung	15
VIII	17	NZ, 23.4.1918	20
V - VIII	–	–	17

1 Zur Zahl der Zeichnungen s. Tab. 30, zu Anleihe I ebd. Anm. 2.
2 93.000 Einwohner.

Tabelle 32
Kriegsanleihen
Zeichnungen[1] bei Neuwieder Kreditinstituten in Prozent der Einwohner ihrer Marktgebiete[2] und in Prozent ihrer Kunden[3]

	Zeichnungen	Anleihen Nr.		
	in % der	VI	VII	VIII
Kreissparkasse	Ew im Markt	13,7	13,5	18,0[4]
	Sparkunden	82	81	100,0[5]
Stadtsparkasse	Ew im Markt	12,8	12,6	12,1[4]
	Sparkunden	26	23	26,0[5]
A. Schaaffhausen'scher Bankverein	Ew im Markt	1,0	0,6	0,9[4]
	Kunden	56	35	51,0[5]
Rhein.-Westf. Disconto/ Dresdner Bank	Ew im Markt	4,3	3,7	3,5[4]
Stadtsparkasse Linz	Ew im Markt	15,5	11,0	17,1[4]

1 Zur Zahl der Zeichnungen s. Tabelle 30.

2   Stadt Neuwied   19 000 Einwohner
      Stadt Linz   5 000 Einwohner
      Kreis außerhalb der beid en Städte   69 000 Einwohner
      Kreis insgesamt   93 000 Einwohner
Es handelt sich um ca. Werte, für Neuwied nach dem Gebietsstand von 1925, auf der Basis der Volkszählung von 1910 und 1919.

3 Die Zahlen der Sparkunden der beiden Sparkassen beruhen auf den allgemeinen Nachweisungen für die Geschäftsjahre 1915 und 1916; sie wurden – willkürlich – um zehn Prozent vermindert, um Sparkunden mit zwei oder mehreren Sparbüchern Rechnung zu tragen. Die Zahl der Kunden beim A. Schaaffhausen'schen BV ergibt sich aus den Bilanzen per 31.12.1915 und 1916 (Archiv der Deutschen Bank, Neuwied), wobei lediglich Einleger und Effektenkreditnehmer berücksichtigt wurden.

4 Ausschöpfung des Marktpotentials. Zu den Neuwieder Sparkassen s. o.; auch die Zahl der Sparkasse Linz liegt auf vergleichbarer Höhe. Bei der Exklusivität der Geschäftsbanken lagen ihre Zahlen natürlich weit darunter, wobei der Rheinisch-Westfälischen-Disconto/Dresdner Bank ihre auf den Neuwieder Bankverein zurückgehende Tradition zugute kam.

5 Ausschöpfung des Kundenpotentials. Die Zahlen sind korrekturbedürftig, da die Zahl der Zeichnungen auch zeichnende Nichtkunden enthält und insofern nicht ohne weiteres auf die Kundenzahl bezogen werden darf. Die Korrektur ist jedoch nicht möglich, da die Zahl zeichnender Nichtkunden unbekannt ist. So viel kann jedoch gesagt werden, daß, je höher der Anteil zeichnender Nichtkunden an der Gesamtzeichnung, desto deutlicher die errechnete Ausschöpfung des Kundenpotentials nach unten korrigiert werden muß. Der Anteil fremder Zeichner dürfte beim Schaaffhausen'schen BV als einer Geschäftsbank mit damals exclusiver Wirkung relativ gering gewesen sein, so daß die Zahl der Tabelle gelten mag. Bei den Sparkassen war der Anteil fremder Zeichner höher. Bei der Kreissparkasse mit ihrem noch geringen Marktanteil halten wir ihn für hoch, jedenfalls für höher, als bei der Stadtsparkasse. Nach den demgemäß in unterschiedlicher Höhe erforderlichen Abschlägen schrumpft der unplausible Unterschied in der Ausschöpfung des Kundenpotentials der beiden Sparkassen zusammen, dürfte aber zugunsten der Kreissparkasse teilweise bestehen bleiben. Bei der Stadtsparkasse dürfte der Anteil der Zeichner an ihrer Sparkundschaft eher unter als über 20 % gelegen haben.

Tabelle 33
Kriegsanleihen
Zeichnungen der Sparkassen (in TM)

Anleihe Nr.	Stadtsparkasse für Rechnung			Kreissparkasse für Rechnung		
	Kunden	eigene	insgesamt	Kunden	eigene	insgesamt
I	205	200	405			
II III	}1.985	}1.251	}3.236			
IV V	}1.617	}2.500	}4.117	2.800	2.500	5.300
VI	631	1.869	2.500	2.823	3.677	6.500
VII	668	1.832	2.500	2.166	3.834	6.000
VIII	957	1.543	2.500	2.293	4.199	6.492
IX	1.275	725	2.000			
I-IX	7.338	9.920	17.258			
Zum Vergleich: Stadtsparkasse Koblenz						
I-IX	17.000	50.000	67.000			

Q.: s. Tabelle 29, Anm. 3; 150 Jahre Städtische Sparkasse Koblenz 1808–1954, Koblenz 1954, S. 45 f.

Tabelle 34
Kriegsanleihen
Stadtsparkasse Neuwied

Jahr	Schuldverschreibungen des Deutschen Reiches	Lombardkredit bei Reichs- und bei Landesbank
	– jeweils in TM per 31.12 –	
1914	215	–
1915	1.465	–
1916	3.965	3.598
1917	7.465	5.754
1918	10.362	5.619

Q.: s. Tabelle 32, Anm. 3.

Tabelle 35
Stadtsparkasse Neuwied
im Vergleich zu den Sparkassen in Preußen per 31.12.1914 und per 31.12.1918

	Neuwied	**Preußen**	
Einlagen	13,0	14.046,0	1914
(in Mio M)	16,6	24.105,0	1918
Zuwachs	3,6	10.059,0	
Reichsanleihen[1]	0,2	753,0	1914
(in Mio M)	9,9	8.509,0	1918
Zuwachs	9,7	7.756,0	
Reichsanleihen[1]	6,0[2]	19,5	1914
(in % des Wertpapierbestandes)	80	75,2	1918

1 Im wesentlichen Kriegsanleihen.
2 Das Portefeuille enthielt im wesentlichen Anleihen des Königsreichs Preußen.

Q.: s. Tabelle 7; BORN, Tabelle 10, S. 143.

Tabelle 36
Stadtsparkasse Neuwied
Bilanzen – vereinfacht – per 31.12.1914 und 31.12.1918

Aktiva in TM		Passiva in TM	
1914			
Wertpapiere	3.322	Einlagen	12.985
andere Anlagen	10.026		
	13.348		
1918			
Kriegsanleihen	9.919	Einlagen	16.634
sonst. Wertpapiere	2.409	Lombardkredit	5.619
Werpapiere insgesamt	12.328		
andere Anlagen	10.235		
Anlagen insgesamt	22.563		

Q.: s. Tabelle 7.

Tabelle 37

A. Schaaffhausen'scher Bankverein, Deutsche Bank und Disconto-Gesellschaft (ab 1930), Deutsche Bank (ab 1937), Filiale Neuwied

Jahresabschlüsse 1924–1939[1]

	1924	1925	1926	1927	1928	1929	1930	1931	1932	1933	1934	1935	1936	1937	1938	1939
Bilanz per 31.12																
Bar-Reserve (2)	50	33	78	45	45	98	93	26	56	60	65	58	44	65	44	160
Schecks (3)									14	14	16	33	21	27	20	32
Wechsel	119	95	274	266	449	539	339	378	209	348	410	580	738	1115	974	842
davon rediskontfähig												374	449	762	587	646
Forderungen (4) an Kreditinstitute	10	5	4	4	18	6	8	5	2	3	4	4	6	5	2	38
an Kunden	867	1036	868	949	2501	3727	3515	2755	2521	2274	2303	2496	2589	2309	3534	3169
davon gegen Wertpapiere	364	800	659	59	92	78	55	150	162	247	282	312	393	225	504	498
sonst. Sicherheiten				673	1467	1808	2134	2188	1883	1471	1537	1770	1405	1009	1299	1185
ungedeckt	503	236	209	217	942	1841	1326	417	476	556	484	414	791	1075	1731	1486
Sonst. Aktiva	158	25	53	20			80	380	216	108	78	50	71	53	53	56
Aktiva Gesamt	1204	1194	1275	1284	3013	4370	4035	3544	3018	2807	2876	3221	3469	3574	4627	4297
Verbindlichkeiten (5) gegenüber																
Kreditinstituten	46	13	174	134	228	125	18	834	4	12	6	118	22	212	7	7
Kunden, davon	750	777	720	775	788	1041	1027		1433	954	1624	1577	1504	1996	2035	2258
Sichteinlagen												629	558	833	708	951
Termingelder												369	404	324	982	798
Spareinlagen												579	542	839	345	509
Akzepte						675	700	675	325	575	675	645	645	615	825	995
Konten bei anderen Stellen der Bank	163	396	381	374	1950	2477	2191	1649	1209	1241	518	810	1229	642	1632	902
sonst. Passiva						27	30	300					2	3	2	4
Gewinn/Verlust	245	8	-18	1	47	25	69	86	47	25	53	71	68	106	126	131
Passiva Gesamt	1204	1194	1257	1284	3013	4370	4035	3544	3018	2807	2876	3221	3470	3574	4627	4297
Avale	.3	19	20	25	37	188	140	136	34	53	18	24	36	92	155	121
Gewinn- u. Verlustrechnung																
Ertrag des Geschäftsvolumens (6)						46	21	23	32	23	27	39	40	65	71	72
Provisionen des Kreditgeschäfts (7)						13	16	31	19	21	22	23	21	19	21	24
Überschuß der Zinsen/zinsähnl. Erträgen	180	69	23	23	41	59	37	54	51	44	49	62	61	84	92	96
Überschuß a. d. Dienstleistungsgeschäft (8)	251	64	53	54	87	126	145	144	108	107	117	114	125	139	153	180
sonst. Reguläre Erträge				-1	3	1		-4	1	1				1	1	4
Reguläre Erträge insgesamt	431	133	76	76	131	186	182	194	160	152	166	176	186	224	246	280
Personalaufwand	133	93	64	50	59	69	81	66	60	62	65	64	72	76	82	96
Sachaufwand	35	19	20	18	19	36	24	14	8	13	27	28	30	31	33	37
Verwaltungsaufwand insgesamt	168	112	84	68	78	105	105	80	68	75	92	92	102	107	115	133
a.o. Ergebnis (inkl. Steuern)	18	13	10	7	6	15	9	28	45	52	21	13	16	11	5	16
Gewinn/Verlust	245	8	-18	1	47	66	68	86	47	25	53	71	68	106	126	131
Statistik																
Zahl der Konten	585	428	360	378	512	501	554	615	667	689	729	792	796	837	924	942
Personal (9)	39	21			16		16	16	14	15	16	15	16	16	18	21

1 Jahresabschlüsse nebst Unterlagen im Archiv der Deutschen Bank Neuwied.   2 Kasse, Zentralbank- und Postscheckguthaben.   3 Vor 1932 wurden Schecks und Wechsel in einer Position ausgewiesen.
4 Die Forderungen an Kreditinstitute sind unbedeutend und unter sonstige Aktiva erfaßt.   5 Die Einlagen waren vor 1933 fast ausschließlich kurzfristig.
6 Zinsen (Ertrag u. Aufwand saldiert), Kreditprovision im engeren Sinne (Bestandteil der damals nach der Brutto-Methode berechneten Gesamt-Barkondition) und Überziehungsprovision.
7 Akzept-, Rembours- und Avalprovision.   8 Die Provisionen aus Wertpapieran- und -verkäufen lag bei ca. RM 1.000,– p.a.   9 Für 1926, 1927 und 1929 keine Angaben.

Tabelle 38

A. Schaaffhausen'scher Bankverein, Deutsche Bank und Disconto-Gesellschaft, Deutsche Bank Filiale Neuwied

Erträge aus dem Auslandsgeschäft (in RM) 1927 bis 1939

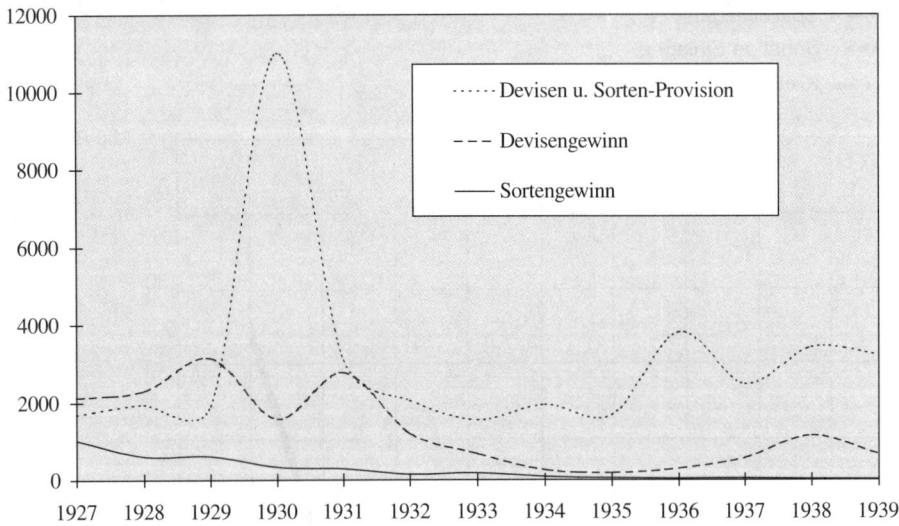

Q.: Jahresabschlüsse nebst Unterlagen im Archiv der Deutschen Bank Neuwied.

Tabelle 39

Deutsche Bank und Disconto-Gesellschaft Filiale Neuwied

Abwicklungskonten 1932 bis 1938 (in TRM)

Stichtag		Debitorenbestand	Abwicklungskonten	Prozent[1]
1932	31.8.	2.652	511	19,3
	31.10.	2.612	718	27,5
1933	28.2.	2.600	664	25,5
	29.4.	2.639	732	27,7
	30.6.	2.661	724	27,2
	31.8.	2.556	745	29,1
	31.10.	2.365	709	30,0
1934	28.2.	2.303	647	28,1
	30.4.	2.441	639	26,2
	31.8.	2.323	491	21,1
1935	30.9.	2.700	268	9,9
1936	31.10.	2.688	130	4,8
1937[2]	31.10.	2.580	97	3,8
1938	31.10.	3.534	127	3,6

1 Prozentzahlen zum Teil leicht korrigiert, per 30.6.1933 richtiggestellt.
2 Seit 1937 Deutsche Bank Filiale Neuwied.

Q.: Akte Abwicklungslisten, Archiv der Deutschen Bank, Neuwied.

Tabelle 40
Stadtsparkasse Neuwied
1924 bis 1944

▬▬▬▬ Bilanzsumme
▬ ▬ ▬ ▬ Spareinlagen
▪▪▪▪▪▪▪▪▪▪ Sonstige Einlagen
▬ ▪ ▬ ▪ ▬ ▪ Kreditvolumen

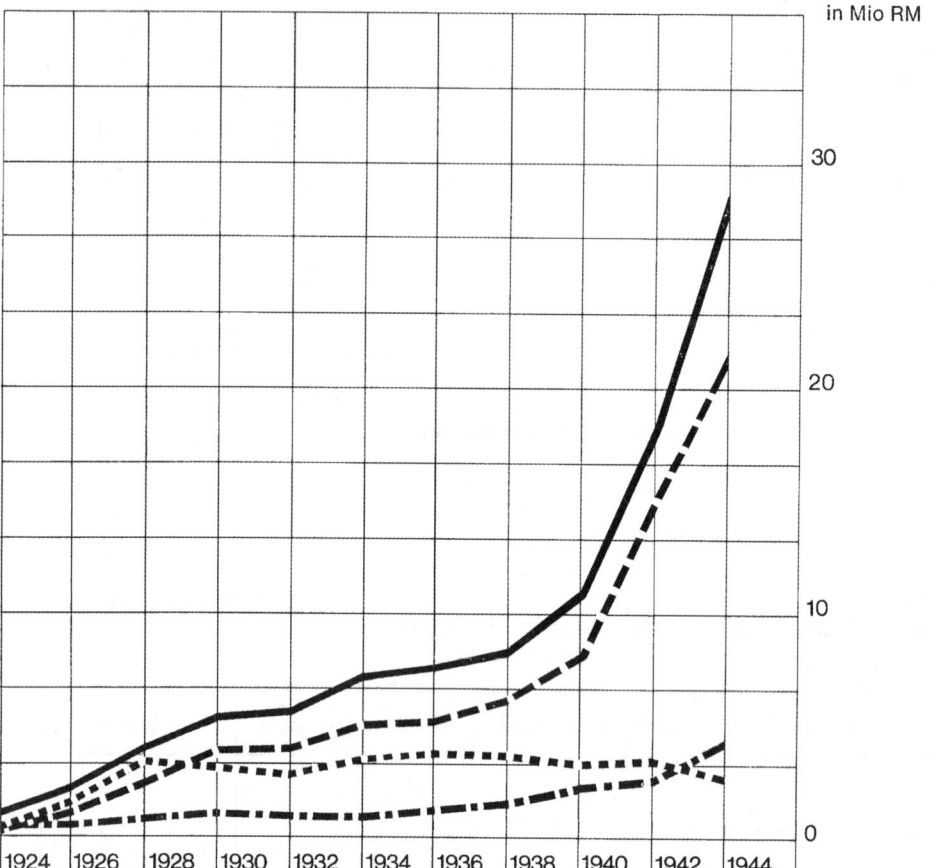

in Mio RM

Q.: PETERS, 125 Jahre Stadtsparkasse, S. 105.

Tabelle 41
Landkreis Neuwied
Bruttowertschöpfung (in Mio DM)[1] 1970 bis 1990

Kreis	Bruttowertschöpfung	Jahr		
		1970	1980	1990
Neuwied	Produzierendes Gewerbe	764	1.396	2.152
	Handel und Verkehr	163	362	500
	Dienstleistungen			
	- Unternehmen		604	1.123
	- Staat und sonstige [2]	316	358	553
	insgesamt [3]	1.280	2.747	4.386
Mayen-Koblenz	Produzierendes Gewerbe	970	1.779	2.419
	Handel und Verkehr	165	484	908
	Dienstleistungen			
	- Unternehmen		608	1.572
	- Staat und sonstige [2]	361	420	672
	insgesamt [3]	1.569	3.349	5.670
Koblenz	Produzierendes Gewerbe	584	1.011	1.433
	Handel und Verkehr	377	839	1.323
	Dienstleistungen			
	- Unternehmen		1.147	2.090
	- Staat und sonstige [2]	933	1.330	2.132
	insgesamt [3]	1.902	4.333	6.989

Veränderung in Prozent [4] der Brutto-wertschöpfung	Jahr					
	1970-1980	1980-1982	1982-1984	1984-1986	1986-1988	1988-1990
Landkreis Neuwied	114,6	7,2	9,9	12,0	6,0	14,1
Landkreis Mayen-Koblenz	113,4	10,6	10,6	31,6	- 3,9	9,5
Stadt Koblenz	127,8	9,6	11,3	11,8	6,0	12,0
Regierungsbezirk Koblenz	116,2	7,8	10,1	12,6	5,1	14,8
Land Rheinland-Pfalz	119,9	10,4	8,4	9,2	6,9	11,6

Kreis	Anteile an der Bruttowertschöpfung insgesamt (in %)	Jahre						
		1970	1980	1982	1984	1986	1988	1990
Neuwied	Produzierendes Gewerbe	59,7	50,8	48,5	49,0	50,3	47,0	49,1
	Handel und Verkehr	12,8	13,2	12,9	11,9	11,1	11,2	11,4
	Dienstleistungen							
	- Unternehmen	24,7	22,0	23,6	25,0	25,2	27,2	25,6
	- Staat und sonstige [2]		13,0	13,4	12,9	12,4	13,7	12,6
Mayen-Koblenz	Produzierendes Gewerbe	61,8	53,1	47,4	46,2	39,5	40,0	42,7
	Handel und Verkehr	10,5	14,5	14,2	14,5	12,1	13,8	16,0
	Dienstleistungen							
	- Unternehmen	23,0	18,2	23,4	25,1	37,3	32,8	27,7
	- Staat und sonstige [2]		12,5	12,4	12,0	9,6	11,9	11,9
Koblenz	Produzierendes Gewerbe	30,7	23,4	23,0	22,8	24,7	20,8	20,5
	Handel und Verkehr	19,8	19,4	18,6	19,5	17,8	18,1	18,9
	Dienstleistungen							
	- Unternehmen	49,1	26,6	27,3	28,8	27,0	30,1	29,9
	- Staat und sonstige [2]		30,1	30,1	28,8	30,3	30,9	30,5

1 Bruttowertschöpfung zu Marktpreisen (unbereinigt).
2 Sonstige: Private Haushalte und private Organisationen ohne Erwerbszweck.
3 Inklusive Land- und Forstwirtschaft.
4 Die Vergleichbarkeit der Ergebnisse der einzelnen Jahre ist unwesentlich eingeschränkt.

Tabelle 42
Landkreis Neuwied
Anteil an der Bruttowertschöpfung im Regierungsbezirk Koblenz (in Prozent) 1970 bis 1990

	1970	1980	1982	1984	1986	1988	1990
Landkreis Neuwied	11,0	10,9	10,9	10,9	10,8	10,9	10,8
Landkreis Mayen-Koblenz	13,5	13,3	13,7	13,7	16,1	14,7	14,0
Kreisfreie Stadt Koblenz	16,4	17,2	17,5	17,7	17,5	17,7	17,2

Tabelle 43
Kreissparkasse Neuwied
Einlagen[1] und Ausleihungen 1962 bis 1990 (in Mio. DM)

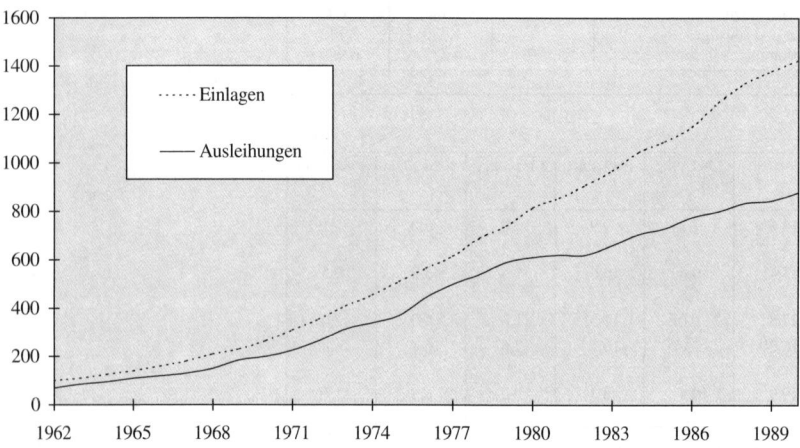

1 Inklusive Inhaberschuldverschreibungen, Sparkassenbriefe und Sparkassenobligationen.

Q.: Geschäftsberichte.

122

Tabelle 44

Kreissparkasse Neuwied

Gewinn- und Verlustrechnung Erträge (in TDM) 1962 bis 1990

Erträge (in TDM) 1962-1990

Jahr	Zinsüberschuß[1]	Erträge aus dem Dienstleistungsgeschäft[2]	sonstige[3]
1962	3256	697	153
1963	3699	799	103
1964	4210	766	87
1965	4634	830	182
1966	5471	952	121
1967	6228	957	217
1968	7493	519	292
1969	7828	631	201
1970	9851	648	234
1971	10843	704	493
1972	13024	1159	1635
1973	14959	1680	471
1974	16768	1856	767
1975	19849	1966	628
1976	21209	2104	831
1977	23298	2267	1009
1978	24328	2490	709
1979	25727	2744	923
1980	28871	2998	967
1981	33915	3178	722
1982	39519	3660	938
1983	38809	3748	1221
1984	38871	3591	1523
1985	41555	3798	1004
1986	42589	3887	1193
1987	43176	3714	847
1988	45607	3715	1302
1989	44618	5004	3072
1990	46602	5906	3537

Aufwendungen (in TDM) 1962-1990

Jahr	Personal- u. Sachkosten	Risikovorsorge[4]	sonstige[5]
1962	2093	214	1019
1963	2367	379	1106
1964	2788	372	981
1965	3085	249	1364
1966	3837	84	1638
1967	4184	534	1718
1968	4709	599	1595
1969	5385	768	1278
1970	6562	1151	1619
1971	7875	569	2093
1972	8567	2035	3585
1973	10191	2002	3214
1974	12031	1704	3850
1975	12952	1697	5362
1976	13875	1940	5899
1977	14735	2634	6666
1978	15797	2492	6755
1979	17051	3460	6462
1980	18153	5356	7038
1981	19268	6345	9983
1982	20617	8222	12929
1983	21301	5751	13820
1984	22743	5189	13166
1985	24370	5480	13498
1986	25267	5873	13296
1987	26337	4862	12613
1988	27229	3271	16204
1989	28139	10189	10967
1990	29633	14274	8887

1 Zzgl. laufende Erträge aus Wertpapieren.   2 Provisionen - saldiert - und andere Erträge aus Dienstleistungsgeschäften.   3 Andere Erträge, u. a. Auflösungen von Rückstellungen im Kreditgeschäft.
4 Abschreibungen und Wertberichtigungen auf Forderungen und Wertpapiere sowie Zuführungen zu Rückstellungen im Kreditgeschäft.   5 U.a. Abschreibungen auf Sachanlagen, Steuern, Zuführungen zu Rücklagen.
Q.: Geschäftsberichte.

Tabelle 45
Kreissparkasse Neuwied
Gewinn- und Verlustrechnung Jahresüberschuß (in TDM) 1962 bis 1990

1962	780
1963	749
1964	922
1965	948
1966	985
1967	966
1968	1401
1969	1229
1970	1401
1971	1503
1972	1631
1973	1703
1974	1806
1975	2432
1976	2430
1977	2538
1978	2483
1979	2421
1980	2289
1981	2219
1982	2349
1983	2906
1984	2887
1985	3009
1986	3233
1987	3925
1988	3920
1989	3399
1990	3194

Q.: Geschäftsberichte.

Tabelle 46
Kreissparkasse Neuwied
Geschäftsstellen mit Gründungsjahr[1]

1.	Neuwied (o)	1868	20.	Oberbieber (o)	1959
2.	Unkel (x)	1886	21.	Gladbach (o)	
3.	Rengsdorf (x)	1901	22.	Melsbach	
4.	Dierdorf (x)	1911	23.	Niederbreitbach	1966
5.	Engers (xo)	1922	24.	Roßbach	
6.	Anhausen (x)		25.	Torney (o)	
7.	Bad Hönningen	1923	26.	Großmaischeid	1967
8.	Heimbach-Weis (o)		27.	Erpel	
9.	Niederbieber (o)		28.	Isenburg	
10.	Waldbreitbach (x)	1924	29.	Kurtscheid	1968
11.	Asbach (x)	1925	30.	Straßenhaus	
12.	Feldkirchen (o)		31.	Altwied (o)	
13.	Irlich (o)	1930	32.	Buchholz	
14.	Rheinbreitbach		33.	Ehlscheid	1970
15.	Vettelschoß		34.	Segendorf (o)	
16.	Neustadt/Wied	1936	35.	Bad Hönningen-Oelsberg	1972
17.	Leutesdorf (x)	1938	36.	Dernbach	1975
18.	Rheinbrohl	1939	37.	Kleinmaischeid	1981
19.	Puderbach (x)	1941	38.[2]	Raubach	1983

1 Die mit (x) gekennzeichneten Geschäftsstellen wurden vorher – seit 1868 – als Rendanturen betrieben, die mit (o) gekennzeichneten befinden sich heute auf dem Gebiet der Stadt Neuwied.
2 Zzgl. seit 1966 zwei fahrbarer Geschäftsstellen mit über 70 Haltepunkten.

Q.: Mitteilungen der Kreissparkasse

Tabelle 47
Stadtsparkasse Neuwied
Geschäftsstellen mit Gründungsjahr

1.	Neuwied Hauptgeschäft	1848	5.	Engerser Straße	1973
2.	Sonnenland	1959	6.	Feldkirchen	
3.	Heddesdorf	1962	7.	Heimbach-Weis	1974
4.	Raiffeisenring	1964	8.	Toom-Markt	1987

Q.: PETERS, 125 Jahre Stadtsparkasse Neuwied; Stadtsparkasse. Die Geldadresse in Neuwied, Rheinzeitung, 17./18.9.1988. Nach der Fusion der beiden Neuwieder Sparkassen im Jahre 1991 hat die Sparkasse Neuwied 18 Geschäftsstellen im Stadtgebiet (Rheinzeitung 18./19.1.1992); die Zahl stimmt mit Tabellen 33 und 34 überein, wenn die Hauptstelle als eine Geschäftsstelle gezählt wird.

Tabelle 48
Fusionen im Bereich der Genossenschaftsbanken

1.	Mit der **Raiffeisenbank Neuwied** fusionierten	
	Irlicher Raiffeisenkasse	1953
	Raiffeisenbank Leutesdorf-Feldkirchen	1967
	Raiffeisenkasse Hüllenberg	1969
	Raiffeisenkasse Oberbieber	1970
	Raiffeisenkasse Untere Wied, Segendorf	1971
	Raiffeisenbank Waldbreitbach	1990
2.	Mit der **Raiffeisenbank Engers** fusionierte	
	Raiffeisenkasse Heimbach-Weis	1966
	die ihrerseits 1958 den Gladbacher Darlehenskassen-Verein	
	übernommen hatte.	
3.	Fusion von 1. u. 2. unter **Raiffeisenbank Neuwied eG**, 1994	

Q.: 125 Jahre Raiffeisenbak Neuwied, S. 6; Geschäftsbericht 1990; 125 Jahre Raiffeisenbank Engers, S. 37.

Tabelle 49
Stadt und Kreis Neuwied
Bankstellen[1] 1976 bis 1991

31. 12.	1976			1980			1985			1990			1991		
	Stadt	restl. Kreis	insge- samt	Stadt	restl. Kreis	insge- samt	Stadt	Restl. Kreis	insge- samt	Stadt	restl. Kreis	insge- samt	Stadt	restl. Kreis	insge- samt
Großbanken	4		4	4		4	4		4	3		3	3		3
Regional- und sonstige Keditbanken				1		1	1		1	2		2	2		2
Sparkassen	22	31	53	21	32	53	21	35	56	21	35	56	20	34	54
Kreditgenossen- schaften	13	48	61	14	44	58	14	44	58	15	39	54	15	39	54
insgesamt	39	79	118	40	76	116	40	79	119	41	74	115	40	73	113

1 Ohne Landeszentralbank und Geldinstitute der Post.

Q.: Statistisches Landesamt Rheinland-Pfalz, Bad Ems; Geschäftsberichte der Landeszentralbank in Rheinland-Pfalz, Mainz.

126

Tabelle 50
Stadt und Kreis Neuwied
Bankstellendichte (Einwohner[1] je Bankstelle[2]) mit Vergleichszahlen 1976 bis 1991

Per 31.12.	1976	1980	1985	1990	1991
Stadt Neuwied	1.582	1.512	1.462	1.514	1.583
Kreis Neuwied ohne Stadt Neuwied	1.159	1.243	1.221	1.372	1.412
Kreis Neuwied insgesamt	1.298	1.336	1.302	1.422	1.472
Kreis Mayen-Koblenz	1.099	1.078	1.028	1.062	1.104
Stadt Koblenz	1.624	1.403	1.245	1.279	1.314
Landkreise im Regierungsbezirk Koblenz	943	911	883	928	958
Regierungsbezirk Koblenz	978	938	904	948	978
Großstädte in Rheinland-Pfalz[3]	1.872	1.692	1.627	1.682	1.760
Rheinland-Pfalz	1.073	1.037	1.018	1.080	1.116

1 Fortgeschriebene Bevölkerung.
2 Ohne Landeszentralbank und Geldinstitute der Post.
3 Mainz, Ludwigshafen, Koblenz, Kaiserslautern, Trier.

Q.: Statistisches Landesamt Rheinland-Pfalz, Bad Ems; s. auch Geschäftsberichte der Landeszentralbank.

Tabelle 51
Deutsche Bank Filiale Neuwied
Wertvolumen und Personalkosten 1976 bis 1989
(Veränderung zum Vorjahr in Prozent [1976 = 0])

Jahr	Wertvolumen[1]	Personalkosten[2]	Personal[3]
1977	+ 9,0	+ 7,2	./. 5,0
1978	+ 13,8	+ 6,0	./. 4,0
1979	+ 4,1	+ 8,9	+ 2,0
1980	0,0	+ 11,0	+ 1,0
1981	+ 2,4	+ 5,0	./. 2,0
1982	+ 6,0	+ 4,4	./. 2,0
1983	0,0	+ 3,5	./. 2,0
1984	+ 1,8	+ 5,8	./. 2,0
1985	+ 3,8	+ 3,6	./. 1,0
1986	0,0	+ 6,7	+ 1,0
1987	+ 0,1	+ 4,1	./. 2,0
1988	+ 2,2	./. 1,5	./. 7,0
1989	+ 14,0	./. 4,0	./. 5,0

1 Wertvolumen Nichtbanken, d.h. Kredite an und Einlagen von Kunden, die nicht Banken sind.
2 Gehälter und Personalnebenkosten.
3 Auf Vollzeitbeschäftigte umgerechnet, ohne Auszubildende.

Q.: Jahresabschlüsse im Archiv der Deutschen Bank Neuwied.

Tabelle 52
Kreissparkasse Neuwied
Betriebsergebnis (in TDM)[1] und Aufwandrentabilität (in Prozent)[2] 1960 bis 1990

Jahr	Betriebs-ergebnis	Aufwand-rentabilität	Jahr	Betriebs-ergebnis	Aufwand-rentabilität
1960	1.298	75,6	1980	13.716	75,6
1970	3.937	60,0	1981	17.825	92,5
1971	3.672	46,6	1982	22.562	109,4
1972	5.616	65,6	1983	21.256	99,8
1973	6.448	63,3	1984	19.719	86,7
1974	6.539	54,4	1985	20.983	86,1
1975	8.863	68,4	1986	21.209	83,8
1976	9.438	68,0	1987	20.553	78,0
1977	10.830	73,5	1988	22.093	81,1
1978	11.020	69,8	1989	21.483	76,3
1979	11.420	67,0	1990	22.819	77,0

1 Zinsüberschuß + laufende Erträge aus Wertpapieren und Provisionsüberschuß
  + andere Erträge aus Dienstleistungsgeschäften
  ./. ähnliche Aufwendungen für Dienstleistungsgeschäfte ./. Personal- und Sachkosten.
2 Betriebsergebnis in Prozent der Personal- und Sachkosten.

QUELLEN- UND LITERATURVERZEICHNIS

1. Archivalien

Archiv des Amtsgerichts Neuwied

Genossenschaftsregister

    Bd. I

    Bd. II Nr. 87 Spezial-Akte

    Eintragungen vom 5.8.1870 und 30.12.1875 sowie vom 22.7.1970

Gesellschaftsregister R 226

Grundbuch von Neuwied (zitiert: „Grundbuch")

    Bd. I-III, IV

    Bd. I Art 6 Grundakten

    Bd. VII Art. 335 Grundakten

    Bd. XVII Art. 802 Grundakten

    Bd. 31 Nr. 1 3 (1310) Grundakten

Grundbuch von Heddesdorf

    Bd. I

    Bd. 25 Art. 1169

Handelsregister

    Bd. I HRB 9, 33, 34 und 36

    Bd. II HRB 56, 72 und 79

    Bd. III HRB 200

Archiv der Deutschen Bank Filiale Neuwied

Akte Abwicklungskonten 1932–1938
Akte Bilanz 1938
Akte Military Government, jetzt: Gouvernement Militaire Neuwied
Akte Personalia des A. Schaaffhausen'schen Bankvereins und der Deutschen Bank Neuwied 1927–1933
Akte Revisionsvorschriften der Deutschen Bank und Disconto-Gesellschaft Neuwied
Bilanzberichte der Deutschen Bank Neuwied an den Vorstand über die Geschäftsjahre 1986 und 1987
Bilanzbuch des A. Schaaffhausen'schen Bankvereins Neuwied mit den Bilanzen 1914–1918
Bilanzunterlagen des A. Schaaffhausen'schen Bankvereins, der Deutschen Bank und Disconto-Gesellschaft und der Deutschen Bank Neuwied 1924–1939
Bilanzunterlagen der Deutschen Bank Neuwied 1976–1989

Archiv der Evangelischen Brüdergemeine Neuwied (ABN)

BA II-11 bis 15 Hauptbücher 1811–1900
R-VIII-5 Buchbilanz der ledigen Brüder Chor-Diaconie in Neuwied 1815–1840

VA XII-2–f Bilanzbuch von den Jahren 1819 bis 1846
VA XII-10 Hauptbuch 1814 bis 1843
VA XII-23–h Copia Buch der ausgestellten Obligationen 1806 bis 1852
VA Karton 21 und 22 Briefe des Bankhauses D. & J. de Neufville, Frankfurt a.M.
VIII-5 Jahres-Rechnung Ultimo December 1827 Kirchenbuch der Evangelischen Brüdergemeine zu Neuwied

Archiv der Evangelischen Marktkirchengemeinde Neuwied (AEM)

Kirchenbücher der Evangelischen lutherischen Gemeinde 1785–1861
Kirchenbücher der Evangelisch reformierten Gemeinde 1788–1902

Archiv der Landeszentralbank in Rheinland-Pfalz und im Saarland

Hauptstelle Koblenz der Deutschen Bundesbank, Koblenz (zit. Acta LZB)
Acta der Reichsbankstelle zu Coblenz betreffend Errichtung der Reichsbanknebenstelle Neuwied 1885 bis 1923
Acta der Reichsbankstelle in Coblenz betreffend Neubau Neuwied 1915 bis 1922
Wirtschaftsbericht der Reichsbanknebenstelle Neuwied an die Reichsbankstelle Koblenz vom 12.4.1946

Archiv der Rasselstein Aktiengesellschaft, Neuwied (ARAG)

Bilanzen aus den Geheimen Büchern von H.W. Remy & Cons. für die Geschäftsjahre 1822 bis 1832/33 (31.3.)
Copier-Buch der Firma H.W. Remy & Cons. vom 19. Juni 1823 bis 12. April 1824
Protokollbuch, Sitzungen des Aufsichtsrats vom 1. Juli 1912 bis 11. Oktober 1934

Archiv der Sparkasse Neuwied

Acta der Bürgermeisterei Neuwied betreffend die Bildung von Sparkassen zur Unterstützung der Armen, Fabrick-Arbeiter, Handwerksgesellen p.p. (zit. Gründungsakte)
Acta specialia der Bürgermeisterei Neuwied betreffend Neuwieder Sparkasse
General-Acten der Stadt Neuwied betreffend Statut der Sparkassen
Spezial-Acten der Stadt Neuwied betreffend: Übersicht des Geschäfts-Verkehrs bei der Sparkasse

Fürstlich Wiedisches Archiv, Schloß Neuwied (FWA)

Rentey- bzw. Cameral-Rechnung der Fürstlich Wiedischen Rentkammer mit Rechnungs-Belegen 1815 bis 1842
6–9–6 Darlehn Königliche Bank-Commandite in Koblenz
6–9–20 Darlehn A. und L. Camphausen, Cöln
57–11–11 Stadler
57–11–19 Wied-Runkel'sche Obligationen von 1804. Brief Baron von Stockum vom 12. Oktober 1825
58–3–23 Völcker
58–3–24 Bachem
58–4–2 Darlehn Benjamin Metzler seel. Sohn et Cons zu Frankfurt a.M.
58–4–18 Thiel, Stuhl

60–3–21 u. 22 Unterlagen betreffend Nassauische Renten

60–3–26 Brief der Fürstlich Wiedischen Rentkammer an Christoph Reusch vom 26. Februar 1846

60–4–5 Darlehn M.A. Rothschild & Söhne, Frankfurt a.M.

60–4–7 bis 11, 60–5–1 bis 10 Unterlagen betreffend Geschäftsverbindung zu M.A. Rothschild & Söhne, Frankfurt a.M.

82–3 Kreditbrief M.A. Rothschild & Söhne, Frankfurt a.M.

94–11–2 u. 13 Darlehn M.A. Rothschild & Söhne, Frankfurt a.M.

94–12–11 Acta betr. Abrechnungen über Reisen der höchsten Herrschaften 1891 bis 1900

112–1–9 Kreditbrief M.A. Rothschild & Söhne, Frankfurt a.M.

112–8–1 Raiffeisendarlehns-Kassen 1854 bis 1901. Promemoria des Fürsten Wilhelm zu Wied vom 12. Mai 1884

Hauptstaatsarchiv des Landes Nordrhein-Westfalen in Düsseldorf (NRW HSTA)

21/119 Akten der Staatsanwaltschaft 2 J 236/33 und 7 K M 2/33

Historisch Archief Nederlandse Bank, Amsterdam

2.4 Metabank N.V., Nijmegen

Historisches Archiv der Deutschen Bank Aktiengesellschaft, Frankfurt a.M. (HADB)

S. 633 Verträge über die Krupp'schen Obligationen seit 1874
Erinnerungen von Heinrich Gustav Carl Wuppermann, Leverkusen, (unveröffentlicht)

Landeshauptarchiv des Landes Rheinland-Pfalz, Koblenz (LHA)

403 Nr. 10002–10012 Acta des Ober-Präsidiums der Rheinprovinz betreffend die Nachweisungen über den Geschäftsbetrieb und die Resultate der Sparkassen

403 Nr. 16496 Akten des Ober-Präsidiums der Rheinprovinz betreffend Kreis-Sparkasse: Neuwied

403 Nr. 16613 Akten des Ober-Präsidiums der Rheinprovinz betreffend Städtische Sparkasse: Neuwied

441 Nr. 17616 Acta der Königlichen Regierung zu Coblenz betreffend den Betrieb der Hammerwerke der Fabrikanten H.E. Remy & Cons. in Neuwied

441 Nr. 17664 Acta der Königlichen Regierung zu Coblenz betreffend Anlage eines Walzwerks und einer Weißblechfabrik durch John Player in Neuwied (später Friedrich Buderus) 1850–1888

441 Nr. 18347 und 18348 Acta der Königlichen Regierung zu Coblenz betreffend die Errichtung eines Pfandhauses und einer Spar-Kassa für die Stadt Neuwied

441 Nr. 18350–18352 Acta der Königlichen Regierung zu Coblenz betreffend die Errichtung einer Kreis-Sparkasse für den Kreis Neuwied

441 Nr. 21858 und 21860 Akta der Königlichen Regierung zu Coblenz betreffend die Sparkasse des Kreises Neuwied

441 Nr. 21865, 21882 und 21883 Akten der Königlichen Regierung zu Coblenz betreffend die städtische Sparkasse zu Neuwied

655 126 Nr. 132 Feuerversicherungsbuch für die Bürgermeisterei Engers

700, 173 Nachlaß Reichs- und Landtagsabgeordneter Verhülsdonk

700, 175 Nachlaß Robert Großmann

15/7 Kirchenbuch Feldkirchen

Rheinisch-Westfälisches Wirtschaftsarchiv zu Köln e.V. (RWWA)

Industrie- und Handelskammer Koblenz (Abt. 3)

3–148–1 und 2 Stellungnahmen der Industrie- und Handelskammern der nördlichen Rheinprovinz und der Industrie- und Handelskammer zu Koblenz zur Einheit der ehemaligen preußischen Rheinprovinz in wirtschaftlicher Beziehung.

Otto Wolff AG, Köln (Abt. 72)

72–225–11 Rasselstein Bankenkredit 1937–1945
72–230–6 Rasselstein I
72–32–6 Bericht des Vorstands über das Geschäftsjahr 1931
72–231–14 Rasselsteiner Verträge

Stadtarchiv Aachen

CA 57 Friedrich Bremen: „Aachener Disconto-Gesellschaft. Rheinische Disconto-Gesellschaft.
Rheinisch-Westfälische Diskonto-Gesellschaft. – Eine Bank in Aachen in der Zeit zwischen
1872 und 1917. Ein Beitrag zur Wirtschaftsgeschichte des Aachener Raumes", Aachen 1978,
maschinenschriftlich

Stadtarchiv Neuwied

AA XII-6 Verzeichnis der „Raiffeisen-Literatur (soweit sie Stadt und Kreis Neuwied betrifft)",
angefertigt nach dem Stand vom 19.10.1937, und Gutachten zum Stand der die Raiffeisen-
Genossenschaften betreffenden Quellen in LHA, Stadtarchiv Neuwied und FWA per Mitte
1986
1 Nr. 632 u. 1441 Berichte des Bürgermeisters der Stadt Neuwied an den Regierungspräsidenten in Koblenz über die wirtschaftliche Situation 1901 bis 1914
1 Nr. 633 Verzeichnis der in der Stadt und Bürgermeisterei Neuwied jetzt in Betrieb befindlichen Fabrick-Anstalten aller Art von 1836
1 Nr. 819 Acta Specialia der Stadt-Bürgermeisterei Neuwied betr. Reichsbanknebenstelle
1 Nr. 1467 Spezial-Akten der Stadt Neuwied betreffend Verwaltungs-Berichte
II 10.00–13.06 Paßsachen 1931 bis 1938
510 Nr. 2 Chronik Engers

Bibliothek des Bundesgerichtshofes, Karlsruhe

Entscheidung des Reichsgerichts vom 24.6.1935, VI 3/1935 – unveröffentlicht – in: Sammlung
sämtlicher Erkenntnisse des Reichsgerichts, VI. Zivilsenat, 1935 2. Vierteljahr

Kreis Neuwied

Personalakte Josef Muth
Niederschrift über die Sitzung des Kreistages vom 8.11.1990 Beschluß-Nr. 20/90

Landeszentralbank in Rheinland-Pfalz, Mainz

Bankstellen in Rheinland-Pfalz, Stand: 31.12.1992 – unveröffentlicht

Stadt Neuwied

Vorlage für den Hauptausschuß und den Rat der Stadt Neuwied über die Sitzungen vom 18. und 27.9.1990, Drucksache 0932/90

Niederschrift über die Sitzung des Rates der Stadt Neuwied vom 29.11.1990 Drucksache 1046/90

Statistisches Landesamt Rheinland-Pfalz, Bad Ems

Bankstellendichte in Rheinland-Pfalz und im Kreis Neuwied 1976–1989.

Bruttowertschöpfung zu Marktpreisen der Kreisfreien Städte und Landkreise in Rheinland-Pfalz 1970–1990

Gebäude- und Wohnungszählung in Rheinland-Pfalz 1987

In Privatbesitz

Familie Altmann, Neuwied

Festzeitung zum Betriebsausflug der Süddeutschen Bank AG – Filiale Neuwied am 11.10.1952

Dr. Franz-Josef Bender, Ratingen

Totenzettel Julius Arndts

Dr. Horst Hüttenbach, St. Goar

Mappe Inventare in Betreff elterlichen Vermögens resp. Christoph Reusch und Wilhelmine geb. Reichard 1864–1875

Mappe Auszug über den Verbleib des von den Eheleuten Christoph Reusch und Wilhelmine geb. Reichard in Neuwied erworbenen Vermögens.

Mappe Einkommensteuer-Declarationen p.p. von Ferdinand Reusch 1894–1900

Notizbuch resp. Nachschlage-Buch über Diverses in Capital-Vermögen's-Angelegenheit der Eheleute Ferd. Reusch (zit. Notizbuch)

Mappe Gustav Hobraeck Neuwied

Erwin Krings, Neuwied

Unterlagen zum Restitutionsprozeß Neuwieder Verlagsgesellschaft mbH gegen die oHG in Firma Gustav Nising, Wissen a.d.Sieg, 7 Or 473/49 des Landgerichts Koblenz

Herbert Neizert, Neuwied

Notiz „Historisches" aus dem Nachlaß von Albrecht Neizert, Mitglied des Vorstandes der Rasselstein AG, Neuwied

Kurt Strasburger, Neuwied

Photo der Filiale Neuwied des Bankhauses Beissel, Köln

2. Periodica

Adreßbücher der Stadt Köln für 1922, 1925, 1935, 1943, 1950 und 1951.
Adreßbücher der Stadt Neuwied für 1896, 1899, 1902, 1905, 1909, 1922 und 1927
Arbeitsmarktberichte des Arbeitsamtes Neuwied
Börsenzeitung, 6.9.1967
Bundesgesetzblatt, Bonn
Bunte (Illustrierte) 1981, Nr. 49–52
db-aktuell. Mitteilungen für die Angehörigen der Deutschen Bank AG, Nr. 4/1986
Die Bank, Nr. 1/1992
Frankfurter Allgemeine Zeitung, 16.4.1993 und 16.6.1995
Fremdenliste für den Luftkurort Rengsdorf, 26.7.1924
Geschäftsbericht des A. Schaaffhausen'schen Bankvereins, Köln, für das Geschäftsjahr 1911
Geschäftsberichte der Sparkasse Neuwied
Geschäftsbericht der Landesbank und Girozentrale Rheinland-Pfalz, Mainz, für das Geschäfts-
      jahr 1962
Geschäftsbericht der Landeszentralbank von Rheinland-Pfalz, Mainz, über das Geschäftsjahr
      1984
Geschäftsberichte der Rasselstein Aktiengesellschaft, Neuwied, für die Geschäftsjahre 1989/90
      und 1992/93 (30.9.)
Gesetz-Sammlung für die Königlich Preußischen Staaten, Berlin 1826
Handelsblatt vom 10./11.11.1989
Heimatkalender (1925–1941 und 1950–1970), Heimat-Jahrbuch (seit 1971) des Landkreises
      Neuwied
Jahresbericht 1951 des Bundesverbandes des Privaten Bankgewerbes, Köln
Jahresberichte 1958, 1967 und 1977 des Sparkassen- und Giroverbandes in Rheinland-Pfalz, Mainz
Kölnische Rundschau, 2.7.1988
Lokal Anzeiger – Wochenspiegel Mayen, 3.4.1991
Nationalblatt (Neuwieder Beobachter), 11.3.1932 und 16.1.1934
Neuwieder Intelligenz- und Kreisblatt, Jahrgang 1848
Neuwieder Zeitung (1851–1937 und 1953–1956) (zit. NZ)
Neuwieder Nachrichten, 9. und 18.3.1855
Reichsgesetzblatt, Berlin
Rheinischer Raiffeisenbote, Jg. 1904, Nr. 15
Rhein- u. Wied-Zeitung, Linz (bis 1907), Neuwied (1908–1936)
Rhein-Zeitung, Neuwieder Ausgabe (seit 1946)
Sparkasse, Nr. 11/91
Stadtmagazin Leben in Neuwied, Mai 1991
Verwaltungsberichte und Geschäftsberichte der Kreissparkasse Neuwied
Volksblatt für Stadt und Land, Jg. 1849–1851

3. Monographien und Aufsätze

Achterberg, Erich: Der Bankplatz Frankfurt am Main, Frankfurt a.M. 1955
1816–1986. Landkreis Neuwied. Beiträge zur Kreisgeschichte, Neuwied 1986.
1870–1970. 100 Jahre Commerzbank. Hrsg. Commerzbank Düsseldorf, Frankfurt a. M. 1970
1876–1976. 100 Jahre Volksbank Westerwald, Stuttgart 1976
1884–1984. 100 Jahre genossenschaftliche Zentralbank im Rheinland und in Westfalen. Hrsg.
      Westdeutsche Genossenschafts-Zentralbank e.G., Düsseldorf, Düsseldorf 1984 (zit. 100 Jahre
      WGZ)

Althoff, William: Die Tätigkeit der Landesbank der Rheinprovinz in und nach dem Kriege, Diss. Köln 1925

Andree, Fritz: Hoffmann von Fallersleben. Des Dichters Leben, Wirken und Gedenkstätten in Wort und Bild, 2. Aufl., Fallersleben 1972

A. Schaaffhausen'scher Bankverein A.-G. Köln, 1848–1928. Den Freunden unseres Instituts anläßlich der internationalen Presseausstellung Köln 1928 überreicht, Köln 1928

Ashauer, Günther: Von der Ersparungscasse zur Sparkassen-Finanzgruppe. Die deutsche Sparkassenorganisation in Geschichte und Gegenwart, Stuttgart 1991

Bär, Max: Aus der Geschichte der Stadt Koblenz 1814–1914, Koblenz 1922

Die Bankplätze der Deutschen Bundesbank. In: Geschäftsbedingungen der Deutschen Bundesbank, Frankfurt a. M.

Baxmann, Ulf: Daten zur Konzentration im Sparkassenwesen. Eine europäische Studie für den Zeitraum 1970–1990. In: Sparkasse 1991 S. 508 ff.

Beck, Adolf: Beschreibung der Stadt Neuwied, Koblenz 1828

Beck, Ludwig: Die Einführung des englischen Flammofenfrischens durch Heinrich Wilhelm Remy & Co. auf dem Rasselstein bei Neuwied. In: Beiträge zur Geschichte der Technik und Industrie, Jahrbuch des Vereins Deutscher Ingenieure, Berlin 1911, S. 86 ff.

Becker: Festrede zur Feier des 50jährigen Bestehens des Heddesdorfer Darlehnskassen-Vereins am 31.7.1904 (StadtA Neuwied AA-XII-6)

Becker, Kurt: Die territoriale und administrative Entwicklung des Kreises Neuwied. In: Heimatchronik, S. 101 ff.

Der Beginn einer erfolgreichen Verbindung. Hrsg. Sparkasse Neuwied, Neuwied 1991

Bender, Franz-Josef: Albert Tilmann (1819–1879), unveröffentlicht

Ders. u. a. : Stammtafel der Familie Tilmann. Nachkommen des Justizrats Dr. h.c. Norbert Tilmann (1788–1863) in Arnsberg, Neustadt a.d. Aisch 1993

Berghöffer, Christian Wilhelm: Meyer Amschel Rothschild, 2. Aufl., Frankfurt a.M. 1923

Berninger, Ingeborg: 100 Jahre J.H. Reinhard Sohn KG, Neuwied/Rhein, Neuwied 1962

Bilder und Gestalten aus der Vergangenheit der Stadt Neuwied. Hrsg. von Julius und Rolf Strüder, Neuwied 1953

Böhmer, Otto: Die Rasselsteiner Eisenwerke. Ein Beitrag zum Studium der Entwicklung der rhein. Eisenindustrie, Diss. Würzburg 1922

Born, Karl Erich: Bankenkrisen der Zwischenkriegszeit. Ursachen, Anlässe und Überwindung von Bankenkrisen. In: Bankhistorisches Archiv, Beih. 17, Frankfurt a. M. 1990, S. 22 ff.

Ders.: Die deutsche Bankenkrise 1931. Finanzen und Politik, München 1967

Borchardt, Knut: Währung und Wirtschaft. In: Währung und Wirtschaft in Deutschland 1876–1975. Hrsg. Deutsche Bundesbank, Frankfurt a.M., 1976, S. 3 ff.

Bräutigam, Heinrich: Das Bankgewerbe des Regierungsbezirks Aachen vom Beginn des 19. Jahrhunderts bis zum Jahre 1933, Diss. Köln 1949

Bruchhäuser, Wilhelm: Die Geschichte einer Hofapotheke. Herausgeben aus Anlaß des Zweihundertjährigen Bestehens der Hof-Apotheke Neuwied, Neuwied 1966

Caesar, Lisa: Geschichte der Familie Caesar. Nachkommen des Theodor Caesar (geb. zu Oettingen 1587, gest. zu Braunsberg 1624), Dinkelsbühl 1988, unveröffentlicht

Carton u. a. : Le Cercle de Neuwied, Neuwied 1949

Casino-Gesellschaft Neuwied. Mitgliederliste und Satzung, Neuwied 1990

Cassino, Carl: Die Stadt Neuwied chronographisch beschrieben in Bezug auf die nächste Umgebung derselben, nebst einer kurzen geschichtlichen Übersicht ihrer wichtigsten Lokal-Ereignisse und der Dynastie des Wiedischen Fürstenhauses ..., Neuwied 1851

Chiffren einer Epoche. 100 Jahre – 100 Kontraste. Hrsg. Dresdner Bank, Frankfurt a. M. 1972

Corti, Egon Caesar Conte: Das Haus Rothschild in der Zeit seiner Blüte, 1830–1871, Leipzig 1928

Däbritz, Walter: Die konjunkturellen Bedingungen des rheinisch-westfälischen Wirtschaftslebens. In: Wirtschaftskunde für Rheinland und Westfalen. Hrsg. Otto Most u. a. , Berlin 1931, S. 73 ff.

Deeters, Dorothea Elisabeth: Sie lebten mit uns. Zur Geschichte der Wied-Neuwiedischen Landjuden 1817–1942, dargestellt an Dorf- und Synagogenbezirk Oberbieber, Neuwied 1983

Demian, J.A.: Geographisch-statistische Darstellung der deutschen Rheinlande nach dem Stande vom 1. August 1820, Koblenz 1820

Denkschrift zum fünfzigjährigen Bestehen des Weißblech-Verkaufs-Comptoirs bei Herrn J.H. Stein in Köln, Köln 1912

Die Deutsche Bank 1870–1995. Lothar Gall, Gerald D. Feldman, Harold James, Carl-Ludwig Holtfrerich, Hans E. Büschgen, München 1995

Deutsches Geld und Bankwesen in Zahlen 1876–1975. Hrsg. Deutsche Bundesbank, Frankfurt a. M. 1976

Dietz, Alexander: Frankfurter Handelsgeschichte, Bd. 4, T. 2, Glashütten 1974

Dietz, Wolfgang: Der Landkreis Neuwied. Weimarer Republik, Nationalsozialismus, Nachkriegszeit, Neuwied 1992

Draheim, Georg: Spitzenorganisationen im genossenschaftlichen Kreditwesen. Systematische Untersuchung über das Problem der Gestaltung, insbesondere der Vereinheitlichung, Diss. Berlin (Charlottenburg o. J.)

Eckert, Christian: J.H. Stein. Werden und Wachsen eines Kölner Bankhauses in 150 Jahren, 1790–1940, (Köln 1940)

Eggers, Walter: Neuwied im Bild. Ein Streifzug durch die Geschichte der Stadt Neuwied 1982

Ein Umzug zieht Kreise. Konsequenzen und Positionen des Landkreises Neuwied. Hrsg. Kreisverwaltung, Neuwied 1992

Eine Partnerschaft zum Wohle aller. Hrsg. Raiffeisenbank Neuwied, Neuwied (1995)

100 Jahre Neuwieder Rudergesellschaft 1883–1983

125 Jahre Raiffeisenbank, Neuwied, Neuwied 1979

125 Jahre Rheinstahl Concordia-Hütte GmbH, Bendorf. In: Heimatkalender des Landkreises Neuwied, Jahrgang 1964, S. 135 ff.

125 Jahre Stadtsparkasse Linz-Rh. 1852–1977, Informationsblatt

150jähriges Bestehen Eisenwerks Gesellschaft Rasselstein bei Neuwied, Köln 1910

150 Jahre „Ewig-Jung", Düsseldorf 1968

150 Jahre Städtische Sparkasse Koblenz 1804/1954, Koblenz 1954

175 Jahre Siegert & Cie GmbH Neuwied am Rhein, Darmstadt 1925

Ensgraber, Leopold: Die Künstlerfamilie Reusch. In: Hansen-Blatt Nr. 39, St. Goar 1986

Esch, Beate: Die evangelischen Pfarrgemeinden. In: 1816–1986. Landkreis Neuwied. Beiträge zur Kreisgeschichte, Neuwied 1986, S. 132 ff.

Dies.: Die jüdische Bevölkerung im Kreis Neuwied. In: 1816–1986. Landkreis Neuwied. Beiträge zur Kreisgeschichte, Neuwied 1986, S. 144 ff.

Eyll, Klara van: Kölner Banken im 19. Jahrhundert und ihr Einfluß auf die Industrialisierung in der Rheinprovinz. In: Mitteilungen der Industrie- und Handelskammer zu Köln, 1973, S. 250 ff.

Faber, Karl-Georg, und Albert Meinhardt: Die historischen Grundlagen des Kreises Neuwied. In: Heimatchronik, S. 9 ff.

Dies.: Literaturverzeichnis. In: Heimatchronik, S. 381 ff.

Faßbender, Martin: F.W. Raiffeisen in seinem Leben, Denken und Wirken, Berlin 1902

Faust, Friedrich: Beschreibung und kurze Geschichte der Stadt Neuwied für Einheimische und Fremde, Neuwied 1838

Faust, Helmut: Geschichte der Genossenschaftsbewegung. Ursprung und Aufbruch der Genossenschaftsbewegung in England, Frankreich und Deutschland sowie ihre weitere Entwicklung im deutschen Sprachraum, Frankfurt a.M., 2. Aufl., 1965

Feldenkirchen, Wilfried: Kölner Banken und die Entwicklung des Ruhrgebiets. In: Zeitschrift für Unternehmensgeschichte, 1982, S. 81 ff.

Ferfer, J.: Die neuere Geschichte der Buderus'schen Eisenwerke. In: Vom Ursprung und Werden der Buderus'schen Eisenwerke Wetzlar. Hrsg. Buderus'sche Eisenwerke, Bd. 1, München 1938, S. 193 ff.

Froneberg, Walther: Von Stadt und Kreis Neuwied. In: Adreßbuch für den Kreis Neuwied, Neuwied 1927, S. 3 ff.

Fünfzig Jahre Abrechnungsstellen der Reichsbank. Hrsg. Reichsbank, Berlin 1933

Fünfzig Jahre Gustav Hobraeck Neuwied-Rhein 1911–1961, Neuwied 1961

Fünfzig Jahre Landeszentralbank. Notenbankgeschichte in Rheinland-Pfalz und im Saarland 1947–1997. Hrsg. Landeszentralbank Rheinland-Pfalz und Saarland, Mainz 1997

50[Fünfzig]jähriges Jubelfest des Heddesdorfer Darlehnskassen-Vereins. In: Rheinischer Raiffeisen-Bote, Jg. 1904, Nr. 15

Gall, Lothar: Bürgertum in Deutschland, Berlin 1995

Gerhards, Hermann: Die erste wirkliche Raiffeisen-Genossenschaft. Der Darlehnskassen-Verein für das Kirchspiel Anhausen. In: Heimatkalender für den Kreis Neuwied, Jg. 1953

Der gewerblich-industrielle Zustand der Rheinprovinz im Jahre 1836. Amtl. Übersichten. Hrsg. Gerhard Adelmann, Bonn 1967

Gilles, Reinhard: Weißenthurm. Geschichte der Stadt, Horb 1988

Gondorf, Bernhard: Vom Rhein an den Nil. Die Bildungsreise des Fürsten Wilhelm zu Wied. In: Veröffentlichungen des Landesmuseum Koblenz, 1989, S. 127 ff.

Graafen, Richard: Die Bevölkerung im Kreis Neuwied und in der Koblenz-Neuwieder Talweitung 1817–1965, Bad Godesberg 1969

Ders.: Die Bevölkerungsentwicklung des Kreises Neuwied 1817–1965. In: Heimatchronik, S. 159 ff.

Gross, Walter: Die Zusammenschlußbewegung der rheinischen Bimsindustrie, ihre Ursachen, mögliche Formen und Wirkungen, Neuwied 1936

Grosser, Alfred: Geschichte Deutschlands seit 1945. Eine Bilanz, 2. Aufl., München 1984

Haller, Heinz: Die Rolle der Staatsfinanzen für den Inflationsprozeß. In: Währung und Wirtschaft in Deutschland, S. 115 ff.

Handel und Industrie in Neuwied vor 120 Jahren. In: Heimat-Blatt und Geschichtschronik für die ehemals Wied'schen p.p. Lande, 1928, S. 169 ff.

Hansmeyer, Karl-Heinrich, Rolf Cäsar: Kriegswirtschaft und Inflation (1936–1948). In: Währung und Wirtschaft in Deutschland, S. 367 ff.

Hartung, Wilhelm: 100 Jahre Ingenieur-Verein am Mittelrhein 1867–1967, Koblenz 1967

Heimatchronik des Kreises Neuwied, Hrsg. Kurt Becker, Köln 1966 (zit. Heimatchronik)

Held, Adolf: Brief an Hermann Schulze-Delitzsch vom 6.12.1874. In: Hermann Schulze-Delitzsch's Schriften und Reden, S. 677 ff.

Herrmann, Walther: Otto Wolff (1881–1940). In: Rheinisch-Westfälische Wirtschaftsbiographien, Bd. 8, Münster i. W. 1962, S. 123 ff.

Heyen, Franz-Josef: Die Zeit des Dritten Reiches. In: 1816–1986. Landkreis Neuwied, S. 51 ff.

Hildebrandt, Hans Dieter: Neuwieder Inflationsgeld 1917–1923, Koblenz 1978

Hilgermann, Bernhard: Das Werden und Vergehen einer bedeutenden Provinzbank. A. Schaaffhausen'scher Bankverein AG 1848–1929, Köln 1973/74

Hönekopp, Joseph: 100 Jahre Reiffeisenverband 1877–1977, Wiesbaden 1977

Hoppe, Ernst: Die Entwicklung des Kölner Bankwesens, unveröff. Vortrag (RWWA E I 44)

Hübner, Otto: Die Banken, Leipzig 1854

Huff, Gottfried: Die Geschichte des Verbandes. In: 50 Jahre Bankenverband Rheinland-Pfalz 1948–1998, Thür/Mayen 1998, S. 7 ff.

Irmler, Heinrich: Bankenkrise und Vollbeschäftigungspolitik (1931–1936). In: Währung und Wirtschaft in Deutschland, S. 283 ff.

Jacobi, Johannes: Die Höheren Schulen. In: 300 Jahre Neuwied, S. 395 ff.

Janssen, Wilhelm: Kleine rheinische Geschichte, Düsseldorf 1997

Jost, Edgar, Armin Neunast: 130 Jahre Rheinische Bimsindustrie. Eine Chronik der Bimsindustrie und ihres Verbandes, 1981

K., H.: De Schorsch of Besoch ... en Näiwid. Originelle Schilderungen aus dem Neuwieder Leben, Neuwied 1901, ND Bad Honnef 1984

Kähler, W.: Das Bankwesen. In: Die Rheinprovinz 1815–1915. Hrsg. Joseph Hansen, Bd. 1, Bonn 1917, S. 522 ff.

Kellenbenz, Hermann: Deutsche Wirtschaftsgeschichte, Bd. 2, München 1981

Ders.: Wirtschafts- und Sozialentwicklung der nördlichen Rheinlande seit 1815. In: Rheinische Geschichte. Hrsg. Franz Petri und Georg Droege, Bd. 3, Düsseldorf 1979, S. 1 ff.

Kläs, Hans: 125 Jahre Raiffeisenbank Engers 1862–1987, Neuwied 1987

Klötzer, Wolfgang: Integration und Assimilation. J. D. de Neufville in Frankfurt, Frankfurt a.M. 1987

Knebel-Doeberitz, Hugo von: Das Sparkassenwesen in Preußen, Berlin 1907

Knopp, Josef: Oberbieber. Chronik des Mühlendorfs am Aubach, Koblenz 1990

Koch, Walter: Die Protokollbücher des Heddesdorfer Wohlthätigkeits-Vereins 1854–1865, Bd. I, Teil 1: Das Protokollbuch des Aufsichtsraths, und Teil 2: Das Protokollbuch des Vorstands, beide St. Wolfgang 1989 (zit. Prot. und Abkürzung des jeweiligen Gremiums)

Ders.: Der Heddesdorfer Darlehnskassen-Verein. Statuten und Dokumente, Bd. III Teil 1 A: Der Heddesdorfer Darlehnskassen-Verein. Seine Entstehung und seine Entwicklung, und Teil 1 B: Statuten und Dokumente, Dachau 1991

Ders.: Die Protokollbücher des Heddesdorfer Darlehnskassen-Vereins 1864–1899, Bd. III
Teil 2: Das Protokollbuch des Aufsichtsraths, St. Wolfgang 1989
Teil 3A: Das Protokollbuch des Vorstands des 1. Heddesdorfer Darlehnskassen-Vereins, St. Wolfgang 1990
Teil 3B: Das Protokollbuch des Vorstands des 2. Heddesdorfer Darlehnskassen-Vereins, Dachau 1991
Teil 4: Das Protokollbuch der Generalversammlung, St. Wolfgang 1989
(zit. Prot. und Abkürzung des jeweiligen Gremiums)

Kopper, Christopher, Manfred Pohl, Angelika Raab-Rebentisch: Stationen, Frankfurt a.M. 1995. Darin: Köln – Sternstunde eines Bankplatzes, S. 15 ff.

Kosfeld, Endrik: Das genossenschaftliche Zentralbankwesen im südwestlichen Deutschland in historischer Sicht. In: Aspekte bankwirtschaftlicher Forschung und Praxis. Hrsg. Helmut Guthardt u. a. , Frankfurt a. M. 1985, S. 397 ff.

Kraus, Theodor: Neuwied – seine Eigenart unter den Städten des Mittelrheines. Versuch einer geographischen Synthese. In: 300 Jahre, S. 533 ff.

Kreissparkasse Neuwied 1947–1956. 10 Jahre erfolgreicher Wiederaufbauarbeit. In: Zehn Jahre Wiederaufbau eines Landkreises. Rechenschaftsbericht des Landkreises Neuwied. Hrsg. Kreisausschuß, S. 219 ff.

Die Kreissparkasse Neuwied nach fünf Jahren aktiver Wirtschaftspolitik unter nationalsozialistischer Führung. In: Heimatkalender für den Kreis Neuwied, Jahrgang 1939, Koblenz 1938, S. 20 ff.

Kröll, Wilhelm: Familie Remy Rasselstein, Neuwied 1935

Kroke, H.: 100 Jahre Kreissparkasse Neuwied. In: Heimatkalender des Landkreises Neuwied, Jg. 1968, S. 35 ff.

Krüger, Alfred: Das Kölner Bankiergewerbe vom Ende des 18. Jahrhunderts bis 1875, Essen 1925 (Schriften zur rheinisch-westfälischen Wirtschaftsgeschichte, Bd. X)

Krupp 1812–1912, zum 100jährigen Bestehen der Firma Krupp und der Gußstahlfabrik zu Essen-Ruhr, Essen 1912

Küffmann, Gerold: Andernach: Tor zur Eifel. Eine kleine Wirtschaftsgeschichte. In Andernach. Geschichte einer rheinischen Stadt, Hrsg. Franz-Josef Heyen, Andernach 1988, S. 469 ff.

Kurzrock, Hans: Aus der Geschichte der Commerzbank. In: 1870–1970. 100 Jahre Commerzbank. Hrsg. Commerzbank Düsseldorf, Frankfurt a. M. 1970, S. 39 ff

Leicher, Herbert: Engerser Heimatbuch. Die Geschichte der Stadt Engers am Rhein, 1956

Lemcke, Ernst: Die Entwicklung der Raiffeisen-Organisation in der Neuzeit. Ein Beitrag zur Geschichte des deutschen Genossenschaftswesens, Karlsruhe 1913

Löhr, Rudolf: Geschichte der Evangelischen Kirchengemeinde Neuwied, Neuwied 1958

Lohmann – Blick nach vorn. Ein Unternehmensportrait. Zus.gest. und hrsg. im Jahre des 125jähr. Bestehens, Neuwied 1976

Lossem, Carl: Geschichte meines Lebens und Wirkens. In: 150 Jahre Concordiahütte 1838–1988, Düsseldorf 1988

Lotz, Walther: Die Deutsche Staatsfinanzwirtschaft im Kriege, Stuttgart u. a. 1927

Lüssem, Engelbert: Festbuch der Stadt Engers am Rhein. Zur 600–Jahrfeier der Stadtrechtsverleihung vom 1. bis 9. Juni 1957, Neuwied

Lutz, Bernd: Firma und Familie als gesellschaftlicher und wirtschaftlicher Funktionsverbund. Geschichte und Entwicklung der Familie und Firma B. Metzler Seel. Sohn & Co. 1674–1974. In: Wirtschaft, Gesellschaft, Geschichte. Hrsg. Alfred Grosser u.a., Stuttgart 1974

Maerker, Rudolf: Einiges über die Stadt Neuwied, Vortrag vom 20.3.1892, Neuwied 1892

Maier, Josef: Aus der Geschichte des Casinos Neuwied 1799/1825/1925. Ein Gedenkblatt zur Hundertjahrfeier der Grundsteinlegung des Gebäudes am 5. April 1825, Neuwied 1925

Martin, Paul C.: Die Einbeziehung des Rheinlandes in den preußischen Währungsraum. In: Rheinische Vierteljahresblätter, Jg. 32, Bonn 1968, S. 482 ff.

Ders.: Monetäre Probleme der Frühindustrialisierung am Beispiel der Rheinprovinz (1816–1848). In: Jahrbücher für Nationalökonomie und Statistik, Bd. 181, H. 2, Stuttgart 1967

Ders.: Probleme der Geldversorgung der Rheinprovinz 1815–1832. In: Kurzprotokoll der Tagung des Arbeitskreises Rheinland-Westfalen des DFG-Schwerpunktprogramms „Geschichte der frühen Industrialisierung in Deutschland" am 11.3.1967 in Bonn, Institut für geschichtliche Landeskunde der Rheinlande

Maxeiner, Rudolf, Gunther Aschhoff, Herbert Wendt: Raiffeisen. Der Mann, die Idee und das Werk, Wiesbaden 1988

Meinhardt, Albert: Aus der Geschichte Heddesdorfs. In: 862–1962 Tausend Jahre Heddesdorf. Hrsg. ders. u. a., Neuwied 1962

Ders.: Der Werdegang Neuwieds. In: 300 Jahre, S. 67 ff.

Ders.: Neuwied. Einst und Heute, Gummersbach 1978

Ders.: Literatur- und Quellenverzeichnis. In: 300 Jahre, S. 567 ff.

Ders.: Neuwied. In: Städtebuch Rheinland-Pfalz und Saarland. Hrsg. Erich Keyser, Stuttgart 1964, S. 317 ff.

Meyen, Hans G.: 120 Jahre Dresdner Bank. Unternehmens-Chronik 1872–1992, Frankfurt a.M. 1992

Milkereit, Gertrud: Sozial- und Wirtschaftsentwicklung der südlichen Rheinlande seit 1815. In: Rheinische Geschichte. Hrsg. Franz Petri und Georg Droege, Bd. 3, Düsseldorf 1979, S. 193 ff.

Müller-Haeseler, Wolfgang: Die Dyckerhoffs. Eine Familie und ihr Werk, Kempten 1989

Müller-Jabusch, Maximilian: Carl Klönne. Ein Freund der Industrie. In: Lebensbilder deutscher Bankiers aus fünf Jahrhunderten. Hrsg. Erich Achterberg, Frankfurt a. M. 1963, S. 241 ff.

Ders.: Oscar Schlitter, Krefeld 1955

Mura, Jürgen: Entwicklungslinien der deutschen Sparkassengeschichte, Stuttgart 1987

Ders.: Zur Geschichte des Kommunalkredits der Deutschen Sparkassenorganisation von den Anfängen bis 1945. In: Sparkasse 3/1988, S. 135 ff.

Muth, Joseph: Die öffentlichen Sparkassen. In: Rhein- und Wied-Zeitung, Jubiläumsausgabe, 26.9.1925, S. 7

Nach dem Berlinbeschluß. Ein Umzug zieht Kreise. Konsequenzen und Positionen des Landkreises Neuwied. Hrsg. Kreisverwaltung Neuwied, 1992

Nemnich, Philipp Andreas: Tagebuch über eine der Kultur und Industrie gewidmete Reise, Tübingen 1809

1913–1988 W + D Winkler + Dünnebier, o. O. 1988

Nipperdey, Thomas: Deutsche Geschichte 1800–1866, 2. Aufl., München 1984

Noback, Christian: Vollständiges Handbuch der Münz-, Bank- und Wechselverhältnisse aller Länder und Handelsplätze der Erde, Rudolstadt 1833

Peters, Claus: Elemente einer Wirtschaftsgeschichte im Kreis Neuwied. In: Heimatchronik, S. 173 ff.

Ders.: 100 Jahre Kreissparkasse Neuwied, Neuwied 1968

Ders.: 125 Jahre Stadtsparkasse Neuwied. Ein Blick zurück. 1848–1973, Neuwied 1973

Pohl, Hans: Das deutsche Bankwesen (1806–1848). In: Deutsche Bankengeschichte, Bd. 2, Frankfurt a.M., 1982

Pohl, Manfred: Die Entwicklung des privaten Bankgewerbes nach 1945. In: Deutsche Bankgeschichte, Bd. 3, Frankfurt a.M. 1982

Ders.: Festigung und Ausdehnung des deutschen Bankwesens zwischen 1870 und 1914. In: Deutsche Bankgeschichte, Bd. 2, Frankfurt a.M. 1982

Ders.: Hermann J. Abs. Eine Bildbiographie, Mainz 1981

Ders.: Konzentration im Deutschen Bankwesen (1848–1980). In: Schriftenreihe des Instituts für bankhistorische Forschung, Bd. 4, Frankfurt a. M. 1982, S. 223 ff.

Die Preußische Zentralgenossenschaftskasse von 1885 bis 1905, Berlin 1906

P(rowe), M(ax): Geschichte der Reichsbank (jetzt Landeszentralbank) in Neuwied, 1969, unveröff. (StadtA Neuwied N 915)

Raiffeisen, Friedrich Wilhelm: Brief an Hermann Schulze-Delitzsch vom 15.5.1862. In: Hermann Schulze-Delitzsch's Schriften und Reden. Hrsg. F. Thorwart, Bd. 1, Berlin 1909, S. 671 ff.

Ders.: Denkschrift vom 9.7.1864. In: Erich Lothar Seelmann-Eggebert: Friedrich Wilhelm Raiffeisen. Sein Lebensgang und sein genossenschaftliches Werk, Stuttgart 1928

Ders.: Die Darlehnskassen-Vereine als Mittel zur Abhilfe der Not der ländlichen Bevölkerung sowie auch der städtischen Handwerker und Arbeiter, Neuwied, mehrere Aufl., zuerst 1866

Die Raiffeisen-Organisation. In: NZ, 12.4.1902

Die Reichsbank 1876–1900. Hrsg. Reichsbank, Berlin

Reck, Johann Stephan: Geschichte der Gräflichen und fürstlichen Häuser Isenburg, Runkel, Wied, verbunden mit der Geschichte des Rheinthals zwischen Koblenz und Andernach von Julius Cäsar bis auf die neueste Zeit, Weimar 1825

Regnery, Franz: Jüdische Gemeinde Neuwied, Neuwied 1988

Renaissance des Abzahlungsgeschäfts [K.L.]. In: Neuwied. Industriezentrum am Mittelrhein. Wirtschaft am Rhein, Sonderh. (StadtA Neuwied Dha No 27)

Reuther, Heinrich: Jubiläumsschrift zur 100–Jahr-Feier der Heddesdorfer Raiffeisenbank in Neuwied, Neuwied 1954

Richter, Heinrich: Friedrich Wilhelm Raiffeisen und die Entwicklung seiner Genossenschafts-idee, Diss. Erlangen-Nürnberg 1965

Roesler, Konrad: Die Finanzpolitik des Deutschen Reiches im Ersten Weltkrieg, Berlin 1967

Sabel, Karl: Rückblick auf ein rheinisches Politiker-Leben. Der Reichs- und Landtagsabgeord-nete Eduard Verhülsdonk 1884–1934, Koblenz 1984

Schäfer, Albert: 125/145 Jahre Raiffeisen-Genossenschaften (vom Flammersfelder Hülfsverein zur Raiffeisenbank 2000), Neuwied 1994

Schmelzer, Karl-Heinz: Rede bei der Kranzniederlegung aus Anlaß des 100. Todestages am 11.3.1988. In: Friedrich Wilhelm Raiffeisen 1818–1888–1988, Bonn 1988 (DGRV Schrif-tenreihe, H. 28), S. 41 f.

Schmitz, Erich P.: Die Entwicklung der heimischen Industrie. In: 300 Jahre, S. 447 ff.

Schnorbus, Axel: Rasselstein. 225 Jahre Erfahrung mit Blech – Werkstoff mit Zukunft, Neu-wied 1985

Schnug, Felix: Das Neuwieder Becken landschaftlich, geologisch und wirtschaftsgeographisch betrachtet, Neuwied 1914

Schröder, Brigitte: Der Weg zur Eisenbahnschiene. Die Familie Remy, ihre wirtschaftliche und kulturelle Bedeutung in ihrer Zeit, Neustadt a.d. Aisch 1986

Schüller, Hans: Mayen, Mayen 1991

Schulte, Klaus H.: Bonner Juden und ihre Nachkommen bis um 1930, Bonn 1976, (Veröffentli-chung des Stadtarchivs Bonn, Bd. 16)

Schulze-Delitzsch, Hermann: Hermann Schulze-Delitzsch's Schriften und Reden, Hrsg. F. Thor-wart, Bd. 1, Berlin 1909

Scotti, J.J.: Sammlung der Gesetze und Verordnungen, welche in den vormaligen Wied-Neu-wiedischen, Wied-Runkelschen p.p. – nunmehr Königlich preußischen – Landesgebieten ... ergangen sind, IV. Teil, Abt. für das Herzogtum Nassau, Düsseldorf 1836

1653–1953. 300 Jahre Neuwied. Ein Stadt- und Heimatbuch. Hrsg. Stadtverwaltung Neuwied 1953 (zit. 300 Jahre)

Seelmann-Eggebert, Erich Lothar: Friedrich Wilhelm Raiffeisen. Sein Lebensgang und sein ge-nossenschaftliches Werk, Stuttgart 1928

Seidenzahl, Fritz: 100 Jahre Deutsche Bank 1870–1970, Frankfurt a.M. 1970

Sommer, Albrecht: Die Reichsbank unter Hermann von Dechend, Berlin 1931

Sombart, Werner: Die Deutsche Volkswirtschaft im Neunzehnten Jahrhundert und im Anfang des 20. Jahrhunderts, 4. Aufl., Berlin 1919

Spoo, Hans Hermann: Die Finanzen des Rasselstein in den Jahren 1823 und 1824. Ein Beitrag zur Frühgeschichte der Rheinischen Industrie. In: Zeitschrift für Unternehmensgeschichte, Jg. 1989, S. 1 ff., 69 ff.

Ders.: 75 Jahre Deutsche Bank Neuwied, unveröff. (StadtA Neuwied)

Stahlschmidt, Rainer: 150 Jahre Concordiahütte 1838–1988, Düsseldorf 1988

Steinert, Walter: Das städtische Oberlyzeum Neuwied. In: Rhein- und Wied-Zeitung, Jubiläumsausgabe, 26.9.1925

Ströhm, Wilfried: Die Herrnhuter Brüdergemeine im städtischen Gefüge von Neuwied. Eine Analyse ihrer sozioökonomischen Entwicklung, Boppard 1988 (Veröffentlichung der Landeskundlichen Arbeitsgemeinschaft im Regierungsbezirk Koblenz, H. 12)

Strüder, Rolf: Das Bild der Stadt Neuwied im Wandel der Zeiten. In: Bilder und Gestalten aus der Vergangenheit der Stadt Neuwied, Hrsg. Julius Strüder und ders., Neuwied 1953, S. 5 ff.

Strukturzahlen Kammerbezirk Koblenz für 1992. Hrsg. Industrie- und Handelskammer zu Koblenz, Koblenz 1993

Stucken, Rudolf: Deutsche Geld- und Kreditpolitik 1914–1953, 2. Aufl., Tübingen 1953

Stürmer, Michael, Gabriele Teichmann, Wilhelm Treue: Wägen und Wagen. Sal. Oppenheim jr. & Cie. Geschichte einer Bank und einer Familie, 2. Aufl., München u. a. 1989

Thul, Alois: Grundzüge der historischen Entwicklung des Hypothekar-Kredits in der Rheinprovinz im 19. Jahrhundert, Diss. Köln 1930

Thul, Ewald: Der Neuwieder Sparkassenprozeß. In: 150 Jahre Landgericht Koblenz, Boppard 1970

Tilly, Richard: Financial Institutions and Industrialization in the Rhineland 1815–1870, Milwaukee-London 1966

Ders.: Germany 1815–1870. In: Banking in the Early Stages of Industrialization, A Study in Comparative Economic History. Hrsg. Rondo Cameron, New York u. a. 1967

Trende, Adolf: Geschichte der Deutschen Sparkassen bis zum Anfang des 20. Jahrhunderts, Stuttgart 1957

Troßbach, Werner: Der Schatten der Aufklärung. Bauern, Bürger und Illuminaten in der Grafschaft Wied-Neuwied, Fulda 1991

Trumpler, Hans: Festrede bei Gelegenheit der 100–Jahr-Feier der Handelskammer zu Frankfurt a.M. In: Mitteilungen der Handelskammer zu Frankfurt a.M., 31. Jg. (1908), S. 94 ff.

Voelcker, Hans: Geschichte der Familie und des Bankhauses B. Metzler Seel. Sohn & Co. zu Frankfurt am Main 1674–1924, Frankfurt a.M. 1924

Von der Bank-Commandite Coblenz der Preußischen Bank zur Zweigstelle Koblenz der Landeszentralbank von Rheinland-Pfalz 1856–1956. Hrsg. Landeszentralbank Koblenz, 1956

Wächtler, Kurt: 75 Jahre Städtische Sparkasse. In: Rhein- und Wied-Zeitung, Jubiläumsausgabe, 26.9.1925

Währung und Wirtschaft in Deutschland 1876–1976. Hrsg. Deutsche Bundesbank, Frankfurt a.M. 1976

Wagner, Kurt: Stationen Deutscher Bankgeschichte – 75 Jahre Bankenverband, Köln 1976

Wehler, Hans-Ulrich: Deutsche Gesellschaftsgeschichte, Bd. 2: Von der Reformära bis zur industriellen und politischen „Deutschen Doppelrevolution" 1815–1845/49, München 1987

Ders.: Max Webers Klassentheorie und die neuere Sozialgeschichte. In: Aus der Geschichte lernen? München 1988, S. 152 ff.

Weiler, Jakob: Die Besatzungszeit nach dem Zweiten Weltkrieg. In: 1816–1986 Landkreis Neuwied. Beiträge zur Kreisgeschichte, Neuwied 1986

Welker, August, Karl-Heinz Schmelzer: 150 Jahre Amt Niederbieber-Segendorf 1817–1967, Neuwied 1967

Wick, Joachim: Chronik der Friedrich Boesner GmbH Neuwied aus Anlaß des 150jährigen Bestehens, unveröffentlicht

Wilson, Derek: Die Rothschild Dynastie. Eine Geschichte von Ruhm und Macht, 3. Aufl., Wien u.a. 1990

Winkel, Harald: Mittelrheinische Wirtschaft im Wandel der Zeit (zum 150jährigen Bestehen der Industrie- und Handelskammer zu Koblenz), Koblenz 1983

Wirminghaus, Alexander: Wirtschaftsgeschichte. In: 1000 Jahre Deutscher Geschichte und Deutscher Kultur am Rhein. Hrsg. Aloys Schulte, Düsseldorf 1925, S. 463 ff.

Wirtgen, Philipp: Neuwied und seine Umgebung in beschreibender, geschichtlicher und naturhistorischer Darstellung, 1. Aufl., Neuwied Leipzig 1870

Die wirtschaftliche Verbundenheit der früheren Süd-Rheinprovinz mit dem Lande Nordrhein-Westfalen, Denkschrift des Rheinisch-Westfälischen Wirtschaftsarchivs zu Köln, Köln 1951

Wolff, M.: Die Disconto-Gesellschaft, Berlin 1930

Wolfram, Kurt: Die wirtschaftliche Entwicklung der Stadt Neuwied. Versuch der Begründung einer Wirtschaftsgeschichte der Stadt Neuwied 1653–1926, Neuwied 1926

Wysocki, Josef: Untersuchungen zur Wirtschafts- und Sozialgeschichte der deutschen Sparkassen im 19. Jahrhundert, Stuttgart 1980

Zeitz, Bruno: Eine Idee schlägt Wurzeln. Die ersten Raiffeisengenossenschaften am Mittelrhein und im vorderen Westerwald ab 1862, ihr Verlauf bis zur Elektronikzeit, Koblenz 1997

Ders.: 150 Jahre Sparkasse Neuwied. Eine geschichtliche Betrachtung seit ihrer Gründung, (Neuwied) 1998

Ders.: Hüllenberg, Selbstverlag, 1986

Ders. und Margarete Zeitz: Märkerschaft Feldkirchen, Andernach 1994

Ders.: Neuwied und seine Brücken, 1991

Ders. und Bernhard Gondorf: Carl Spielmann photographiert 1860 bis 1880. Region Neuwieder Becken, Neuwied 1989

Ders.: Vom Plateau D'Alterheim zum Altenheim Johanneshöhe, Neuwied 1991

Ders.: 2. Heft über das Archiv der Evangelischen Kirchengemeinde, 1988

Ders. und Friedel Wulf Kupfer: Raiffeisen, Bürgermeister und Genossenschaftsgründer – sein Wirken im Kirchspiel Feldkirchen, Neuwied 1987

Zeugnisse rheinischer Geschichte. Urkunden, Akten und Bilder aus der Geschichte der Rheinlande. Eine Festschrift zum 150. Jahrestag der Errichtung der staatlichen Archive in Düsseldorf und Koblenz, Hrsg. Rheinischer Verein für Denkmalpflege und Landschaftsschutz, Neuß 1982/83

REGISTER

Anmerkungen werden durch Schrägstriche von den Seitenzahlen abgetrennt.

ORTSREGISTER

Heutige Vororte von Neuwied sind durch * gekennzeichnet.

SACHREGISTER

PERSONENREGISTER

Krumfuß-Remy, Gottlieb Dietrich   26, 71/257, 72/284
Krupp, Alfred   75/342
Krups, Robert   83/507

Langhardt   71/274
Lauf   26, 71/257/269, 72/284 f., 73/292 f.
Lemcke, Ernst   74/326
Lichtenstein, Aron   14, 65/128, 80/438
– Karl   14, 80/438
Lichtfers   68/204
Löb, Henriette, geb. Meyer   73/298, 80/438
– Leopold   80/438
– Max   86/567
– Salomon Hirsch   73/298, 80/438
Lokotsch, Dr.   44
Lossem, Carl   66/167

Mack   61/57
Mannfeld, Bernhard   41, 82/487, 83/502, 87/587
Marme   19, 68/201
Maruhn, Ludwig   18, 67/192
Megede, zur   31
Mehlis, Eugen   86/553
Melbeck, Carl Friedrich   27
Melsbach   71/274
Merian   65/141
Mittelstaedt, Johannes von   11
Montanus   68/204
Muscheid   71/274
Muth, Josef   41, 43 f., 46, 80/455, 81/459, 84/524, 85/
    550, 87/583

Napoleon I. Bonaparte   9
Nasse, Erwin   27
Nathan, David   65/128
Neizert, Albrecht   84/526/528
– Anton   10
Nöll   75/332

Peters, Claus   7, 68/206
Petry   73/292
Piel, C.   68/202
Pinhammer   71/244
Player, John   66/168
Pommer-Esche, Adolph von   27
Projahn   73/292

Raiffeisen, Friedrich Wilhelm   22, 24-28, 30, 45, 62/
    77, 69/230, 71/262/269/275, 72/283-286, 73/293/
    303/307, 74/318 ff./323/328 f., 75/332/335, 77/
    378
Ransenberg, Julius   80/450
Rath, Jean Baptist   84/530
Reichard, Carl   31 f., 76/349 f., 77/364
– Clemens Jacob   19, 62/76,80, 68/201
Reinhard   60/53, 68/204
– Johann Wilhelm   63/109
– Louis   32
Reisdorf, Valentin   80/438
Remagen   73/292

Remy   10,13. 43, 59/23, 65/141, 68/204, 71/257
– Adolph   62/76,80,83
– Albert   24, 71/257/262, 73/293
– Christian   16
– Friedrich   16, 61/57
– Julius   62/83
Reppert, Rudolf   45, 86/568
Reusch   11, 60/48, 61/57, 62/80/82
– Anna   61/67
– Christoph Heinrich   11, 60/52, 61/62 f./66/74, 65/
    141
– Clemens Ferdinand   11, 61/64/67 f./74, 62/82, 63/
    97 f., 64/112
– Johanna, geb. Stadler   61/64
– Johanna Wilhelmina, geb. Reichard   61/63,66
– Karl Julius   11, 61/65, 63/97, 64/112
– Katharina, geb. Piel   61/65
– Louise   61/67
Rittershausen, Karl   11
Rockenfeller   73/292
Römer   84/524
Rosenzweig, Dr.   11
Runkel, Justus Freiherr von   22, 69/230/233 f.

Sarasin, Johann Georg   65/135
Schaufuß, Dr. Walter   34
Scheurer, Philipp Jacob   9, 58/12
Schierjott   82/481
Schiffer   88/609
Schippel, Karl   81/476
Schlitt, Clemens   44
Schlitter, Oskar   81/459
Schmitz, J.   42
„Schorsch"   33 f.
Schulze-Delitzsch, Hermann   28, 69/230, 71/262, 73/
    290/303/307, 74/313/327, 78/389
Siedersleben, Rudolf   84/530, 86/563
Siegert   60/53
Söhn   73/292
Spies   82/480, 84/524
Stadler   60/53, 68/204
– Wilhelm   61/56 f.
Stein, von (Konsul)   66/169
– Heinrich von   66/169, 84/526
Stelting, Louis   11, 62/82, 76/349
Stockum, Baron   65/136
Strüder   11, 62/82
– Julius   84/532
– Philipp   32, 76/349
– Wilhelm
Stuhl, Ludwig   61/57
Sulzbacher   79/420

Tewes   84/525, 85/549
Thiel, Hugo   74/318
– Peter   61/56 f.
Thorn, Wilhelm   60/53, 61/57, 62/83
Thrän, Christian August   19, 68/202
Tilmann, Albert   74/319
Trömmer   73/292

152

FIRMEN- UND INSTITUTIONENREGISTER

156

ABKÜRZUNGEN

ABN	Archiv der Evangelischen Brüdergemeine Neuwied
AEM	Archiv der Evangelischen Marktkirchengemeinde, Neuwied
AG	Amtsgericht
AR	Aufsichtsrat
ARAG	Archiv der Rasselstein AG, Neuwied
BA	Bankhistorisches Archiv, Zeitschrift für Bankengeschichte
Best.	Bestand
Bh	Beiheft
DB	Deutsche Bank
DFG	Deutsche Forschungsgemeinschaft
Diss.	Dissertation
Ebd.	Ebenda
FAZ	Frankfurter Allgemeine Zeitung
fl.	Gulden
fol.	Folio
FWA	Fürstlich Wiedisches Archiv, Schloß Neuwied
G + V	Gewinn- und Verlustrechnung
HADB	Historisches Archiv der Deutschen Bank, Frankfurt a.M.
hfl.	Niederländischer Gulden
HRB	Handelsregister Band
Hrsg.	Herausgeber
i.V.	im Vorjahr
IHK	Industrie- und Handelskammer
Kr.	Kreuzer
KSK	Kreissparkasse
LHA	Landeshauptarchiv des Landes Rheinland-Pfalz, Koblenz
LZB	Landeszentralbank
M	Mark
ND	Neudruck
NRW HSTA	Hauptstaatsarchiv des Landes Nordrhein-Westfalen, Düsseldorf
NZ	Neuwieder Zeitung
o.O.	ohne Ortsangabe
p.a.	pro Jahr
p.p.	nicht Interessierendes weglassend
passim	durchgehend erwähnt
Pr. Tlr	Preußischer Taler
Prot.	Protokoll
Q.	Quelle
Rh. Vjbl.	Rheinische Vierteljahresblätter
RM	Reichsmark
Rtlr	Reichstaler
RWWA	Rheinisch-Westfälisches Wirtschaftsarchiv zu Köln
Sg(r)	Silbergroschen
Sh.	Sonderheft
SSK	Stadtsparkasse
StadtA	Stadtarchiv

T(h)lr	Taler
VS	Vorstand
ZUG	Zeitschrift für Unternehmensgeschichte

BILDNACHWEIS

Commerzbank Neuwied, Foto: Andreas Koltze (S. 15)
Deutsche Bank Neuwied, Foto: Bastian Pollmann (S. 21)
Dresdner Bank Neuwied, Foto: Bastian Pollmann (S. 29)
Neuwied, ca. 1900, Foto: August Eiselé (FWA) (Umschlag)
Raiffeisenbank Neuwied, Archiv Raiffeisendruckerei GmbH, Neuwied (S. 39)
Sparkasse Neuwied, Archiv Sparkasse Neuwied (S. 47)
Landeszentralbank Neuwied, Archiv Landeszentralbank Neuwied (S. 144)

SCHRIFTEN ZUR RHEINISCH-WESTFÄLISCHEN WIRTSCHAFTSGESCHICHTE

Hrsg.: Rheinisch-Westfälisches Wirtschaftsarchiv zu Köln e.V.

Alte Folge

Band I	Karl Kumpmann: Die Entstehung der Rheinischen Eisenbahn-Gesellschaft 1830–1844. Ein erster Beitrag zur Geschichte der Rheinischen Eisenbahn, Essen 1910
Band II	August Boerner: Kölner Tabakhandel und Tabakgewerbe, 1628–1910, Essen 1912
Band III	Mathieu Schwann: Ludolf Camphausen als Wirtschaftspolitiker, Essen 1915
Band IV	Mathieu Schwann: Ludolf Camphausens Denkschriften, Wirtschaftspolitische Arbeiten und Briefe, Essen 1915
Band V	Mathieu Schwann: Ludolf Camphausen als Mitglied und Vorsitzender der Kölner Handelskammer, Essen 1915
Band VI	Gustav Adolf Walter: Die geschichtliche Entwicklung der rheinischen Mineralfarben-Industrie vom Beginn des 19. Jahrhunderts bis zum Ausbruch des Weltkriegs, Essen 1922
Band VII	Wilhelm Mönckmeier/Hermann Schaefer: Die Geschichte des Hauses Johann Maria Farina gegenüber dem Jülichs-Platz in Köln, Berlin 1934
Band VIII	Kurt Bloemers: William Thomas Mulvany (1806–1885). Ein Beitrag zur Geschichte der rheinisch-westfälischen Großindustrie und der deutsch-englischen Wirtschaftsbeziehungen im 19. Jahrhundert, Essen 1922
Band IX	Hans Kruse: Deutsche Briefe aus Mexiko mit einer Geschichte des Deutsch-Amerikanischen Bergwerksvereins, 1824–1838. Ein Beitrag zur Geschichte des Deutschtums im Auslande, Essen 1923
Band X	Alfred Krüger: Das Kölner Bankiergewerbe vom Ende des 18. Jahrhunderts bis 1875, Essen 1925
Band XI	Rudolf Bergmann: Geschichte des rheinischen Versicherungswesens bis zur Mitte des 19. Jahrhunderts, Essen 1928
Band XII	Leo Kluitmann: Der gewerbliche Geld- und Kapitalverkehr im Ruhrgebiet im 19. Jahrhundert, Bonn 1931

Neue Folge

Band 1	Fritz Schulte: Die Entwicklung der gewerblichen Wirtschaft in Rheinland-Westfalen im 18. Jahrhundert. Eine wirtschaftsgeschichtliche Untersuchung, Köln 1959
Band 2	Alfred Engels: Die Zollgrenze in der Eifel. Eine wirtschaftsgeschichtliche Untersuchung für die Zeit von 1740–1834, Köln 1959
Band 3	Horst Beau: Das Leistungswissen des frühindustriellen Unternehmertums in Rheinland und Westfalen, Köln 1959
Band 4	Elisabeth Esterhues: Die Seidenhändlerfamilie Zurmühlen in Münster i.W. Ein Beitrag zur Handelsgeschichte Westfalens im 17./18. Jahrhundert, Köln 1960
Band 5	Hans Dieter Krampe: Der Staatseinfluß auf den Ruhrkohlenbergbau in der Zeit von 1800 bis 1865, Köln 1961
Band 6	Robert Schmitt: Geschichte der Rheinböllerhütte, Köln 1961
Band 7	Herbert Milz: Das Kölner Großgewerbe von 1750 bis 1835, Köln 1962
Band 8	Günther Leckebusch: Die Beziehungen der deutschen Seeschiffswerften zur Eisenindustrie an der Ruhr in der Zeit von 1850 bis 1930, Köln 1963

Band 9	Wolfgang Pieper: Theodor Wuppermann und die Vereinigung Rheinisch-Westfälischer Bandeisenwalzwerke, Köln 1963
Band 10	Klara van Eyll: Die Geschichte einer Handelskammer, dargestellt am Beispiel der Handelskammer Essen 1840 bis 1910, Köln 1964
Band 11	Lutz Hatzfeld: Die Handelsgesellschaft Albert Poensgen, Mauel-Düsseldorf. Studien zum Aufstieg der deutschen Stahlrohrindustrie 1850 bis 1872, Köln 1964
Band 12	Franz Decker: Die betriebliche Sozialordnung der Dürener Industrie im 19. Jahrhundert, Köln 1965
Band 13	Ludwig Puppke: Sozialpolitik und soziale Anschauungen frühindustrieller Unternehmer in Rheinland-Westfalen, Köln 1965
Band 14	Beiträge zur Geschichte der Moselkanalisierung: Marlies Kutz: Zur Geschichte der Moselkanalisierung von den Anfängen bis zur Gegenwart, ein Überblick; Gertrud Milkereit: Das Projekt der Moselkanalisierung, ein Problem der westdeutschen Eisen- und Stahlindustrie, Köln 1967
Band 15	Edith Schmitz: Leinengewerbe und Leinenhandel in Nordwestdeutschland (1650-1850), Köln 1967
Band 16	Clemens Bruckner: Zur Wirtschaftsgeschichte des Regierungsbezirks Aachen, Köln 1967
Band 17	Martin Schumacher: Auslandsreisen deutscher Unternehmer 1750–1851 unter besonderer Berücksichtigung von Rheinland und Westfalen, Köln 1968
Band 18	Max L. Krawinkel: Die Verbandsbildung in der deutschen Drahtindustrie, Köln 1968
Band 19	Willy Fränken: Die Entwicklung des Gewerbes in den Städten Mönchengladbach und Rheydt im 19. Jahrhundert, Köln 1969
Band 20	Klara van Eyll: Voraussetzungen und Entwicklungslinien von Wirtschaftsarchiven bis zum Zweiten Weltkrieg, Köln 1969
Band 21	Heinz Hermanns: Die Handelskammer für den Kreis Mülheim am Rhein (1870-1914) und die Wirtschaft des Köln-Mülheimer Raumes, Köln 1969
Band 22	Hedwig Behrens: Mechanicus Franz Dinnendahl (1775–1826). Erbauer der ersten Dampfmaschinen an der Ruhr. Leben und Wirken aus zeitgenössischen Quellen, Köln 1970
Band 23	Richard Büttner: Die Säkularisation der Kölner Geistlichen Institutionen. Wirtschaftliche und soziale Bedeutung und Auswirkungen, Köln 1971
Band 24	Hans Seeling: Die Eisenhütten in Heerdt und Mülheim am Rhein, Köln 1972
Band 25	Hermann Kellenbenz/Hans Pieper: Die Telegraphenstation Köln-Flittard. Eine kleine Geschichte der Nachrichtentechnik, Köln 1973
Band 26	Heinz Jürgen Schawacht: Schiffahrt und Güterverkehr zwischen den Häfen des deutschen Niederrheins (insbesondere Köln) und Rotterdam vom Ende des 18. bis zur Mitte des 19. Jahrhunderts (1794–1850/51), Köln 1973
Band 27	Walter Steitz: Die Entstehung der Köln-Mindener Eisenbahngesellschaft. Ein Beitrag zur Frühgeschichte der deutschen Eisenbahnen und des preußischen Aktienwesens, Köln 1974
Band 28	Wolfgang Hoth: Die Industrialisierung einer rheinischen Gewerbestadt - dargestellt am Beispiel Wuppertal, Köln 1976
Band 29	Gisela Lange: Das ländliche Gewerbe in der Grafschaft Mark am Vorabend der Industrialisierung, Köln 1976
Band 30	Karlbernhard Jasper: Der Urbanisierungsprozeß dargestellt am Beispiel der Stadt Köln, Köln 1977

Band 31	Stefan Wagner: Die staatliche Grund- und Gebäudesteuer in der preußischen Rheinprovinz von 1815 bis 1895 — Entwicklung von Steuerrecht, -aufkommen und -belastung, Köln 1980
Band 32	Ingrid König: Handelskammern zwischen Kooperation und Konzentration. Vereinigungen, Arbeitsgemeinschaften und Zweckverbände von Handelskammern im niederrheinisch-westfälischen Industriegebiet 1890 bis 1933, Köln 1981
Band 33	Hasso von Wedel: Heinrich von Wittgenstein 1797-1869 - Unternehmer und Politiker in Köln, Köln 1981
Band 34	Wirtschaftsarchive und Kammern. Aspekte wirtschaftlicher Selbstverwaltung gestern und heute, Köln 1982
Band 35	Margaret Asmuth: Gewerbliche Unterstützungskassen in Düsseldorf. Die Entwicklung der Krankenversicherung der Arbeitnehmer 1841 bis 1884/85, Köln 1984
Band 36	Beate-Carola Padtberg: Rheinischer Liberalismus in Köln während der politischen Reaktion in Preußen nach 1848/49, Köln 1985
Band 37	Ulrich S. Soénius: Koloniale Begeisterung im Rheinland während des Kaiserreichs, Köln 1992
Band 38	Hans Seeling: Télémaque Fortuné Michiels, der PHOENIX und Charles Détillieux. Belgiens Einflüsse auf die wirtschaftliche Entwicklung Deutschlands im 19. Jahrhundert, Köln 1996
Band 39	Hans Hermann Spoo: Das Bankgewerbe in Neuwied am Rhein im 19. und 20. Jahrhundert, Köln 1999

SONDERVERÖFFENTLICHUNGEN DES RHEINISCH-WEST-FÄLISCHEN WIRTSCHAFTSARCHIVS ZU KÖLN E.V.

Hermann Kellenbenz und Klara van Eyll: Die Geschichte der unternehmerischen Selbstverwaltung in Köln 1797–1914. Herausgegeben aus Anlaß des 175jährigen Bestehens der Industrie- und Handelskammer zu Köln am 8. November 1972, Köln 1972

Die Geschichte der unternehmerischen Selbstverwaltung in Köln 1914-1997. Herausgegeben aus Anlaß des 200jährigen Bestehens der Industrie- und Handelskammer zu Köln am 8. November 1997. Mit Beiträgen von Klara van Eyll, Friedrich-Wilhelm Henning, Günther Schulz, Ulrich S. Soénius und Jürgen Weise, Köln 1997

Zwei Jahrtausende Kölner Wirtschaft. Herausgegeben im Auftrag des Rheinisch-Westfälischen Wirtschaftsarchivs zu Köln von Hermann Kellenbenz unter Mitarbeit von Klara van Eyll. Zwei Bände, Köln 1975

Kölner Unternehmer und die Frühindustrialisierung im Rheinland und in Westfalen (1835–1871). Ausstellungskatalog mit zehn wiss. Beiträgen, Köln 1984

Walter Dietz/Jürgen Weise: Der Freudenthaler Sensenhammer. Die Geschichte der Firma H. P. Kuhlmann Söhne in Leverkusen-Schlebusch 1837–1987, Köln 1998

KÖLNER VORTRÄGE UND ABHANDLUNGEN ZUR SOZIAL- UND WIRTSCHAFTSGESCHICHTE

Heft 27	Stefan Wagner: Staatssteuern in Jülich-Berg. Von der Schaffung der Steuerverfassung im 15. Jahrhundert bis zur Auflösung der Herzogtümer in den Jahren 1801 und 1806, Köln 1977
Heft 28	Hans-Jürgen Teuteberg: Die deutsche Landwirtschaft beim Eintritt in die Phase der Hochindustrialisierung. Typische Strukturmerkmale ihrer Leistungssteigerung im Spiegel der zeitgenössischen Statistik Georg von Viebahns um 1860, Köln 1977
Heft 29	Peter Gunst: Einige Probleme der wirtschaftlichen und sozialen Entwicklung Osteuropas, Köln 1977
Heft 30	Giorgio Mori: Industrie- und Wirtschaftspolitik in Italien zur Zeit des Faschismus (1922 bis 1939), Köln 1979
Heft 31	István Kiss: Die deutsche Auswanderung nach Ungarn aus neuer Sicht, Köln 1979
Heft 32	Takeo Ohnishi: Die wirtschaftliche Entwicklung Japans von der Niederlage 1945 bis zum Ende des Koreakrieges 1951, Köln 1980
Heft 33	Bernd Sprenger: Währungswesen und Währungspolitik in Deutschland von 1834 bis 1875, Köln 1981
Heft 34	R. Pullat und U. Mereste: Über die Formierung der Tallinner Stadtbevölkerung im 18. Jahrhundert und die Rekonstruktion der Zeitreihen in der historischen Demographie (anhand der Kirchenbücher), Köln 1981
Heft 35	Klaus Herrmann: Kölner Beiträge zur Modernisierung der deutschen Landwirtschaft, Köln 1981
Heft 36	Bernd Sprenger: Geldmengenänderungen in Deutschland im Zeitalter der Industrialisierung (1835 bis 1913), Köln 1982
Heft 37	István Csöppüs: Die landwirtschaftliche Produktion in Ungarn zur Zeit des zweiten Weltkrieges, Köln 1983
Heft 38	Ernst Moritz Spilker: Der Wirtschaftsraum zwischen den Wirtschaftsräumen: Eine Studie über ausgewählte Kreise der rechtsrheinischen und oberhessischen Mittelgebirgslandschaft im Zeitalter der Industrialisierung von 1830 bis 1914, Köln 1986
Heft 39	Jörg Lichter: Die Diskriminierung jüdischer Sportler in der Zeit des Nationalsozialismus, Köln 1992
Heft 40	Jörg Lichter: Die Handelskammern und der Deutsche Handelstag im Interessengruppensystem des Deutschen Kaiserreichs, Köln 1996
Heft 41	Richard Tilly: Globalisierung aus historischer Sicht und das Lernen aus der Geschichte, Köln 1999

Bezug über:

Rheinisch-Westfälisches Wirtschaftsarchiv zu Köln e.V.
p.A. IHK zu Köln
50606 Köln
Tel.: 0221/1640-800
Telefax: 0221/1640-829
E-Mail: Sz@Koeln.IHK.DE
Internet: http://www.ihk-koeln.de/archiv/index.htm